JN431860

Pro/E를 이용한 3차원설계

배원병 | 정융호 | 김신혜 공저

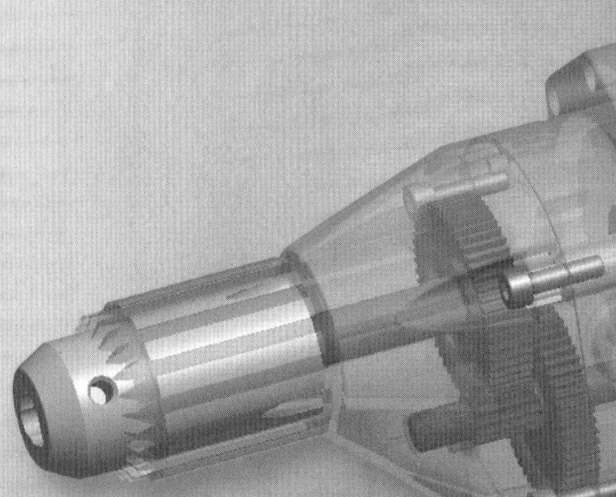

북스힐

머리말

기계를 만들기 위해서는 설계자가 그 기계를 구성하는 부품에 적합한 재료와 형상을 선택하고, 부품에 작용하는 응력에 충분히 견딜 수 있는 치수를 결정해야 한다. 이렇게 설계한 제품의 내용을 제작 현장의 기술자에게 알려주기 위해서 만들어진 것이 도면이다.

그러나 도면은 실제의 입체 형상을 2차원의 평면에 투영시켜서 나타내는 방법이기 때문에, 자유 곡면을 포함하는 형상이나 복잡한 조립 구조를 표현하는 데는 한계가 있으며 오독의 우려를 내포하고 있다. 또한 도면으로 형상을 나타낸 경우, 이로부터 해석이나 제작을 수행하기 위해서는 각각에 맞는 새로운 모델을 생성하여야 하는데, 이를 위해 많은 시간이 소요된다. 따라서 이러한 문제점을 해결하기 위해 2차원이 아니라 3차원 입체 형상으로 설계하는 방법에 대한 필요가 자연스럽게 제기되었고, 더욱이 최근에는 컴퓨터와 형상 모델링 기술의 발달에 따라, 설계 과정을 3차원의 입체 형상으로 모델링하는 추세로 변하고 있다. 물론 아직도 2차원으로 된 도면이 제작 현장과 중소기업에서는 널리 사용되고 있으나, 보다 미려하고 기능적인 제품이 많아짐에 따라 대기업을 중심으로 3차원의 입체로 된 설계에 대한 수요가 더욱 보편화되고 있다. 입체 형상으로 모델링된 형상은 수치제어 기계(NC machine)를 이용하여 자동으로 제작할 수 있고 설계에서부터 해석 및 제작까지 일련의 과정이 중복 과정 없이 통일되고 일관되게 수행할 수 있기 때문에, 이와 관련한 기술 즉, 컴퓨터를 이용한 설계 및 제작(Computer Aided Design and Manufacturing, CAD/CAM) 기술은 공학에서 필수적인 항목으로 자리 잡고 있다.

이러한 시대적인 변화를 반영하여 본 교재는 수년 동안 강의해온 자료를 바탕으로 대표적인 3차원 입체 형상 모델링 프로그램 중의 하나인 Pro/ENGINEER를 단계별로 습득할 수 있게끔 명령어와 사용법을 정리하고, 그에 맞게 실습 과제를 제시하였다. 본 교재는 대학에서 한 학기 동안의 Pro/ENGINEER를 이용한 3차원 모델링 강의 및 실습을 목표로 하고 있지만, 풍부한 예제를 수록하였기 때문에 현장에서 Pro/ENGINEER 실습의 좋은 참고

서로서 역할을 할 수 있으리라 생각한다. 이 교재의 미흡한 부분을 알려주면, 그 의견을 반영하여 더 좋은 책을 만들도록 할 작정이다.

끝으로 원고가 좋은 책으로 인쇄되어 나오기까지 수고해 주신 북스힐 출판사 조승식 사장님과 편집부 여러분께 깊은 감사를 드린다. 또한 집필과정에서 참고한 문헌의 저자들에게도 감사를 드리며, 교재의 뒷부분에 주로 참고한 문헌을 제시하였다.

2010년 8월 금정산 아래에서

저자 씀

차 례

CHAPTER

INTRODUCTION 1

개요

Parametric Technology Corporation에서 개발한 Pro/ENGINEER는 3차원 솔리드 모델링 도구이다. 본 장에서는 대표적으로 부품, 조립체, 도면을 생성하는 모듈을 가진 Pro/ENGINEER의 특징과 데이터 관리, 사용자 인터페이스, 기본 설정 방법 등 Pro/ENGINEER를 사용하는 기본적인 기능에 대해 설명한다. 여기서 사용하는 Pro/ENGINEER는 Wildfire 3.0버전을 기준으로 설명하겠다.

1.1 Pro/ENGINEER의 특징

본 절에서는 Pro/ENGINEER의 대표적인 특징들에 대해 설명한다. Pro/ENGINEER는 아래와 같은 특징들이 있다.

- Solid Modeling(입체 형상 모델링)
- Feature Based Modeling(특징 형상 기반의 모델링)
- Parametric Modeling(매개변수 모델링)
- Parent-Chid Relation(부모-자식 관계)
- Associativity(연관성)

Pro/ENGINEER는 부피를 가지는 형상 즉, 입체 형상(솔리드)을 모델링하는 소프트웨어이다. 솔리드 모델은 생성된 형상으로부터 질량특성 즉 총무게, 무게중심의 위치, 관성모멘트 등을 얻을 수 있으며 부품간의 간섭체크, 운동 시뮬레이션 등의 기능도 실행해 볼 수 있다.

하나의 부품은 여러 개의 피쳐(Feature 또는 특징 형상, 이하 피쳐)가 모여 완성되는데, 피쳐란 3차원의 형상을 정의하기 위한 기본적인 요소를 말하는데, 장난감 블록으로 집을 만들 때처럼 하나하나의 피쳐를 더하고 빼면서 3차원 형상을 완성하는 데 사용된다[그림 1.1]. 피쳐들이 추가되어 감에 따라 피쳐들 간에 서로 Parent-Child 관계가 형성되어진다. Pro/ENGINEER에서 피쳐를 정의할 때 그 피쳐의 치수를 정의하면 그 치수가 parameter

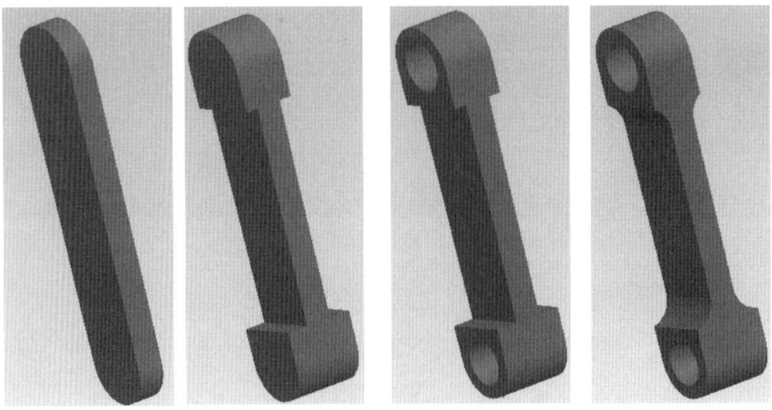

그림 1.1 Feature Based Modeling

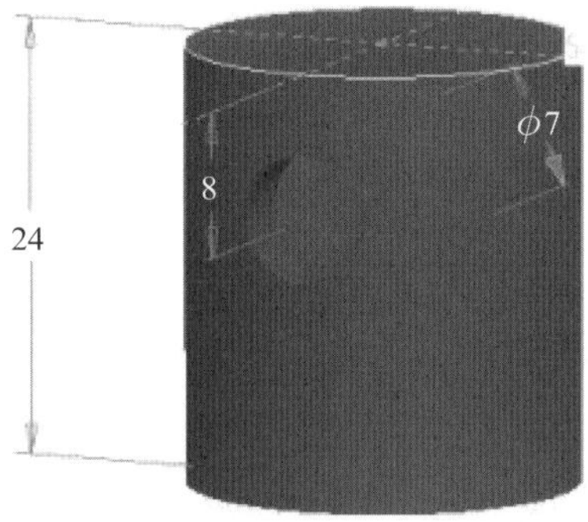

그림 1.2 Parametric Modeling

(매개변수)화 된다[그림 1.2]. 즉, 그 변수의 값을 변경하면 형상이 자동으로 수정되게 할 수 있고, 또한 하나의 치수가 변경되어 피쳐가 수정되면 Parent-Child(부모-자식 관계, 이하 부자 관계) 관계로 연관된 다른 피쳐에도 자동으로 전달되어 영향을 주게 된다.

연관성이란, 피쳐들 간의 부자 관계처럼, 부품(part), 조립체(assembly), 도면(drawing), 제작(manufacturing) 등의 여러 모듈 간에 서로 연관성을 부여할 수 있음을 말한다. 하나의 부품에 관한 파일에서 치수나 형상을 변경하면 그에 대한 정보가 동일하게 조립체의 파일 및 도면 파일 등에 자동으로 반영되어 개별적인 수정 작업이 필요 없게 할 수 있다[그림 1.3].

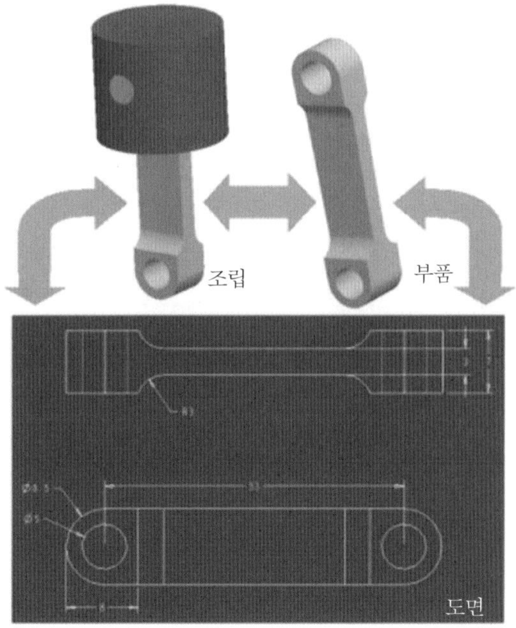

그림 1.3 Associativity

이러한 특징을 가진 Pro/ENGINEER는 매개변수로 된 피쳐 기반의 솔리드 모델링 도구이기 때문에 2차원 도구들을 사용하여 3차원의 매개변수로 된 피쳐를 통합할 수 있을 뿐만 아니라 설계에서 생산까지의 모든 과정에 적용할 수 있다.

1.2 Feature 종류

Pro/ENGINEER는 피쳐를 기반으로 하는 솔리드 모델링 도구이다. 피쳐란 앞에서도 간단히 설명하였듯이 솔리드 모델을 표현하기 위한 가장 작은 요소로 정의되며, Pro/ ENGINEER에서 생성된 모든 솔리드 모델은 이러한 피쳐들의 집합으로 이루어져 있다. 따라서 솔리드 모델을 변경하려면 이러한 피쳐를 수정하면 되므로 피쳐의 특성을 이용하면 아주 편리하게 부품을 모델링할 수 있다. 이러한 피쳐에는 다음과 같은 종류들이 있다[표 1.1].

피쳐는 [표 1.1]과 같이 크게 '기하학적' 피쳐와 '비기하학적' 피쳐로 분류할 수 있다. 비기하학적 피쳐란 형상을 모델링하기 위해 필요한 데이텀 평면, 축, 점, 그리고 좌표계 등을 지칭하며, 기하학적 피쳐란 형상과 관련한 피쳐들을 지칭한다. 기하학적 피쳐에는 형상

[표 1.1] 피쳐의 종류

<table>
<tr><td rowspan="3">Feature</td><td>Non-Geometry</td><td colspan="2">Datum Planes
Datum Axis
Datum Points
Coordinate Systems</td></tr>
<tr><td rowspan="2">Geometry</td><td>Add Material</td><td>Protrusion[s]
Rib[s]
Round[p]</td></tr>
<tr><td>Remove Material</td><td>Hole[p]
Cut[s]
Round[p]
Chamfer[p]
Shell[p]</td></tr>
</table>

s : Sketch Feature, p : Pick & Place Feature

을 추가 생성하기 위한 피쳐와 형상을 제거하는 기능을 가지는 피쳐가 있다. 또한 이러한 피쳐는 단면의 스케치가 필요한 Sketch 피쳐와 단면스케치 필요 없이 피쳐의 치수와 위치를 입력하여 생성하는 Pick & Place 피쳐로 분류할 수도 있다.

Protrusion 피쳐와 Cut 피쳐는 동일한 내용으로 작업하여 최종 단계에서 기존의 형상에 부피를 만들어 낼 것인지(Protrusion), 기존에서 잘라 낼 것인지(Cut)를 선택함에 따라 구분되는 피쳐이다. 세부적으로 Extrude, Revolve, Sweep, Blend 피쳐 등이 있다.

본 과정에서는 서피스 피쳐를 제외한 기본적인 솔리드 피쳐에 한정한 내용을 설명하고자 한다. Extrude, Revolve, Sweep, Blend 피쳐는 기본 피쳐를 생성하는 대표적인 피쳐로서, 이들 피쳐들 중의 하나를 이용해 기본 피쳐를 생성하면 그것을 기반으로 하여 피쳐를 추가하여 형상을 추가하거나 잘라 내어 부품을 생성해 나간다.

1.3 화면구성

Pro/ENGINEER Wildfire를 설치하고 나면 프로그램을 실행시킬 수 있는 두 가지 방법이 있다. 첫째는 Windows 화면 좌측 아래의 시작 버튼에서 시작 > 모든 프로그램 > PTC > Pro/ENGINEER > Pro/ENGINEER 순으로 실행시키는 방법이 있고, 다른 방법은 Pro/ ENGINEER Wildfire 바로가기 단축키를 바탕화면에 생성시키고 마우스로 더블 클릭하여 실행할 수 있다. 다음의 [그림 1.4]는 이렇게 Pro/ENGINEER Wildfire를 실행한 화면이며, 각각의 구성에 대한 설명은 다음과 같다.

1) 그래픽 창

실제 작업 내용을 나타내는 창으로서 Part나 Assembly는 3차원의 입체로, 스케치나 드로잉은 2차원으로 나타내 준다. 이 창 위에서 마우스 조작을 통해 회전, 확대, 축소, 이동 등을 할 수 있으며 화면상에서 피쳐를 선택하고 마우스 오른쪽 버튼(RMB or MB3)을 클릭하여 나타나는 팝업 메뉴를 통해 여러 가지 수정 기능도 가능하다.

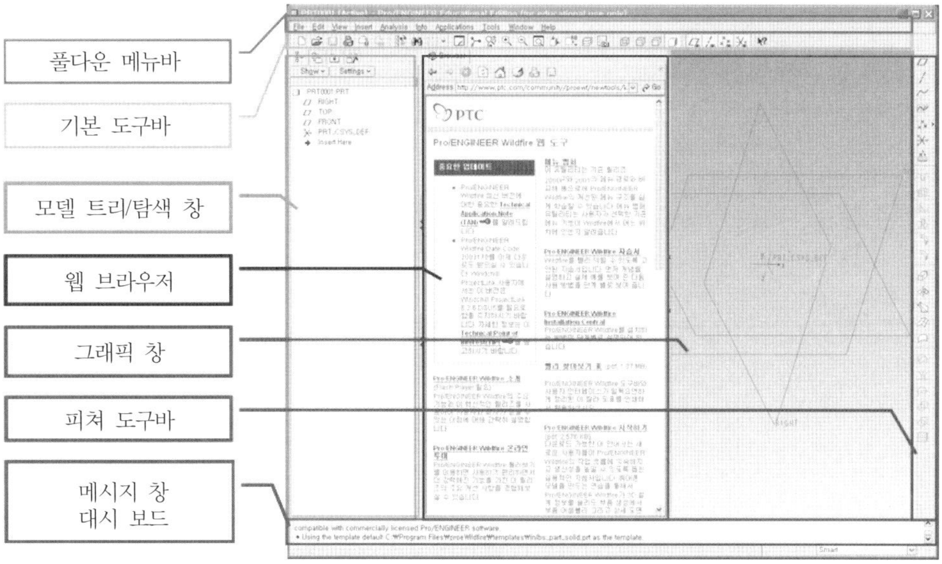

그림 1.4 Pro/ENGINEER Wildfire의 화면 구성

2) 모델 트리/탐색 창

모델 트리는 피쳐의 생성 순서대로 모델의 구조를 나타내 준다. 모델 트리에서 각 피쳐를 선택하여 수정, 삭제, 순서 재정리, 끼워넣기 등을 할 수 있다. 이 네비게이터 창의 왼쪽 첫째 아이콘( )을 클릭하면 모델 트리가 나타나며, 두 번째 아이콘( )을 클릭하면 모델 트리 창 위치에 탐색 창이 나타나므로 선택하여 사용할 수 있다.

3) 메시지 창

작업이 진행 중인 현재의 상황에 대한 메시지를 나타내거나, 필요한 정보를 요구하는 메시지가 나타나는 영역이다. 오른쪽 스크롤바를 이용하면 이전 메시지를 볼 수 있다.

4) 대시보드

피쳐 생성 작업 중 메시지 창 위쪽에 나타난다. 생성하려는 피쳐를 위해 필요한 정보를 입력하거나 선택해야 하는 정보입력 보드이다. 생성 도중 대시보드의 일시정지 버튼을 클릭하면 생성 중이던 피쳐의 작업은 중단되고, 다른 피쳐(데이텀)를 생성한 후에 일시정지를 해제하고 나머지 피쳐의 생성작업을 완성할 수 있다.

1.4 마우스 사용법

Pro/ENGINEER는 3차원 모델링 툴이므로 기본적으로 그래픽 창에 3차원으로 형상이 디스플레이 된다. 따라서 사용자는 작업 중에 모델을 확대, 축소, 이동, 회전시킬 필요가 많은데, 이러한 작업을 간단한 마우스 동작으로도 수행할 수 있다. 보통의 경우 휠 마우스를 많이 사용하므로 2차원과 3차원의 모델링에서의 휠 마우스 사용법을 간단히 소개하면 아래의 [표 1.2]와 같다. 여기서 Spin은 화면의 Spin Center를 중심으로 모델의 3차원적 회전 움직임을 나타내며, Turn은 고정된 2차원 면 위에서의 모델의 회전을 말한다.

[표 1.2] 마우스의 작동법

기능	작동키
Spin(회전)	 MMB + Drag(상/하/좌/우)
Pan(이동)	Shift + 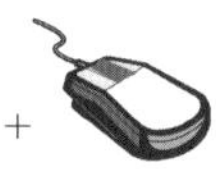 MMB + Drag(상/하/좌/우)
Turn(회전)	Ctrl + 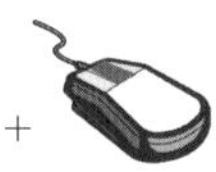 MMB + Drag(좌/우)
Zoom (확대/축소)	wheel roll 또는 Ctrl + 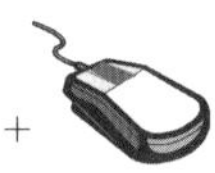 MMB + Drag(상/하)

- LMB(Left Mouse Button) or MB1 : 마우스 왼쪽 버튼
- MMB(Middle Mouse Button) or MB2 : 마우스 중간 버튼(Wheel)
- RMB(Right Mouse Button) or MB3 : 마우스 오른쪽 버튼

1.5 파일 관리

1) 파일 생성, 저장, 관리

Pro/ENGINEER를 통해 생성되는 파일명은 처음 새 파일을 생성할 때 자동으로 부여되는 이름(prt0001, sec0001, asm0001, drw0001) 뒤에 자동으로 아래의 [표 1.3]과 같은 확장자가 생성되며, 파일명을 변경하고자 하면 생성될 시점에 파일명을 사용자가 직접 지정하거나, 차후에 파일명을 [save a copy] 또는 [rename]으로 변경할 수 있다. 단, 작업 도중 또는 작업 후에 저장하기 위해 [Save(Ctrl + s)] 명령으로 저장할 때는 파일명을 변경할 수 없고, 기존 이름으로만 저장됨을 유의해야 한다.

파일명은 공백이 없는 영문/숫자/_로 이루어져야 하며 괄호 문자 등의 기호는 피해야 한다.

[Save(Ctrl + s)]를 사용하여 동일 파일명으로 여러 번 저장하면 확장자 뒤에 숫자가 순서대로 생성된다. 이것을 버전(Version)이라고 하는데, 버전은 탐색 창이나 폴더 등에서 확인할 수 있다. 마지막 버전의 파일에 문제가 있다면 이전 버전의 파일로 다른 작업을 할 수 있는 이점이 있다. 파일을 열 때는 자동으로 여러 버전 중 마지막 버전의 파일이 열리게 되어 있다. 이전 버전을 삭제하고 싶다면 File > Delete > Old Versions을 실행하면 정리된다.

작업 중의 모든 내용은 컴퓨터 메모리에 저장되도록 되어 있다. 따라서 예를 들어, PRT0001이라는 파트 파일을 생성하여 마우스 형상을 모델링하다가 파일을 "My Documents" 폴더에 저장하고 창을 닫은 후(File > Close Window), "홍길동"이라는 폴더 내에 있는 키보드 형상을 모델링 해 둔 동일 이름의 PRT0001 파일을 불러오면 어떤 현상이 일어나겠는가? 마우스 파일은 메모리상에 존재하고 있기 때문에 다른 폴더의 동일 이

[표 1.3] Pro/ENGINEER 파일의 종류

확장자	파일 종류	
*.PRT	PART	피쳐들로 구성되는 3차원 부품 모델
*.SEC	Cross Section	2차원의 단면 형상
*.ASM	Assembly	PART들을 조립한 조립품의 3차원적 모델
*.DRW	Drawing	2차원적인 치수가 기입된 부품이나 조립품의 도면

름의 파일을 불러들이더라도 메모리 속에 잔류하고 있던 마우스 형상의 PRT0001이 열리게 된다. 따라서 메모리 속의 파일은 이러한 오류나 시스템 속도를 위해서 다음과 같은 방법으로 지워주는 것이 좋다.

File > Erase > Not Displayed, File > Erase > Current

2) 창 관리

여러 개의 작업 창을 열어둘 수 있지만 하나의 창만 활성 창으로 작업이 가능하고 나머지 창은 비활성화 상태로 유지된다. 활성 창 변경방법은 다음과 같다.

[표 1.4] 활성 창의 변경방법

	내 용
1	비활성 창의 메뉴의 Window(**창**) > Activate(**활성화**) or Ctrl + A
2	임의의 창의 메뉴의 Window(창)에 띄워져 있는 파일명 목록에서 활성화시킬 파일명 선택

새로운 Part 파일을 열면 기본 데이텀 평면 3개가 나타나고, 가운데 좌표계가 주어진다. 데이텀 평면은 앞면은 황색, 뒷면은 검은색으로 표현되도록 설정되어 있다. 화면을 회전, 이동, 확대, 축소하다가 다시 원래의 뷰 방향으로 되돌려 보는 방법은 Ctrl + D이다. 다음은 각 아이콘에 대한 간단한 설명이다.

(Refit) 아이콘은 모델을 창의 가운데로 다시 정위시켜 주는 기능이다.

(wireframe/hidden/no hidden/shading) 아이콘들은 3차원 모델을 그래픽 창에 나타내는 방식인데, wireframe은 3차원 모델의 모든 모서리 윤곽선을 나타내어 모델을 디스플레이 하는 방식이고, hidden은 3차원 형상의 보이지 않는 모서리선(은선)과 보이는 모서리선을 구분하여 나타내는 방식이며, no hidden은 보이지 않는 모서리선(은선)은 표현하지 않고 보이는 모서리만 실선으로 표현하는 방식이다. 끝으로 Shading(음영)은 3차원 형상에 음영을 넣어 표현하므로 다른 디스플레이 방식에 비해 형상을 이해하기 쉽지만, 모델이 복잡하거나, 스케치 작업 등을 할 때는 속도가 느려져서 작업이 불편하므로

보통 모델링 작업 중에는 모서리선만 표현되는 방식을 사용한 후 최종적으로 음영으로 표현하는 방식을 사용할 것을 권장한다.

(View List) 아이콘은 3차원 형상을 바라보는 시선의 방향을 미리 저장해 두었다가 사용자가 모델링 작업 도중에 자신의 작업 내용을 확인해 볼 때 사용하는 기능이다. 기본적으로 앞, 뒤, 위, 아래, 좌, 우 6가지 방향이 저장되어 있고, 추가로 사용자가 저장해서 사용할 수 있다.

1.6 시스템 설정 변경

Pro/ENGINEER의 기본적인 시스템 옵션들 중 사용자가 상황에 맞추어 원하는 대로 변경하여 사용할 수 있는 몇 가지 옵션을 조절하는 방법을 소개한다.

1) 시스템 색상

Pro/ENGINEER는 기본적으로 데이텀은 황토색과 검정, 선택된 요소들의 색상은 빨간색으로 나타내도록 기본값이 설정되어 있다. 그러나 주그래픽 창에 나타나는 여러 가지 요소들의 색상을 사용자가 원하는 대로 변경할 수 있는데, 변경하는 방법은 다음과 같다.

❶ 메인 메뉴의 View > Display Settings > System Colors를 선택하면, [그림 1.5]와 같은 창이 생긴다.

❷ [그림 1.5]에서 해당 항목의 색상을 원하는 색상으로 변경한 후 저장한다. 저장하지 않으면 이번 세션에서만 한시적으로 적용되고 다음번에 프로그램을 실행했을 때는 적용되지 않는다.

❸ 변경한 내용을 프로그램을 실행할 때마다 적용되도록 하려면 [그림 1.5]의 창에서 File > save하여 시스템 색상에 관련된 내용이 저장된 syscol.scl 파일을 임의로 My Documents 폴더에 저장한다.

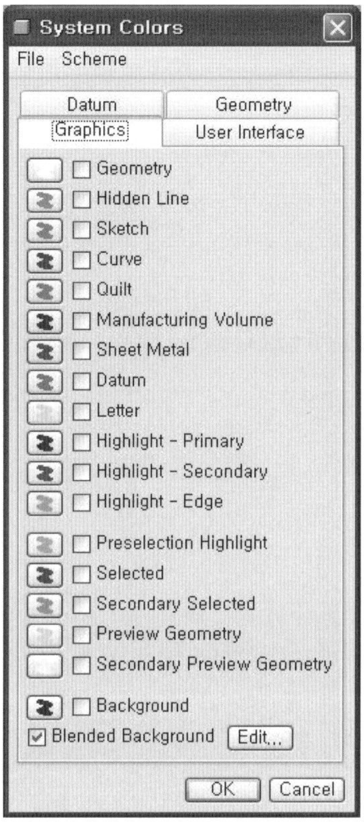

그림 1.5 시스템의 색상 변경

❹ 그 다음, 메인 메뉴의 Tools > Options 클릭한 후, [그림 1.6]과 같이 나타난 Option 창의 [Find] 버튼을 누르면, [그림 1.7]과 같은 Find Option 창이 열린다. 여기서 Type keyword 란에는 "system_colors_file"을 입력하고(일부 단어만 입력해도 무방함 - "system" 등), [Find Now] 버튼을 클릭하면, 그 아래 Choose option 란에 여러 가지 선택할 수 있는 옵션들이 list up 된다. 그중에서 system_colors_file을 선택하고, Set value 란의 [Browse] 버튼을 클릭하여 앞 단계에서 저장해 둔 "syscol.scl" 파일을 찾아(일반적으로 C:\Documents and Settings\user\My Documents 폴더 내에 있음) 선택하고 [open] 버튼을 클릭하여 저장해 둔 설정 파일을 입력해 준다. 다시 [그림 1.7]의 Find Option 창에서 [Add/Change] 버튼을 클릭한 후 [Close] 버튼을 클릭한다.

❺ [그림 1.6]의 Options 창의 목록에 위 단계에서 선택한 "system_colors_file"이 추가되어 나타난 것을 확인할 수 있다. 그 다음, [Save] 버튼을 클릭하면 Showing 란에 나타나는 저장 경로에 config.pro 파일이 저장된다.

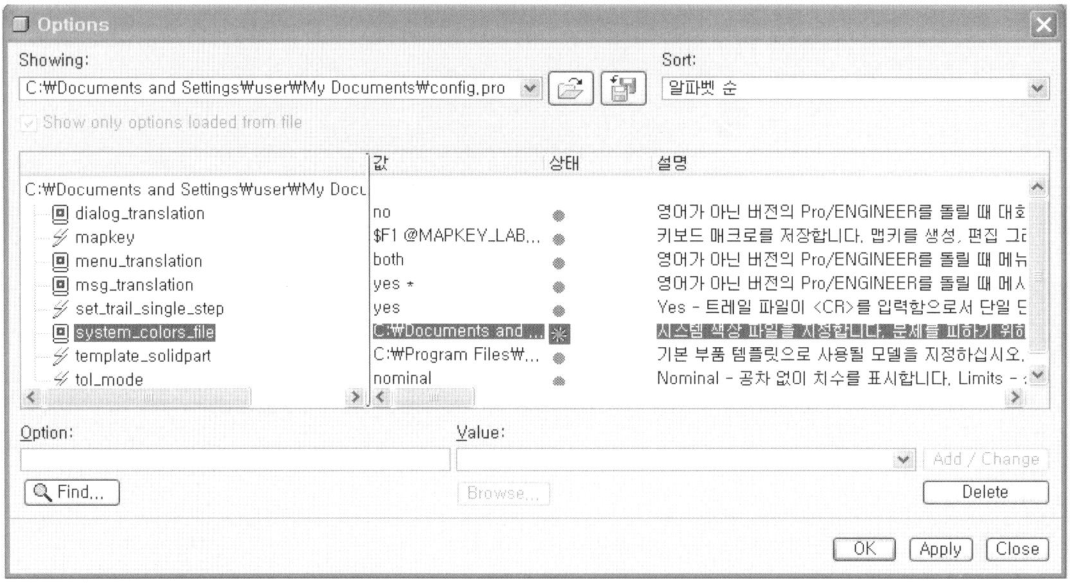

그림 1.6 시스템 색상 설정 변경 옵션 창

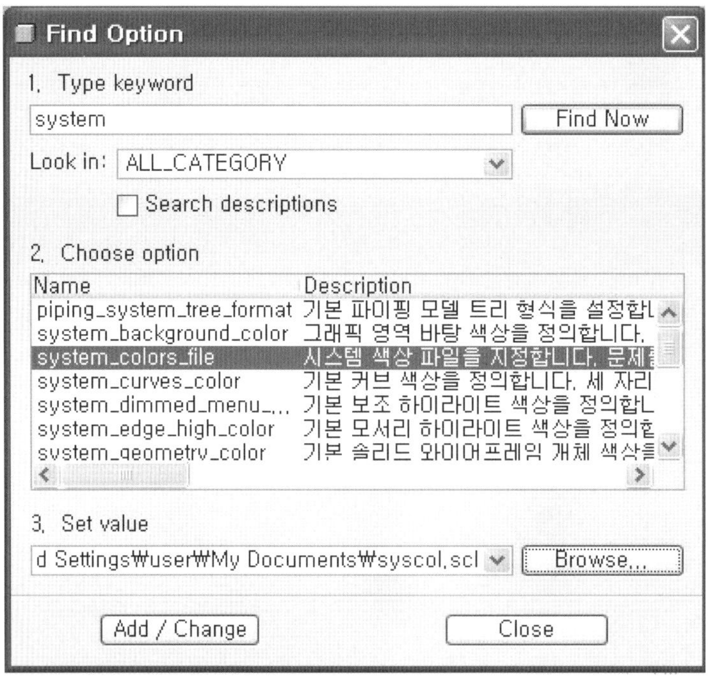

그림 1.7 옵션 검색과 설정 파일 syscol.scl의 경로 지정하기

2) 단위

Pro/ENGINEER는 단위값에 대한 기본 설정을 미리 만들어져 있는 템플릿 파일에 저장하고 있는데, 새 파일을 열 때마다 이 템플릿 파일을 불러오도록 되어 있다. Pro/ENGINEER의 단위는 기본적으로 inch/lbm/second로 설정되어 있다. 이 기본 단위계를 변경할 수 있는 세 가지 방법을 소개하겠다. 새 작업 파일을 시작할 때, 지정되어 있는 템플릿의 단위가 inch 단위여서 다른 단위계를 원한다면, 첫 번째 방법은 템플릿을 사용하지 않고 새 파일을 여는 방법이고, 두 번째 방법은 기존의 템플릿을 그대로 불러서 새 파일을 연 다음 중도에 단위계를 변경하는 방법이며, 세 번째 방법은 Pro/ENGINEER가 새 파일을 열 때 자동으로 로딩하는 템플릿을 처음부터 원하는 단위계로 변경하여 지정해 두는 방법이 있다. 이렇게 하면 언제든 새 파일을 열 때마다 항상 새롭게 설정된 템플릿이 로딩된다. 아래에 각각의 방법에 대해 간단히 설명하겠다.

변경방법 1 설정된 템플릿 파일을 사용하지 않고 새 파일을 사용하는 방법

❶ File > New 클릭하여 새 파일 열기를 시작한다.

❷ 아래의 [그림 1.8]과 같이 새 파일 창에서 "Use default template"의 체크를 해제하고 [OK] 버튼을 클릭한다.

그림 1.8 "Use default template"를 해지하기

❸ 이어서 [그림 1.9]와 같이 다른 템플릿을 지정하는 창이 나타나면(만약 길이 단위를 mm, 힘의 단위를 N, 시간의 단위를 second로 하고 싶으면), mm/N/Second의 템플릿(mmns_part_solid)을 선택하고 [OK] 버튼을 클릭한다.

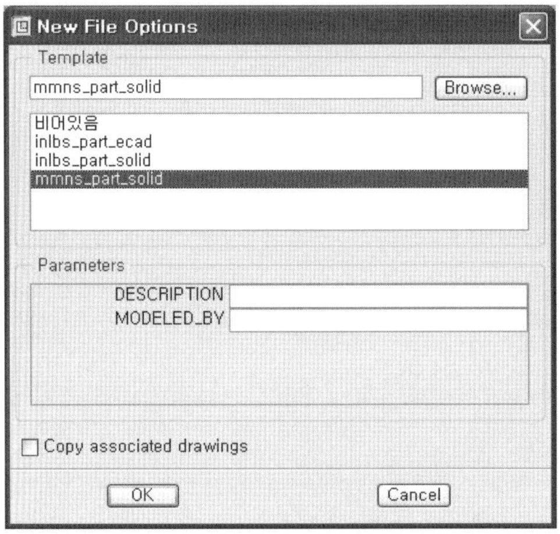

그림 1.9 mm/N/second의 template 선택하기

변경방법 2 설정된 템플릿 파일을 사용하고 도중에 변경하는 방법

❶ 메인 메뉴의 Edit > Setup을 클릭한다.

❷ 아래의 [그림 1.10]과 같이 Menu Manager 창의 Units > Done을 선택한다.

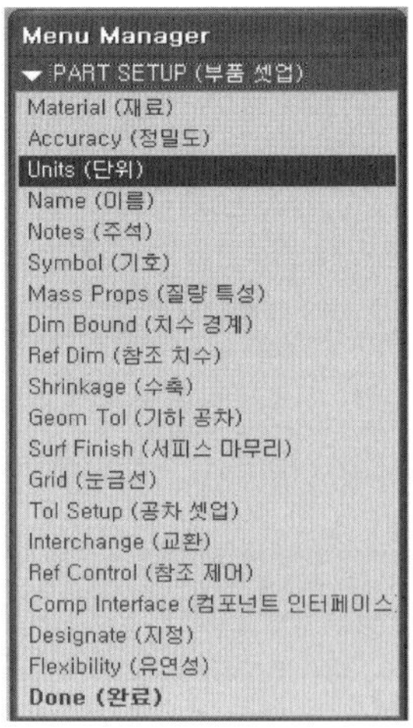

그림 1.10 단위계 열기

❸ 이어서 아래 [그림 1.11]과 같이 Units Manager에 기본 설정 상태가 나타나면, 변경하고자 하는 단위계를 선택하고 [Set] 버튼을 클릭한다.

그림 1.11 기존 템플릿의 설정된 단위계 바꾸기

❹ 만약 기존의 모델이 이전 단위계(예를 들어 inch)로 모델링되어 있었을 경우, 아래의 [그림 1.12]와 같이 기존의(inch) 단위를 새(mm) 단위로의 변환되는 방법을 선택하고 [OK] 버튼을 클릭하면 모델의 단위계도 변경된다.

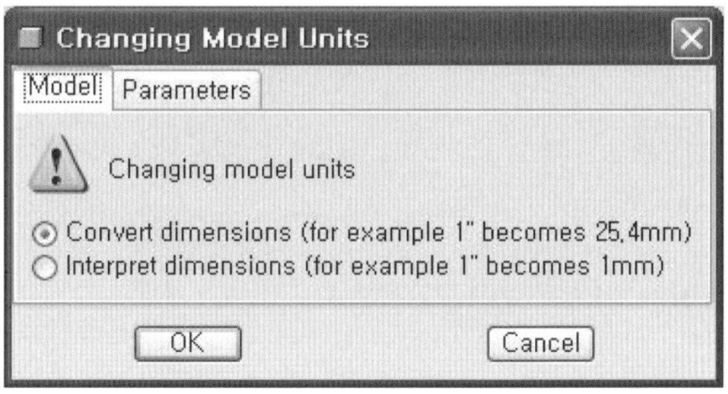

그림 1.12 기존의 작업된 모델의 단위 변환을 위한 설정

❺ 마지막으로 Menu manager의 [Done] 버튼을 클릭한다.

변경방법 3 이미 설정된 템플릿 파일을 변경하는 방법

❶ 메인 메뉴의 Tools > options을 선택한다.

❷ 옵션 창의 [Find] 버튼을 클릭하면 [그림 1.13]과 같은 창이 열린다.

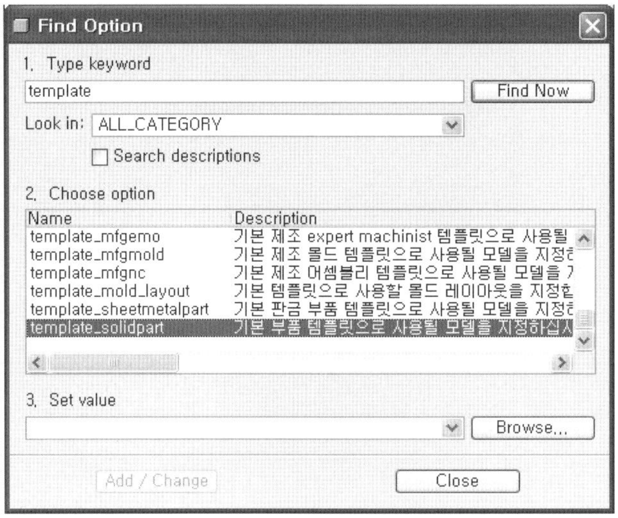

그림 1.13 기존의 설정된 템플릿 파일을 찾기

❸ [그림 1.13]의 창에서 Type keyword 란에 "template"를 입력하고 [Find Now] 버튼을 클릭하면, 그 아래에 여러 가지 선택할 수 있는 옵션들이 list up된다. 그 중에서 "template_ solidpart"를 선택하고, Set value 란의 [Browse] 버튼을 클릭하여 part 파일의 기본 템플릿으로 설정되어 있는 "mmns_part_solid.pr" 파일을 찾아(일반적으로 C:\Program Files\proeWildfire3.0\templates 내에 있음) 선택하고 [open] 버튼을 클릭한다.

❹ 다시 [그림 1.13]의 Find Option 창에서 [Add/Change] 버튼을 클릭하면 [그림 1.14]와 같은 창의 목록에 위 단계에서 선택한 "template_solidpart"가 추가되어 나타난 것을 확인할 수 있다.

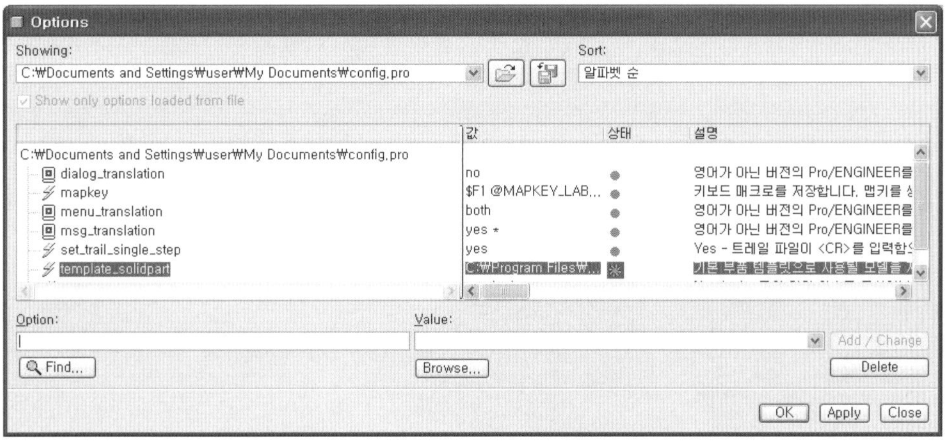

그림 1.14 기존의 설정된 템플릿 파일을 찾기

❺ Option 창에서 [Save] 버튼을 클릭하면 Showing에 나타나는 저장 경로에 config.pro 파일이 저장된다.

❻ Option 창에서 [Close] 버튼을 클릭하여 빠져나간다.

CHAPTER

SKETCH & DIMENSION 2

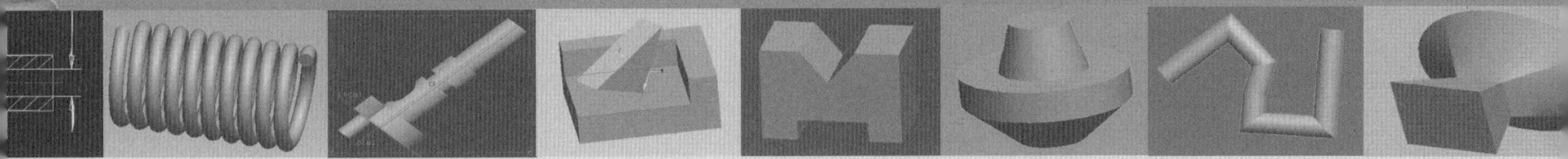

개요

Pro/ENGINEER를 사용하여 3차원의 피쳐를 생성하고자 할 때 2차원의 형상을 먼저 스케치해야 하는 피쳐들이 있다. 본 장에서는 이러한 피쳐들을 생성하기 위해 스케치를 할 때, 스케치 평면의 정의와 Reference의 설정, 스케치 도구의 종류와 사용법, 스케치 엔티티들의 위치구속, 치수 입력 등의 방법을 설명하고, 피쳐마다 스케치 형상 정의에 지켜야 할 조건은 어떠한 것들이 있는지 알아본다.

2.1 Cross-Section 생성하기

앞 장에서 소개한 피처의 종류들 중 3차원 형상을 생성하기 위해 단면의 형상을 먼저 스케치할 필요가 있는 피처들이 몇 가지 있다. 이러한 피처들을 생성하기 위해 단면을 스케치하게 되면 그 스케치 파일은 *.sec 파일로 생성되어 그 피처에 포함되게 된다. 스케치를 하기 위해서는 아래와 같은 요소들을 순서대로 설정해 주어야 한다.

1) Sketch Plane의 정의

제일 먼저 스케치할 면을 지정해야 한다. 스케치 단면을 지정하려면 피처의 내부 단면을 지정하는 방법과 스케치 도구를 이용하는 방법이 있는데, 내부 단면은 2차원에 정의된 스케치가 연결된 피처에만 영향을 미치고, 스케치 도구는 먼저 생성한 스케치를 여러 개의 3차원 피처에 연결하여 사용할 수 있다. 자세한 것은 3장 SKETCH FEATURES의 1절에서 설명하도록 하겠다. 두 방법 모두 스케치 평면을 정의하는 창은 동일하므로 스케치 도구를 이용한 방법을 설명하도록 하겠다. 화면 우측의 피처 툴바에서 아이콘을 클릭하여 스케치 도구를 시작하면 아래의 [그림 2.1]과 같은 창이 열린다. 여기서 먼저 Plane 항목을 지정하기 위해, 3차원의 주그래픽 창에서 2차원의 한 평면을 선택하여 스케치면으로 설정한다. 선택할 수 있는 평면은 데이텀 평면 또는 다른 피처의 면 등 모두 가능하다. 스케치 평면을 수정하거나 확인하기 위해서는 Sketch > Sketch Setup 메뉴를 선택하면 아래의 [그림 2.1]과 같은 창이 다시 열린다.

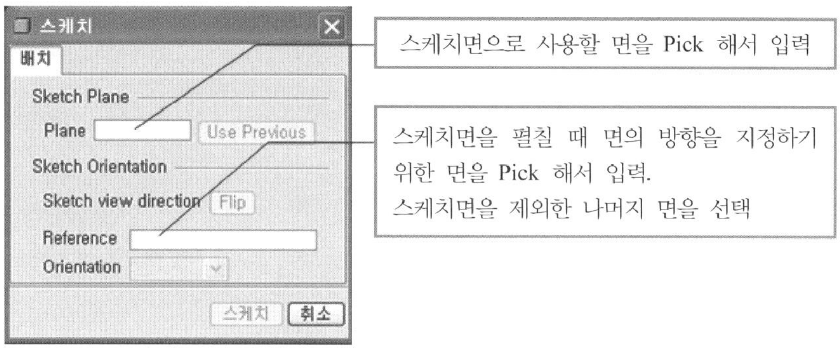

그림 2.1 스케치면의 정의

2) Reference Plane 정의

선택한 스케치면을 화면에 바로 세우기 위하여, Reference면을 선정하고 TOP, BOTTOM, LEFT, RIGHT 4방향 중 어느 방향으로 향하게 할 것인가 선정한다. Reference 면을 지정할 때의 주의할 사항은 다음과 같다.

- Ref Plane은 반드시 이미 선택한 스케치 면에 수직한 평면이나 점을 선택해야 한다.
- Ref Plane의 방향은 TOP, BOTTOM, LEFT, RIGHT 4방향 중 하나로만 선택할 수 있다.
- 선택된 Ref Plane의 방향을 정의할 때는 앞 · 뒷면 중 앞면을 기준으로 설정한다.
  Datum Plane을 Ref Plane으로 선택하였다면 황색면(앞면)이 향할 방향을 정의하는 것이다.
  Datum Plane은 앞면이 황색, 뒷면이 검은색으로 정의되어 있다.

예를 들어 아래의 [그림 2.2] (a)와 같은 모델의 앞면 “1. Sketch Plane 선택”을 스케치할 면으로 지정한 후 [그림 2.2]의 (b)와 같이 화면에 스케치할 면을 나타내고 싶다면, [그림 2.2] (a) 모델의 윗면 “3. Reference Plane 선택”을 Reference면으로 지정한 후, 그 Reference 면이 화면의 위쪽 “TOP”으로 향하도록 지정한다.

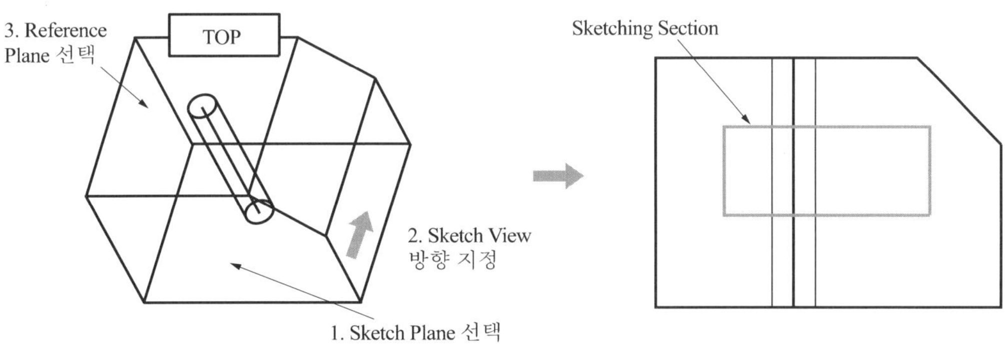

(a) 3D View (b) Sketching View

그림 2.2 Reference Plane 정의

3) 스케치 단면의 Reference 선정(Sketch > References)

다음 단계는, 화면에 나타난 스케치 평면에서 치수의 기준이 될 Reference를 선택하여야 한다. 보통의 경우 수직, 수평의 2개의 Reference가 선택되어지는데 선택된 Reference는 황색 점선으로 나타난다. Reference가 부족할 경우에는 스케치면에 수직인 면, 모서리, 점 등이 선택될 수 있다(Reference Status가 "Fully Placed"되어야 한다). Reference를 선정하였을 때 화면에 나타나는 모양은 아래와 같다.

- Datum Plane을 Ref로 선택하면 주황색 점선이(Ref 선) 화면에 끝없이 연장되어 나타난다.
- 모서리를 선택하면 모서리 길이만큼 주황색 점선(Ref 선)이 나타난다.
- 점을 선택하면 X 자로 Ref 표시가 나타난다.

4) 형상 스케치와 구속 조건(Constraint) 부여하기

이제 스케치 평면에서 스케치 작업을 수행한 후, 엔티티(Entity) 간의 구속 조건을 부여한다. 엔티티란 단면 형상을 정의하는 모든 요소 즉, 직선, 원, 호, 점, 좌표계 등을 말하며, 구속 조건을 부여하기 위해 수직, 수평, 직교, 평행 등 9가지의 별도 아이콘이 마련되어 있다. 자세한 기능은 2.3절에서 설명하도록 한다.

5) 치수 입력, 치수 수정

치수도 일종의 구속 조건이다. 치수와 구속 조건을 이용하여 스케치 형상을 정의하게 되는데, 스케치 형상을 정의하는 데 필요한 치수-구속 조건, 치수-치수, 구속 조건-구속 조건들이 서로 중복되거나 상충되면 충돌(Conflict) 창이 나타나기도 한다. 중복되거나 상충되는 정보 중 필요한 것을 선택하여 사용함으로써 충돌을 해소할 수 있다. 형상에 대한 치수 입력보다 전체 스케치에 대한 스케일을 조정하거나 구속 조건 부여를 먼저 하는 것이 스케치를 간결하게 할 수 있는 방법이다.

6) 스케치 도중에 [Save(Ctrl + S)]하면 *.sec 파일이 저장된다.

7) 스케치를 완성한 후에는 ✔ 버튼을 클릭하여 스케치 작업을 완료하면, 3차원 피쳐를 위한 스케치 작업이 완성된다.

8) 만약 작업한 스케치를 모델에 반영하지 않고 취소하려면 ✕ 버튼을 선택한다.

2.2 Cross-Section의 규칙

Cross-Section을 생성할 때 반드시 지켜야 할 규칙이 있다. 여기서는 대표적으로 스케치 단면을 밀어내서 3차원 형상을 만들어 내는 Extrude 피쳐와 스케치 단면을 회전축 기준으로 회전시켜서 만들어 내는 Revolve 피쳐를 성공적으로 생성하기 위한 각각의 스케치 규칙을 설명하겠다. Cross-Section은 엔티티들로 구성되는데, 엔티티들의 연결 끝이 떨어져 있는 경우를 Open Section, 모두가 닫혀져 있는 경우를 Closed Section이라 한다.

1) Extrude 피쳐를 위한 스케치 규칙

- 하나의 단면에 Open Section과 Closed Section을 동시에 그릴 수 없다.
- Open Section으로만 단면 스케치를 할 경우에는 단 한 개의 Open Loop가 하나의 스케치 단면에 그려져야 하며 Loop의 끝점은 기존 피쳐의 모서리에 Align되어야 한다.
- Closed Section으로만 단면 스케치를 할 경우에는 분리된 한 개 이상의 Closed Loop가 그려져도 무방하다. 이 경우 각각의 Loop가 3차원 형상을 생성하게 되며, 만약 Closed Loop 내에 제2의 Closed Loop가 중복되어 있다면 밖에서부터 부피를 만들어 내고, 그 안쪽은 부피를 없애는 과정을 순차적으로 수행한다.

2) Revolve 피쳐를 위한 스케치 규칙

- 반드시 회전축이 정의되어야 한다(내부 회전축을 정의할 때 스케치 단면에 여러 개의 Center Line을 그리는 경우에는 첫 번째 그린 Center Line이 회전축으로 인식된다).
- 회전 단면은 반드시 Closed Section이어야 한다.
- 회전 단면은 회전축의 한쪽 편에 모두 그려져야 하며, 회전축을 포함하여 정의될 수 없다.

2.3 스케치 Tools

스케치의 엔티티는 노란색으로 나타나도록 정의되어 있고, 엔티티에 치수와 구속 조건으로 엔티티의 형상과 크기를 정의하는데, 사용자가 직접 정의한 치수와 구속 조건은 자동으로 삭제될 수 없고, 화면에 흰색으로 표시된다. 이것을 강한(고정) 치수/강한(고정) 구속(Strong Dim/Strong Const)이라고 한다. 스케치 화면에서 엔티티에 자동으로 생성된 치수와 구속은 화면에 회색으로 표시되며 약한(비고정) 치수/약한(비고정) 구속(Weak Dim/Weak Const)이라고 한다.

1) 스케처 메뉴(Sketcher Menu)

아래의 [표 2.1]에 스케치 모드에서 필요한 환경을 조정할 수 있는 메뉴들을 소개하였다.

[표 2.1] 스케처 메뉴

	스케치 뷰 : 스케치 평면을 화면에 반듯하게 배치해 준다.
	치수 on/off : 스케치 화면에 치수를 보여주는 기능을 ON/OFF(기본 설정 ON)
	구속 on/off : 스케치 화면에 구속 조건을 보여주는 기능을 ON/OFF(기본 설정 ON)
	격자 on/off : 스케치 화면에 격자선을 보여주는 기능을 ON/OFF(기본 설정 OFF)
	꼭짓점 on/off : 선분들의 끝 점을 보여주는 기능을 ON/OFF(기본 설정 ON)
	명령취소(Undo) : 작업 진행 시간상 이전 단계로 되돌려 준다. Ctrl + Z
	명령복구(Redo) : Undo 했던 것을 다시 복원한다. Ctrl + Y

2) 의도 관리자(Intent Manager)

의도 관리자란 하나의 엔티티를 생성하기 위해 사용할 수 있는 다양한 방법을 메뉴로 만들어 둔 것이며, 다음 [표 2.2]에 정리해 두었다.

3) 구속하기

엔티티를 스케치할 때 사용자의 입력이 Pro/ENGINEER가 예측한 구속 조건을 만족하기 위한 허용 범위 내에 있으면 Pro/ENGINEER는 사용자의 입력을 그 예측한 구속 조건으로 인식한다. 예를 들어 정확한 수직선을 긋지 않더라도 Pro/ENGINEER는 사용자가 그린 수직에 가까운 직선을 정확한 수직으로 인식하고 그 선 옆에 수직임을 나타내는 구속 기호를

[표 2.2] Intent Manger의 종류

	• Line : 두 점을 찍어 직선을 정의 • Tangent Line : 두 호/원에 동시에 접하는 라인을 생성 • Center Line : 대칭복사, Revolve 피쳐의 회전축, 각도 치수 기입 등에 사용
	• Center & Point : 원의 중심점과 반지름 크기를 결정하는 점을 통해 원을 정의 • Concentric : 기존의 원, 호와 동심을 가지는 원을 그림 • 3 Points : 3점을 찍어서 원을 그림 • 3 Tangent : 3요소에 접하는 원을 그림 • Ellipse : 타원을 그림
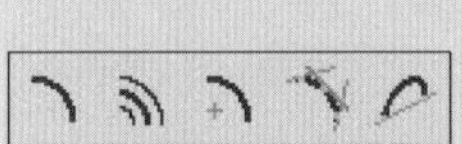	• 3 Points/Tangent Ends : 3점을 찍어서 호를 그림(호의 양 끝 점을 먼저 정의)/호의 끝이 다른 요소에 접하는 호를 그림 • Concentric : 기존의 원, 호와 동심을 가지는 호를 그림 • Center & Ends : 중심점을 먼저 정의하고 호의 양 끝 점을 정의 • 3 Tangent : 3요소에 접하는 호를 그림 • Conic : 원뿔 곡선을 그림
	• Circular Fillet : 두 엔티티 사이에 접하는 일정 반지름의 원형 모따기를 생성 • Elliptical Fillet : 두 엔티티 사이에 다른 반지름값으로 타원형 모따기를 생성 ◔ 필렛의 크기와 위치는 엔티티를 선택하는 위치에 따름.
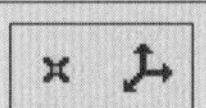	• Point/Coordinate System : 점과 좌표계를 생성
	• Use Edge : 이미 만들어진 피쳐의 모서리를 그대로 복사하여 사용하므로 치수가 필요 없는 유용한 기능이며, 모피쳐와 모-자 관계가 형성됨 • Offset Edge : 이미 만들어진 피쳐 모서리를 offset 이동시켜 복사하여 사용하는 기능이며 오프셋으로 인한 모서리 끝부분의 공백 여부와 처리는 모서리를 선택하는 방법에 따라 다름. ◔ 복사한 엔티티에 ∾ 기호가 생김.
	• Dimension : 엔티티에 치수를 정의
	• Modify : 치수를 수정하는 기능
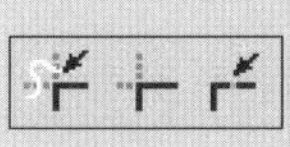	• Dynamic Trim : 스케치 개체 간에 교차 지점이 있을 때, 한 개체가 다른 개체에 의해 나누어져 있지 않더라도 마우스 경로가 훑고 지나간 부분들이 교차점을 기준으로 분리되고 지워지는 기능 • Coner Trim : 교차하는 두 개체에서 남기고자 하는 쪽을 선택하면 교차점 기준으로 선택되지 않은 부분은 삭제되거나 연장되는 교차점 부분의 정리 기능 • Divide : 교점이나 엔티티 위에서 클릭해서 둘 이상으로 나누어 주는 기능

	• Palette : 자주 사용하는 형상 스케치가 저장되어 있어서, 이를 가져다 사용할 수 있음
	• Mirror : 스케치 된 엔티티들을 Centerline(중심선) 기준으로 대칭복사하는 기능 • Move/Rotate/Scale : 스케치 된 엔티티의 이동, 회전, 확대, 축소를 하는 기능 기존 스케치 위에 3개의 핸들이 나타나며 핸들을 이용해 수정이 가능하며, 핸들의 위치 이동은 MB3으로 핸들을 클릭하여 드래그 하면 원하는 위치로 핸들 자체의 위치 이동이 가능 ◔ 복사할 원본 스케치를 먼저 선택해야 활성화되는 기능.
	• Spline : 스플라인을 수정할 때는 스플라인을 선택하고 Edit > Modify 또는 MB3* 버튼의 팝업 메뉴의 [modify]를 선택하면 나타나는 대시보드를 통해 가능

* MB3 : Mouse Button 3번(RMB)

표기한다. 따라서 Pro/ENGINEER가 예측한 구속 조건이 사용자가 의도한 구속 조건과 일치한다면 강한(고정) 구속(흰색)으로 설정해야 하며, 의도한 구속 조건이 아니라면 약한(비고정) 구속(회색)으로 남길 것이다.

약한(비고정) 구속을 강한(고정) 구속으로 변경하는 방법은 약한(비고정) 구속 기호를 선택하고 MB3을 누르면 나타나는 팝업 메뉴의 [Strong]을 선택하는 방법과, 직접 엔티티를 선택하고 구속기호 9가지 중 의도하는 구속을 적용하는 방법이 있다. 엔티티를 스케치한 후 구속을 적용하는 방법은 다음 절에서 보다 자세히 설명된다. Intent Manager를 이용하여 엔티티를 스케치하면서 동시에 적용할 구속 조건을 조절할 수 있는 방법은 3가지가 있는데, 수직선 스케치의 예를 들어 설명하겠다.

먼저 직선의 첫 번째 점을 클릭하고, 마우스를 수직으로 드래그 하면 화면 아래쪽 메시지 영역에 다음과 같은 3가지 내용의 안내가 나타난다.

- (선에 대해 수직) 구속 기호가 나타날 때, MB3을 누르면 나타났던 (수직)구속 기호를 엔티티에 적용하지 않을 수 있고(수직이 아닌 경사진 선이 완성), 다시 한 번 MB3을 클릭하면 다시 (수직)구속이 적용된다. 그 후 선의 두 번째 점을 클릭하면 (수직)구속이 반영된 선을 그릴 수 있다.
- 구속 기호가 나타날 때, 단순히 적용이 아니라 구속을 완전히 잠그기를 하여 핸들링을 어떻게 하더라도 구속이 엔티티에 항상 적용되도록 하려면 [Shift + MB3] 버튼을 누르면 구속 기호가 원에 둘러싸여 잠그기가 된다. [Shift + MB3] 버튼을 한 번 더 누르면 잠겼던 구속이 해제된다.

- 한 개의 엔티티에 2개 이상의 구속 기호가 나타날 때, 적용-비적용, 잠그기-해제 등의 조절을 어떠한 구속 기호에 적용할 것인가는 여러 개 구속 기호 중 붉은색으로 활성 상태인 구속 기호에 적용된다. 따라서 [TAB] 키를 이용해 활성 구속 기호를 변경한 후 MB3로 활성 기호를 적용, 비적용, 잠그기 등을 할 수 있다.

(Intent Manager)의 구속 조건 아이콘을 클릭하면 아래의 [그림 2.3]과 같이 9개의 세부 구속 아이콘 창이 뜬다. 각 아이콘들에 대한 상세한 설명은 다음 [표 2.3]과 같다.

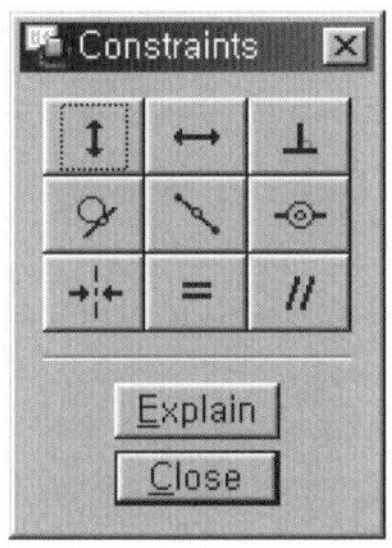

그림 2.3 세부 구속 아이콘들

[표 2.3] 세부 구속 조건의 종류

(Vertical)	(Horizontal)	(Perpendicular)
수직하게 만들어 줌 기호 : V	수평하게 만들어 줌 기호 : H	두 요소가 서로 직교하도록 함 기호 : ⊥1
(Tangent)	(Midpoint)	
두 요소가 접하도록 함 기호 : T	선분의 중간 지점에 위치하도록 함 기호 : M	Same Point : 점들을 같은 위치로 정렬 Points on Entity : 점을 개체 위에 위치시킴 Collinear : 동일선상에 위치하도록 정렬 기호 : -○- , ■■
(Symmetric)	(Equal Length, Radius)	(Parallel)
중심선에 대해 양쪽 점의 위치가 서로 대칭되도록 함 중심선을 먼저 선택한 후 대칭될 두 점 선택 기호 : → ←	같은 길이, 같은 반지름이 되도록 함 기호 : L_1, L_2, R_1, R_2	평행하도록 해 줌 기호 : $//_1$

4) 치수 기입

스케치를 한 후에는 스케치에 치수를 입력해야 한다. Pro/ENGINEER에서 치수를 입력하는 기본적인 목적은 스케치의 크기와 스케치 단면의 Reference로부터의 위치를 조정하기 위함이다. Pro/ENGINEER는 치수와 구속을 충분히 정의하지 않으면 스케치를 생성할 수 없다. "the sketch can not be regenerated"란 문구는 Pro/ENGINEER에서 스케치를 인지할 수 없음을 의미한다.

기본적으로 스케치된 엔티티는 스케치가 그려지는 동안 또는 그려지자마자 자동적으로 치수와 구속이 적용된다. 그러나 때로는 스케치에 치수를 추가해 줄 필요가 있다. Intent Manager에서 [Normal] 버튼( )은 엔티티에 직접 치수를 설정할 때 사용된다. 또한 메뉴에서 Sketch > Dimension을 선택하면 [그림 2.4]의 치수 옵션이 나타난다. 일반적으로 도면에서 치수 보조선이 수직인 치수 기입법을 사용하므로, 여기서 [Normal] 버튼을 선택하여 치수를 기입한다. 그려진 엔티티에 치수를 입력하는 과정을 각각의 경우의 예를 들어 아래에 설명하였다.

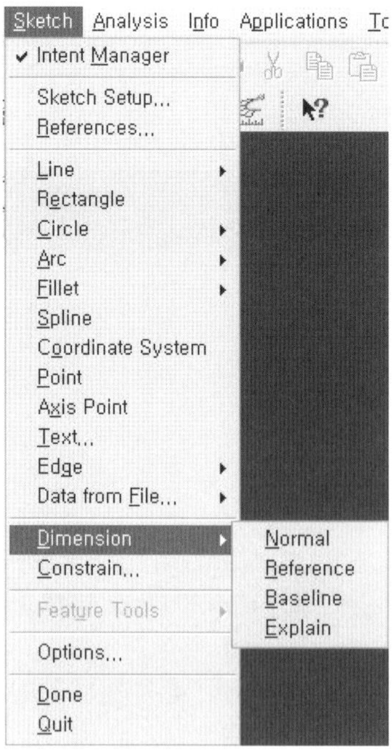

그림 2.4 치수 옵션

① 선의 길이

아래의 [그림 2.5]의 오른쪽과 같은 직사각형의 sd1, sd2로 표시한 선분의 길이에 대한 치수를 기입하고자 할 때, 왼쪽 그림에서처럼 각 번호 순서대로 X로 표시된 위치에 표시된 마우스 버튼을 클릭하면 오른쪽과 같이 치수에 수직하게 치수보조선이 그려지고 직선과 평행한 치수선과 치수가 자동으로 기입된다.

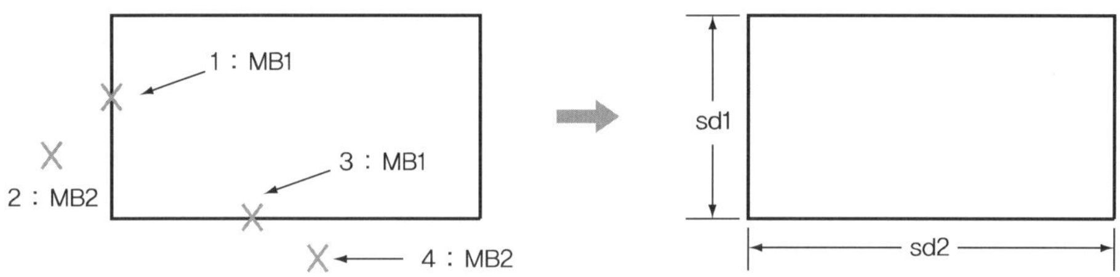

그림 2.5 선의 길이 치수 기입

② 거리

만약 두 개체 간의 거리에 대해 치수를 기입하고자 할 경우, 아래 [그림 2.6]의 왼쪽과 같이 두 개체를 먼저 선택하고 치수를 기입하고자 하는 위치에 MB2를 클릭하면 오른쪽과 같이 거리 치수가 기입된다. 만약 화면상에서 [그림 2.7]의 두 점 사이의 수평 거리의 치수를 기입하고자 할 때는 왼쪽 그림과 같이 두 점을 먼저 클릭한 후, 두 점으로 형성되는 가상의 직각 삼각형의 밑변의 아래쪽 위치에 MB2를 클릭하면 된다. 수직 거리도 마찬가지 방법으로, [그림 2.8]의 직각 삼각형의 세로 변보다 바깥쪽 위치에 MB2를 클릭하면 된다. 만약 두 점 사이의 최단 거리의 치수를 기입하고자 할 때는 [그림 2.9]의 왼쪽 그림과 같이 최단 거리를 잇는 선분 근처의 위치에 MB2를 클릭한다.

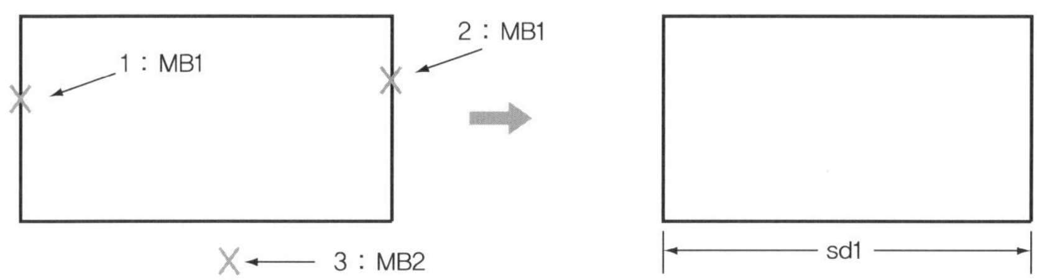

그림 2.6 두 개체 간의 거리 치수 기입

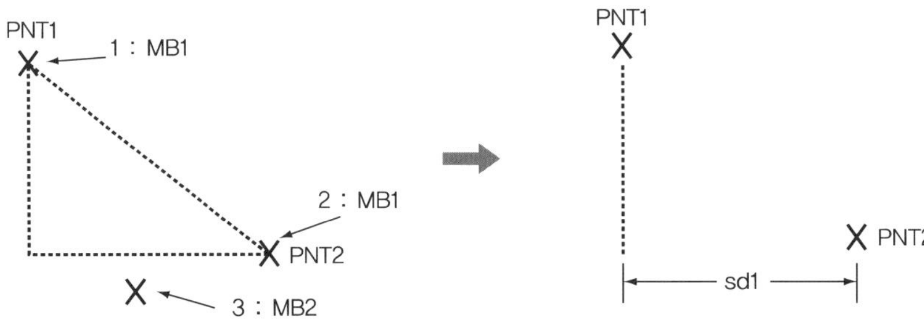

그림 2.7 두 점 간의 수평 거리 치수 기입

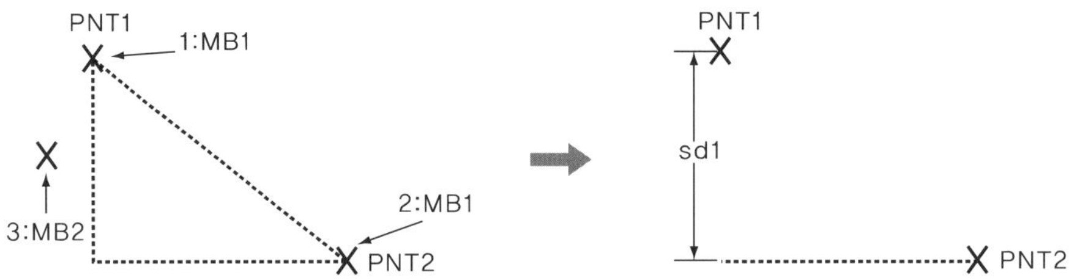

그림 2.8 두 점 간의 수직 거리 치수 기입

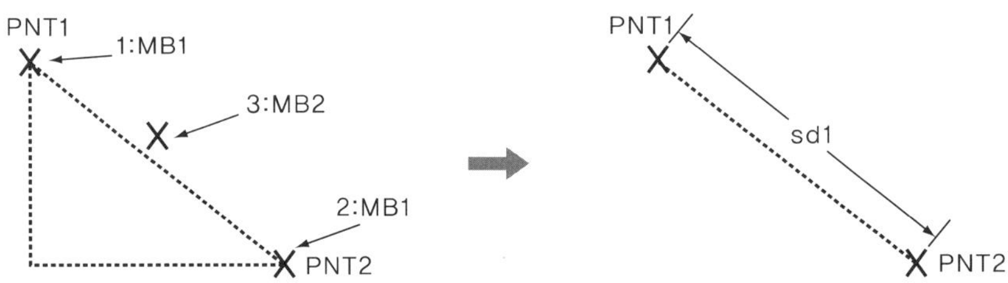

그림 2.9 두 점 간의 최단 거리 치수 기입

③ 각도

만약 두 직선 간의 각도를 기입하고자 할 경우에도 마찬가지 방법으로, 다음 [그림 2.10]의 왼쪽과 같이 두 직선을 먼저 선택하고 치수를 기입하고자 하는 위치에 MB2를 클릭하면 오른쪽과 같이 각도 치수가 기입된다. 만약 원호의 각도를 기입하고자 할 경우에도 [그림 2.11]의 왼쪽과 같이 원호의 양 끝 점과 원호상의 한 점을 선택한 후, 치수를 기입하고자 하는 위치에 MB2를 클릭하면 기입된다.

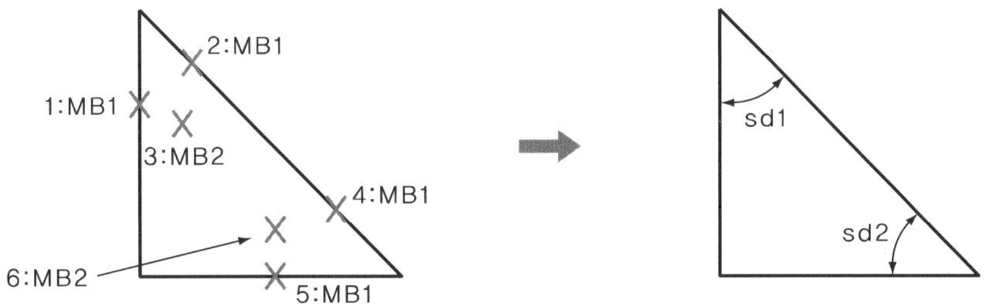

그림 2.10 두 직선 사이 각도 기입

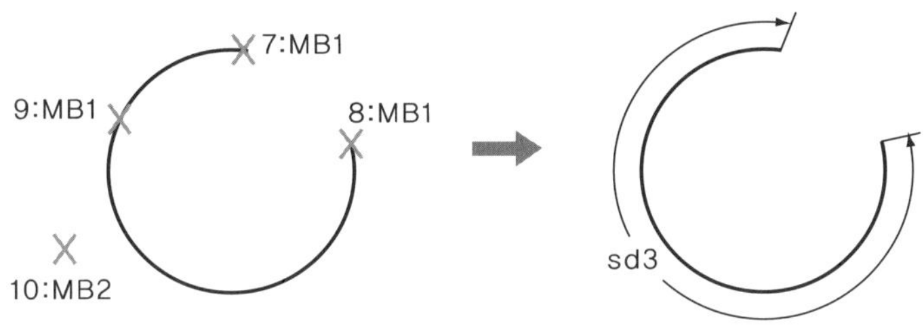

그림 2.11 호의 각도 기입

④ 반지름/지름

원의 반지름(R) 치수 기입은 [그림 2.12]의 왼쪽과 같이 원을 먼저 선택한 후 반지름 치수를 기입하고자 하는 위치에 MB2를 클릭한다. 지름(D) 치수는 원을 선택할 때 두 번 클릭한다. 스케치 단면에서 반지름(R) 치수와 지름(D) 치수는 치수선의 표현 방식이 다른 점에 유의할 필요가 있다.

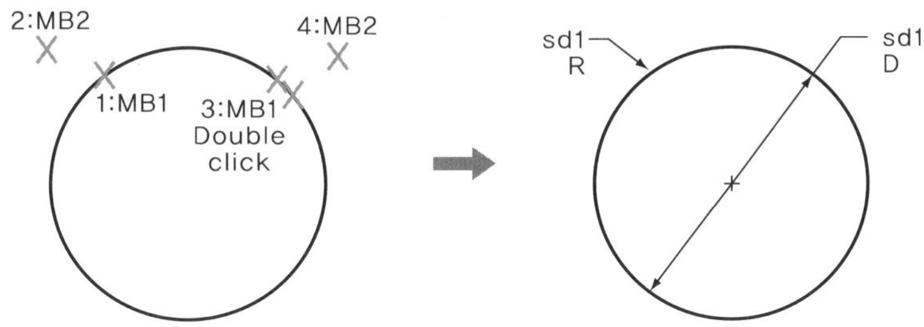

그림 2.12 반지름/지름 치수 기입

⑤ 축대칭 단면 치수

Revolve 피쳐의 스케치에서 회전축 반대편에는 엔티티가 없으나, 회전 후의 형상을 고려하여 치수를 기입하고자 할 때 [그림 2.13]과 같은 방법으로 기입할 수 있다.

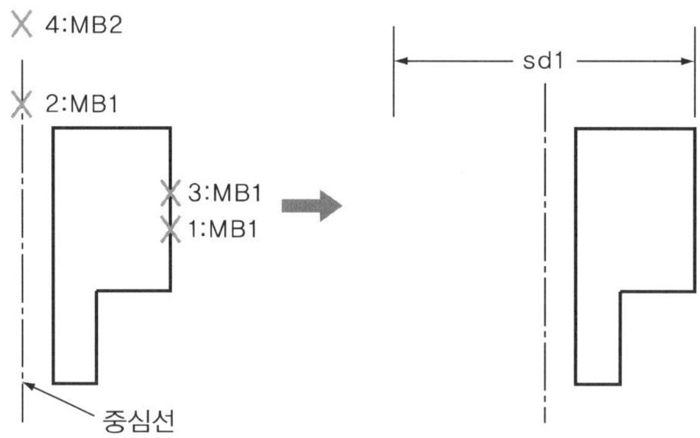

그림 2.13 축대칭 단면 치수기입

Pro/ENGINEER의 스케치에서 치수도 형상을 구속하는 요소로서, 다른 강한(고정) 구속이나 강한(고정) 치수에 의해 삭제될 수 있는 약한(비고정) 치수는 상대적으로 구속력이 떨어지므로, 만약 지정하는 치수가 사용자가 분명하게 의도한 치수라면 강한(고정) 치수로 치수를 기입해야 한다. 구속 조건과 마찬가지로 약한(비고정) 치수(회색)의 수치는 그대로 두고 조건만 강하게(흰색)로 변경하려면, 약한(비고정) 치수를 선택하고 MB3를 클릭하여 뜨는 팝업 메뉴에서 [Strong]을 선택하면 약한(비고정) 치수가 강한(고정) 치수로 변경된다. 또는 스케치한 엔티티에 대해 직접 사용자가 의도관리자에서 치수 입력 아이콘을 선택하고 직접 치수를 기입하는 방법이 있다.

강한(고정) 치수로 변경한 치수가 경우에 따라 수치가 변경되기도 한다. 선의 길이를 강한(고정) 치수로 기입했더라도, 라인의 한쪽 끝 점을 드래그하면 라인 길이가 변경되는 경우가 있다. 이러한 경우를 방지하려면 치수를 선택하고 MB3를 클릭하여 팝업 메뉴에서 [Lock]/[Unlock]을 선택하면 이 치수는 엔티티를 조절하더라도 수치가 변경되지 않고 위치만 변경될 것이다.

CHAPTER

3 SKETCH FEATURES

개요

여러 피쳐들 중 스케치 단면을 필요로 하는 피쳐를 스케치 피쳐 또는 스케치 기반 피쳐라고 한다. 기본적인 형상을 만들어 내는 가장 기본적이고 빈번하게 사용되는 피쳐이지만, 스케치를 할 때는 각 피쳐의 종류에 따라 정해진 스케치 조건을 지켜야 한다. 이 장에서는 스케치 피쳐들의 종류와 특징, 생성방법, 유의할 점을 설명한다.

3.1 스케치 피쳐의 단면 정보

스케치 피쳐를 생성하기 위해서 스케치 단면을 정의할 때, 생성하고자 하는 피쳐에만 연관되는 내부 단면을 정의하거나, 스케치 단면이 여러 피쳐에 사용될 수 있도록 스케치 도구( )를 이용하여 미리 생성해 둔 스케치 단면을 선택하여 정의할 수 있다. 각 방법은 특징과 장 · 단점이 있으므로 선택하여 사용한다.

1) 내부 단면 생성하기

이 방법은 스케치 피쳐 도구를 먼저 실행하고 내부 스케치 단면(단면이라고도 함)을 정의하여 생성하는 방법이다. 이 내부 단면은 독립적이며 어떠한 다른 스케치 피쳐와도 연관되지 않는다. 따라서 독립 내부 단면을 변경하면 해당 내부 단면을 사용하는 스케치 피쳐에만 영향을 미친다. 이러한 독립성은 각각의 독립 내부 단면에 지정된 고유 이름에 더욱 자세히 나타난다. 예를 들어 [그림 3.1]과 같이 밀어내기 스케치 피쳐의 대시보드에서 스케치 [정의] 버튼을 눌러 내부 단면을 정의하여 단면을 생성할 수 있으며 내부 단면으로 직사각형 스케치를 완성하여 직육면체 밀어내기 피쳐를 [그림 3.2]와 같이 생성한 것을 볼 수 있다. [그림 3.2]의 모델 트리에서 직육면체(밀어내기1)는 내부 단면(S2D0011)에 의해 생성되었으며, 스케치1은 외부 단면을 생성한 것이다.

2) 외부 단면 생성하기

이 방법은 스케치 도구( )를 이용하여 미리 생성해 둔 스케치 단면을 선택하여 스케치 피쳐를 생성하는 방법이다. 피쳐 정의보다 단면 정의를 먼저 하기 때문에 내부 단면에 대비

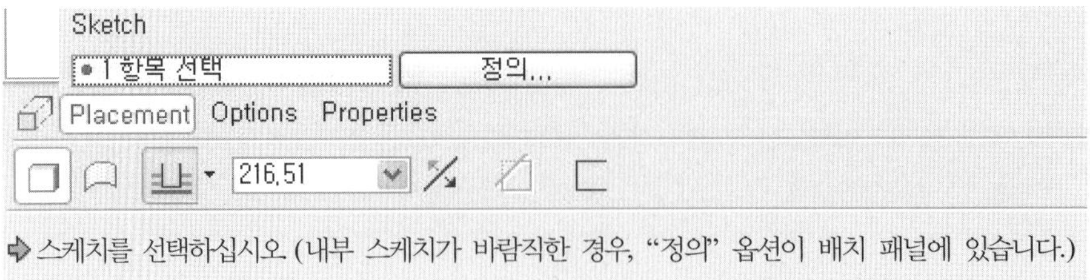

그림 3.1 스케치 피쳐의 내부 단면 정의

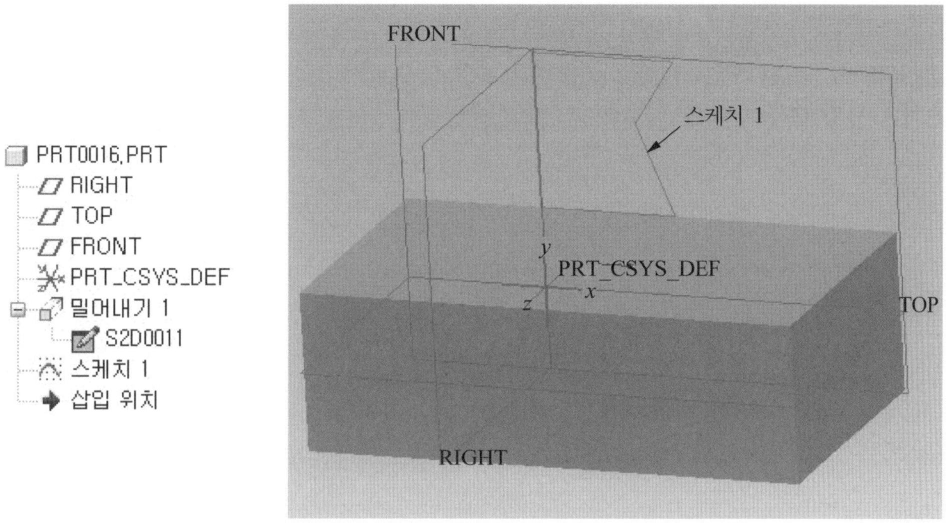

그림 3.2 내부 단면 피쳐와 외부 단면

하여 외부 단면이라고 한다. 외부 단면을 사용하는 방법을 쓰면, 스케치 단면은 현재 모델이나 다른 모델에 있을 수 있으며 이미 다른 스케치 피쳐의 참조로 사용된 스케치 단면을 재사용 할 수도 있다.

외부 단면을 사용하여 스케치 피쳐를 생성하면 Pro/ENGINEER는 스케치 단면의 배치, 방향 및 스케치 참조를 그대로 사용하여 스케치 피쳐의 종속 내부 단면을 생성한다. 이 종속 내부 단면은 모(참조하는) 스케치 단면과 완전히 연관되며 모 스케치와 같은 이름을 사용한다. 따라서 모 스케치를 재정의하면 이 스케치를 참조하는 모든 종속 내부 단면(자 단면)이 동적으로 변경된다. 그리고 관련 스케치 피쳐도 함께 변경된다. 모 스케치 단면이 재정의 될 때, 관련 스케치 피쳐가 함께 변경되는 것을 원하지 않을 때에는, 독립되기를 원하는 스케치 피쳐의 대시보드에서 그 스케치 단면을 [연결해제]시켜서 스케치 단면과 피쳐 간의 연관 관계를 끊어 준다. 이와 달리 종속 내부 단면을 재정의하는 경우에는 모 스케치 피쳐를 재정의할 수 있도록 자동으로 모 스케치 피쳐로 되돌아간다.

[그림 3.3]의 위쪽 그림은 [그림 3.2]에서 확인할 수 있는 외부 단면 스케치1을 밀어내기2 피쳐에 사용한 것을 보여주며 아래 그림은 동일한 스케치1을 회전1 피쳐에 사용한 것을 볼 수 있다. 이때, 밀어내기1의 내부 단면(S2D0011)과 대조적으로 외부 단면은 동일한 이름(스케치1)으로 여러 스케치 피쳐에 사용되어 연관 관계가 형성되었음을 확인할 수 있고, 스케치1을 수정하면 밀어내기2와 회전1의 단면 형상이 함께 변경된다. 이 연관 관계를 끊

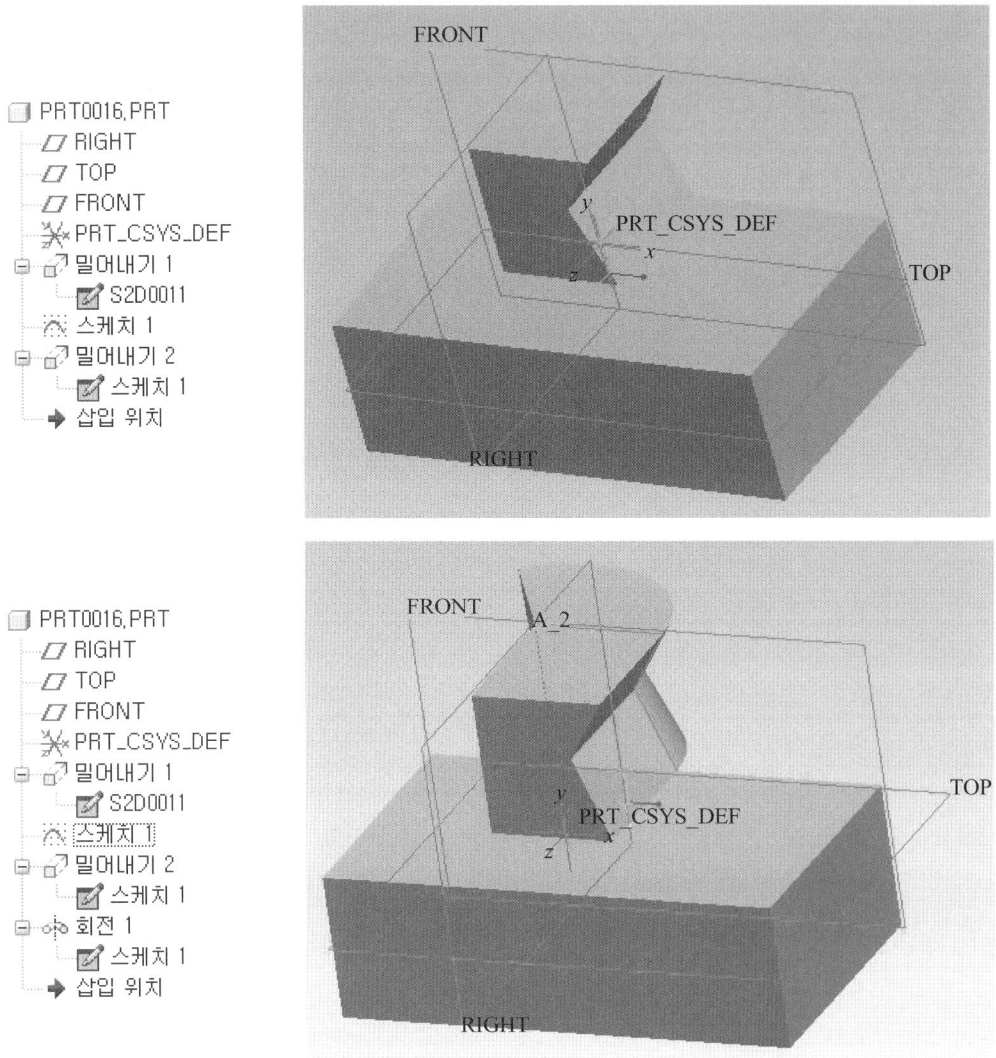

그림 3.3 외부 단면의 피쳐 중복 참조

고자 하면 회전1의 스케치1을 [연결 해제]시켜서 스케치1과 회전1 간의 종속 관계를 끊을 수 있다. [그림 3.4]에서 [연결 해제]하는 대시보드 그림과 연관을 해제한 후 모델 트리에 나타나는 스케치의 이름이 외부 단면 '스케치1'에서 회전1에만 독립적으로 사용되는 내부 단면 'S2D0012'로 변경되는 것을 확인할 수 있다.

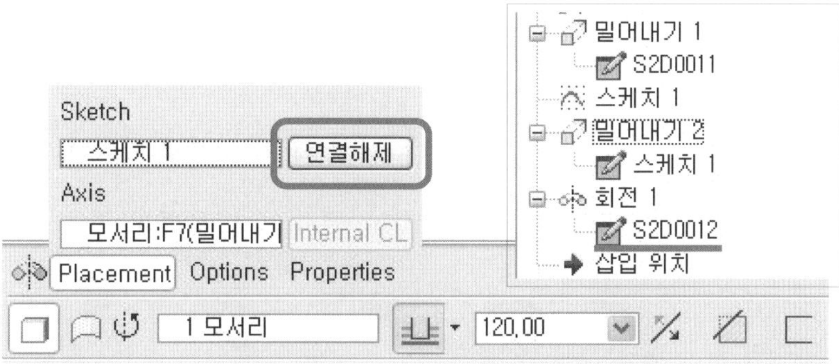

그림 3.4 외부 단면 연결 해제

3.2 Sketch 피쳐

Pro/ENGINEER는 여러 개의 피쳐로 부품을 완성하게 된다. 여러 피쳐의 종류 중 3차원 형상을 만들기 위해서 2차원 스케치 단면이 필요한 피쳐를 Sketch 피쳐라 하고, 스케치 단면이 필요 없이 필요한 치수와 위치에 대한 값을 기입하여 생성하는 피쳐를 Pick & Placed 피쳐라 한다. 대표적인 Sketch 피쳐에는 Extrude, Revolve, Sweep, Blend 등이 있다.

이러한 Sketch 피쳐들을 기존의 형상 모델에 새롭게 추가하거나 제거해 가며 모델링을 수행할 수 있는데, 피쳐를 추가하는 기능을 Pro/ENGINEER에서는 Protrusion(돌출)이라 하며 기존의 모델로부터 제거하는 기능을 Cut 또는 Remove Material이라 한다. Protrusion과 Cut을 사용한 각각의 예는 다음과 같다.

- Protrusion(돌출)

Protrusion은 재료를 추가하는 방법으로서 각 피쳐마다 스케치하는 방법과 옵션을 정의하는 방법이 다르다. 스케치 단면으로 Protrusion을 생성한 예를 [그림 3.5]에 나타내었다.

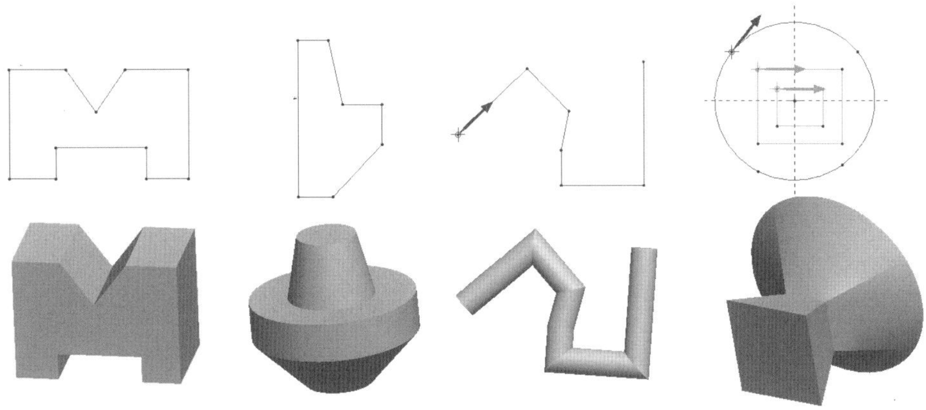

Extrude Revolve Sweep Blend

그림 3.5 Protrusion의 예

• Cut

Cut은 Protrusion을 생성할 때와 같이 각 피쳐를 만든 후, 대시보드에서 최종 단계에 Remove Material 버튼을 선택하면 기존 피쳐에서 재료를 제거하는 기능으로서, 다음의 [그림 3.6]과 같은 Cut이 생성된다.

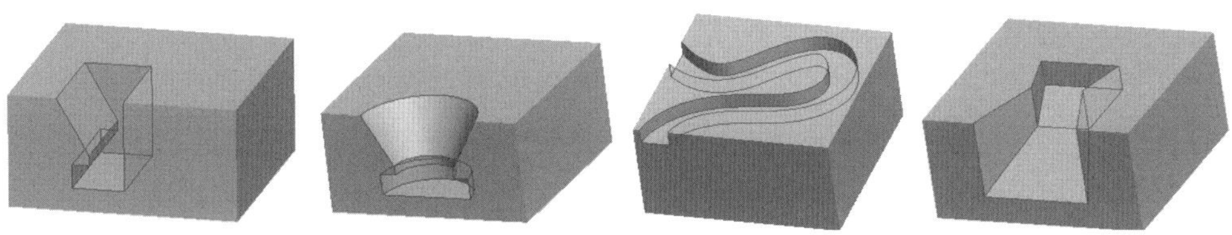

Extrude Revolve Sweep Blend

그림 3.6 Cut의 예

1) Extrude(밀어내기) 또는 Insert > Extrude

Extrude 피쳐는 2차원 단면 스케치에서 생성한 형상을 스케치 평면에 대해 수직방향으로 밀어내었을 때 생성되는 부피를 3차원 형상으로 취하는 기능이다. 따라서 Extrude를 위한 스케치 단면은 면적을 가질 수 있도록 스케치되어야 한다.

Extrude 피쳐를 시작하면 화면 아래쪽에 [그림 3.7]과 같은 대시보드가 나타난다. 이 대시보드에서 밀어내기를 위한 스케치 단면이 어느 방향으로 얼마나 밀어내기가 되어야 할 것인지 등의 파라미터값들을 입력하게 된다. 다음은 Extude 피쳐의 대시보드 세부 설정에

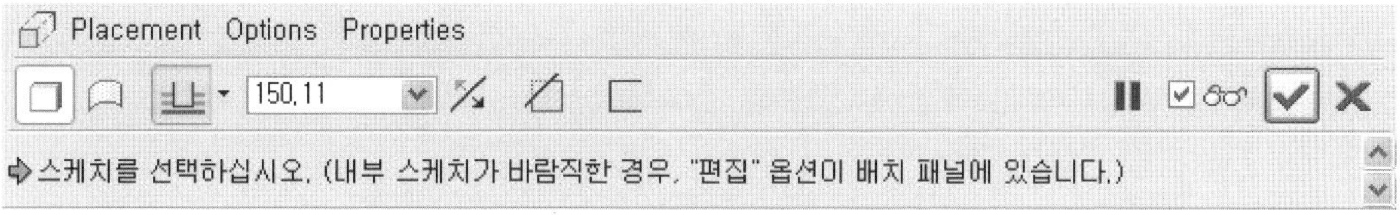

그림 3.7 Extrude를 위한 대시보드

대한 설명이다.

① Placement : Extrude를 실행하기 위해서는 먼저 Extrude할 단면을 정의해야 한다. 스케치 단면을 정의하는 방법은 두 가지 방법이 있는데, 외부 단면을 연결해서 Extrude 피쳐를 시작했다면 외부단면이 이미 연결되어 있어 그래픽 창에 3차원으로 피쳐가 미리 보이게 될 것이며, Placement 탭의 Sketch 항에 외부 단면이 입력되어 있음을 확인할 수 있을 것이다.

내부 단면을 정의하는 경우 대시보드의 Placement 탭을 선택하면 [그림 3.8]과 같은 슬라이드-업 패널이 나타난다. 패널의 [정의] 버튼을 선택하면 앞의 2장의 [그림 2.1]과 같은 스케치 대화상자가 열리고, 스케치 평면을 선택하면 참조면은 자동으로 정의되어진다. 그리고 스케치를 한 다음, 스케치에서 빠져나오면 다시 대시보드가 나타나게 되어 나머지 파라미터를 입력한다.

그림 3.8 Placement 창

② Options : Option 탭은 정의된 단면이 스케치 평면에서 수직방향으로 밀어내기 될 때, [그림 3.9]와 같이 밀어내는 방향과 거리를 입력할 수 있는 패널이다. Side 1 탭은 그래픽 창에서 스케치 평면에 수직방향으로 향하고 있는 노란색 화살표의 방향을 의미하고 Side 2 탭은 Side 1의 반대방향을 나타내므로, 각 방향에 대해 원하는 방법과 치수를 입력한다. 양 방향이 아니고 한 방향으로만 밀어내기를 진행하는 경우 다음의 Spec To 아이콘과 치수 입력 창을 이용하면 간편하다.

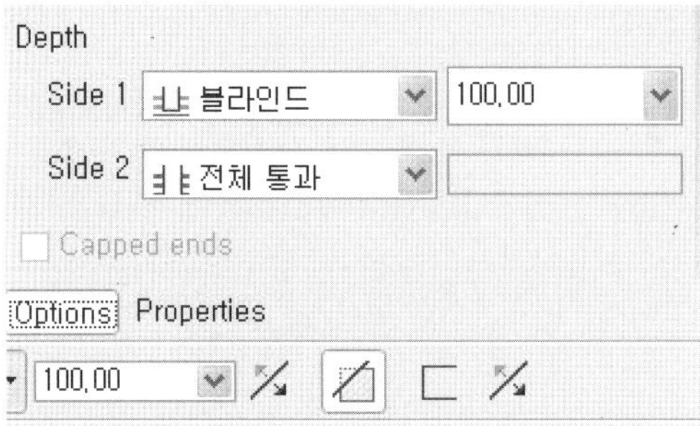

그림 3.9 Options 창

③ Spec To

- Blind(블라인드) : 스케치 평면에서 지정된 깊이값 만큼 돌출
- Both Sides(대칭) : 스케치 평면의 양 방향으로 각각 지정된 깊이값의 ½만큼 돌출
- Thru Next(다음으로) : 다음 만나는 면까지 돌출
- Thru All(전체통과) : 모든 면을 통과하도록 돌출
- Thru Until(지정 지점으로) : 작업자가 선택한 면까지 돌출
- UpTo Pnt/Cur/Pln/Sur(선택으로) : 작업자가 선택한 점, 커브, 평면, 서피스에까지 돌출되며 끝 단의 형상이 선택한 면과 같은 형상으로 마무리된다.

④ Solid : 솔리드의 Protrusion을 생성한다. 이 버튼은 기본적으로 선택되어져 있고 단면을 Protrusion하며 솔리드 모델을 생성할 때 사용된다. 이 버튼은 스케치가 완전히 닫혀 있을 때 사용할 수 있다.

⑤ Surface : 서피스의 Protrusion을 생성한다. 이 버튼은 단면에 형상을 추가하여 곡면을 만들 때 사용된다. 곡면 모델을 생성하기 위해 필요한 스케치는 닫힌 루프가 아니어도 된다. 서피스 모델링에 관한 내용은 다음 기회에 설명한다.

⑥ Flip : 스케치면에서부터 Protrusion 방향을 반대방향으로 수정한다. 이 버튼은 스케치가 완성된 후 사용된다. 이 버튼을 누르면 스케치 평면에서 밀어내기의 참조 방향이 반대로 전환된다. 밀어내기의 방향은 생성된 스케치의 평면의 방향에 의해 정해진다. 드로잉 영역에서 방향은 노란색으로 표시된다.

⑦ Remove Material : 솔리드 형상을 Protrusion 할 것인지 Cut 할 것인지 결정하기 위해 이 버튼을 클릭하면 Cut이 생성된다. 이 버튼은 기본 피쳐의 생성 후에만 사용 가능하다. 따라서 기본 피쳐를 생성하는 도중에는 이 버튼은 비활성화 되어 있다.

⑧ Thickness : 스케치 된 형상 내부에 Material이 모두 채워져 있던 형상을 스케치 윤곽선에 얇은 두께값을 주어 스케치 윤곽 전체에 일정한 두께를 가진 피쳐로 생성되도록 한다.

⑨ On-the-Fly : 진행 중이던 작업을 중지하고, 데이텀 피쳐를 생성할 수 있다.

⑩ Resume : On-the-Fly에서 다시 작업 중의 피쳐 작업으로 되돌아간다.

⑪ : 그래픽 창에 3차원 형상을 미리 보여준다.

⑫ Apply : 대시보드의 모든 입력을 마치고 피쳐를 완료한다.

⑬ Quit : 작업 중이던 피쳐 작업을 취소하고 종료한다.

Extrude 피쳐 스케치

- 하나의 단면에 Open Section과 Closed Section을 동시에 그릴 수 없다.
- Open Section으로만 단면 스케치를 할 경우에는 단 한 개의 Open Loop가 하나의 스케치 단면에 그려져야 하며 Loop의 끝 점은 기존 피쳐의 모서리에 Align 되어야 한다.
- Closed Section으로만 단면 스케치를 할 경우에는 독립된 한 개 이상의 Closed Loop가 그려져도 무방하며 각각의 Loop가 3차원 형상을 만들어 낼 것이며, Closed Loop 내에 제2의 Closed Loop가 중복되어 있다면 밖에서부터 순차적으로 부피를 만들어 내고, 부피 없애기를 해 나간다.

2) Revolve(회전) 또는 Insert > Revolve

Revolve는 스케치 단면을 회전축(Centerline)을 기준으로 주어진 각도만큼 회전시켜 3차원 형상을 만들어 내는 기능이다. Revolve에 의하여 형상을 추가할 수 있으며 형상을 삭제할 수도 있다. 따라서 밀어내기 피쳐와 같이 단면은 반드시 닫혀 있어야 Solid Feature가 형성되며 단면은 회전축의 한쪽 편에 모두 그려져야 한다. Revolve 피쳐의 대시보드는 밀어내기 피쳐와 유사하며, 밀어내기 피쳐에서 3차원 치수가 길이값에 해당하는 값이 입력된다면 Revolve 피쳐는 각도 치수가 입력된다.

Revolve 피쳐는 회전축이 정의되어야 하는데, [그림 3.10]과 같이 대시보드의 [Placement] 패널에 Axis를 정의하는 란이 있어서 External Centerline(외부 회전축)을 입력하거나, [그림 3.11]과 같이 스케치 단면에 직접 Centerline을 스케치하여 Internal Centerline(내부 회전축)을 정의할 수 있다.

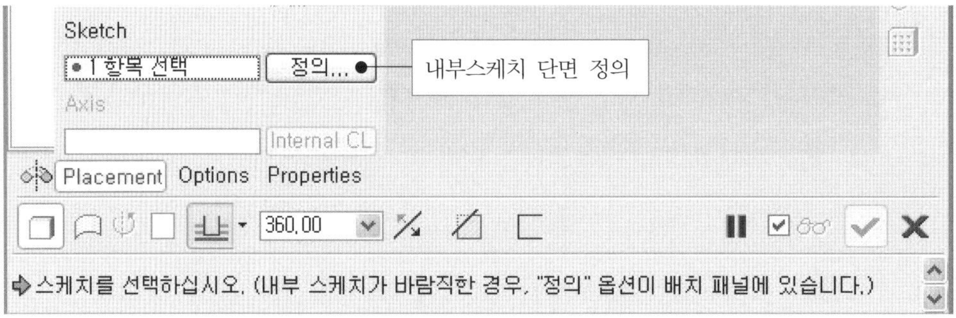

그림 3.10 Revolve를 위한 대시보드와 스케치 정의

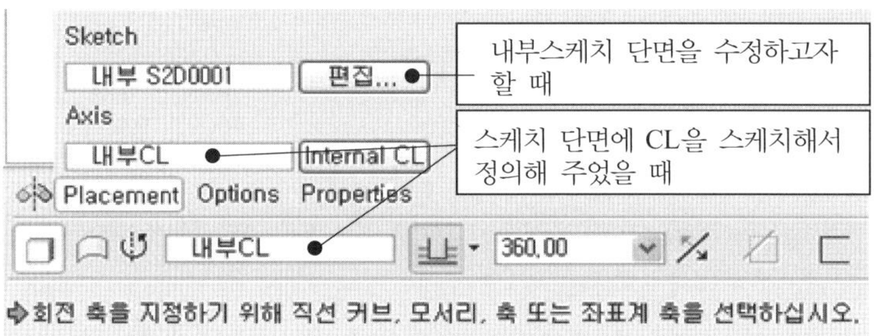

그림 3.11 Revolve의 회전축 정의와 스케치 수정

Revolve 피쳐 스케치

- 반드시 회전축이 정의되어야 한다(내부 회전축을 정의할 때 스케치 단면에 여러 개의 Center Line을 ⁝ 그리는 경우에는 첫 번째 그린 Center Line이 회전축으로 인식된다).
- 회전 단면은 반드시 Closed Section이어야 한다.
- 회전 단면은 회전축의 한쪽 편에 모두 그려져야 한다.

3) Sweep(스윕) 또는 Insert > Sweep > Protrusion(또는 Cut)

Sweep 피쳐는 정의된 궤적(Trajectory, 경로)을 따라 단면(Section)을 밀어내는 것이다. 따라서 스케치 단면이 두 번 필요하다. 실행 순서는 궤적을 먼저 정의한 뒤 단면을 정의하여야 한다. Sweep 피쳐에 대한 궤적은 스케치하거나 선택할 수 있다.

궤적과 단면은 Open되거나 Closed로 그릴 수 있으나, 궤적과 단면이 모두 Open으로 그려지면 Solid 형상이 생성될 수 없고 Surface로 생성된다. Sweep을 위해 궤적을 생성할 때의 주의 사항은 다음과 같다.

Sweep 궤적 · 단면 스케치

- Closed Trajectory – Closed Cross Section (O) : No Inn Fcs(내부면 없음)
- Closed Trajectory – Open Cross Section (O) : Add Inn Fcs(내부면 추가)
- Open Trajectory – Closed Cross Section (O) : Merge Ends/Free Ends
- Open Trajectory – Open Cross Section (X)
- 궤적(Trajectory, 경로) 자체가 교차하거나 궤적의 원호나 Spline 반경이 단면(Section) 크기에 비해 너무 작거나, Sweep 중에 단면(Section)끼리 교차하면 Sweep이 실패한다.
- 궤적은 스케치하거나 선택할 수 있고, 단면은 반드시 스케치해야 한다.
- 궤적을 스케치하면 궤적의 한쪽 끝에 START POINT(화살표)가 나타난다. 단면의 스케치 화면에서 궤적의 START POINT(시작점) 위치를 표시해 주는데, 단면을 이 위치에 맞춰 스케치한다. 점선을 교차시켜서 교차점 위치로 궤적의 시작점 위치를 알려준다.
- START POINT 위치 변경방법 : 꼭짓점 선택(MB1) > MB3 클릭 > 팝업 메뉴의 [START POINT] 선택

① Closed Trajectory일 때

닫힌 궤적을 그렸을 때, 뒤이어 단면이 닫혀 있거나 열려있는 단면을 스케치할 수 있는데, Attributes를 통해 속성을 먼저 지정해 주고, 지정된 속성에 적절한 단면을 스케치해야 한다. 이 Attributes 메뉴에는 [그림 3.12]와 같이 Add Inn Fcs(내부면 추가)와 No Inn Fcs(내부면 없음)이 있는데, 각각의 예를 [그림 3.13]에 보여준다. Add Inn Fcs 옵션을 사용하면, [그림 3.13] (a)처럼 오직 열린 단면만 사용 가능하다. No Inn Fcs 옵션을 사용하면, [그림 3.13] (b)처럼 오직 닫힌 단면만 사용 가능하다.

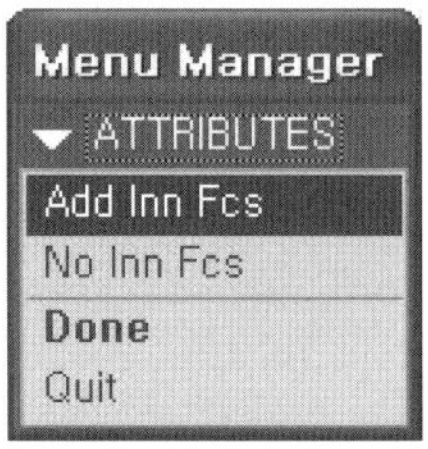

그림 3.12 Closed Trajectory의 속성 메뉴

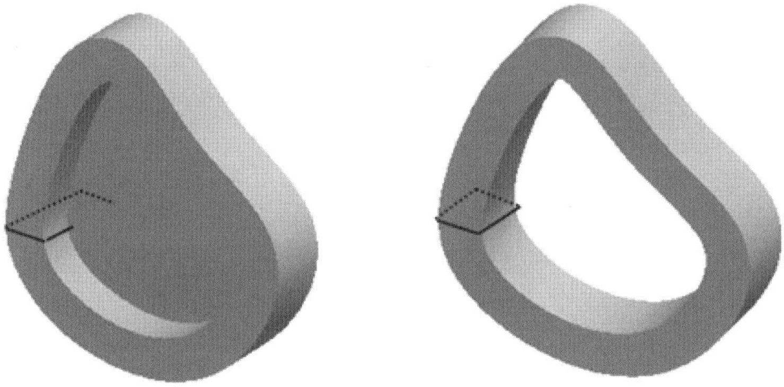

(a) Add Inn Fcs(내부면 추가) 선택 Open loop로 단면 스케치한다. Open된 부분만큼 Trajectory(경로) 안쪽을 채운다.

(b) No Inn Fcs(내부면 없음) 선택 Closed loop로 단면 스케치한다.

그림 3.13 Closed Trajectory의 속성에 대한 단면의 종류

② Open Trajectory일 때

열린 궤적을 그렸을 때는 끝 부분의 처리에 대해 [그림 3.14]와 같은 속성을 먼저 지정한 후 단면 스케치를 해야 한다. 스윕은 단면이 궤적에 수직으로 생성되므로 Free Ends 속성은 [그림 3.15] (a)와 같이 스윕 피처의 끝을 열린 궤적의 끝에 그대로 수직으로 마무리하

그림 3.14 Open Trajectory의 속성 메뉴

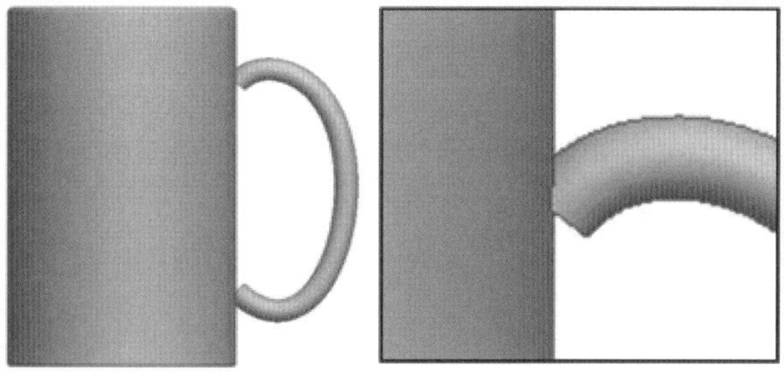

(a) Free Ends(자유 끝)
스윕 피쳐의 끝 단면을 궤적에 수직으로 마무리한다.

(b) Merge Ends(끝 결합)
스윕 피쳐의 끝 단면을 궤적이 접한 면에 자연스럽게 만나도록 한다.

그림 3.15 Open Trajectory의 속성에 대한 끝단의 종류

는 방식이고, Merge Ends는 (b)와 같이 스윕의 끝이 수직으로 끝나지 않고, 궤적이 접한 이미 만들어진 면과 자연스럽게 만나도록 해 주는 속성이다.

4) Blend(블렌드) 또는 Insert > Blend > Protrusion(또는 Cut)

밀어내기, 회전, 스윕 피쳐는 단일 단면을 밀어내거나 회전 또는 경로를 따라가며 피쳐를 생성하는 방식이었다면, 블렌드 피쳐는 여러 개의 단면들이 형상과 크기가 다를 수 있다. 따라서 Blend는 피쳐가 다양한 단면을 가지기 위해서 사용한다. 또한 단면들의 위치는 3차원 공간상에서 평행하거나 임의의 각도만큼 기울여져 3차원 형상을 만들어 내는 기능이다.

단면들이 3차원 공간상에 평행하게 배치되는 방식이 Parallel Blend이고, Rotational과 General Blend는 평행이 아니게 배치되는데, Rotational Blend는 Y축에 대해서 회전시켜 위치를 입력하고, General Blend는 X, Y, Z축 모두에 대해 회전시켜 각 단면을 배치한다.

평행 블렌드가 아닌 블렌드를 생성할 때에는 각 단면은 서로 위치 기준을 세워야 하므로 스케치의 의도관리자에 있는 을 이용하여 좌표계를 생성한다. 회전각을 입력할 때는 120° 까지 한계가 있으므로 더 큰 각도를 입력해야 한다면 중간에 새로운 단면이 추가되어야 한다.

본 교재에서는 Parallel Blend(평행 블렌드)만을 다루도록 하고, 메뉴의 각 항목에 대해 다음과 같이 간단히 설명하였다. **Blend > Protrusion** 옵션을 선택하면, 블렌드 옵션 하위 메뉴가 [그림 3.16]의 왼쪽과 같이 나타나며, 블렌드 옵션 하위 메뉴에서 **Parallel > Regular Sec > Sketch Sec > Done**을 선택하면, [그림 3.16]의 오른쪽과 같은 속성 메뉴가 나온다. 각 명령어에 대한 간단한 설명은 다음과 같다.

① Parallel(평행) : 두 개 이상 단면들이 평행하게 연결되며 한 Sketch면에 여러 단면들이 존재하게 되며, 각 단면들은 Toggle Section으로 단면을 전환한다.

② Rotational(회전) : 각 단면은 각각 Sketch면과 좌표계를 가지며, 단면들이 평행하지 않고 Y축 기준으로 120°까지 회전할 수 있다.

③ General(일반) : 각 단면은 각각 Sketch면과 좌표계를 가지며, 평행하지 않고 X, Y, Z축에 대해 120°까지 회전할 수 있다.

④ Regular Sec(정규 단면) : Feature가 Sketch 평면을 사용한다.

⑤ Project Sec(투영 단면) : Feature가 선택된 서피스상의 단면 투영을 사용하며, Parallel Blend에서만 사용 가능하다.

⑥ Select Sec(단면 선택) : 단면을 선택해서 사용하며 Parallel Blend에서 사용할 수 없다.

⑦ Sketch Sec(스케치 단면) : 단면을 스케치하며 Toggle Section은 100개까지 가능하다.

그림 3.16 Blend의 메뉴와 속성

⑧ Straight(직선) : 직선을 가진 블렌드 피쳐에서 모든 단면의 꼭짓점을 연결하여 평면으로 연결한다.

⑨ Smooth(부드러운 곡선) : 단면의 교점을 Spline 커브로 연결하여 단면과 단면을 부드러운 Spline 곡면으로 연결한다.

아래의 [그림 3.17]은 세 개의 단면이 블렌드 피쳐를 형성하는 데 사용되는 것을 보여주며, [그림 3.18]과 [그림 3.19]는 [그림 3.17]의 단면을 사용하여 생성한 직선 모서리와 부드러운 곡선 모서리를 가지는 평행 블렌드 피쳐의 결과를 각각 보여준다.

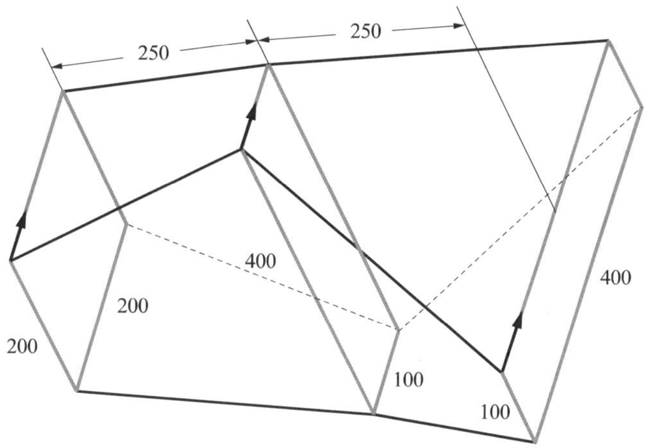

그림 3.17 세 개의 평행 단면

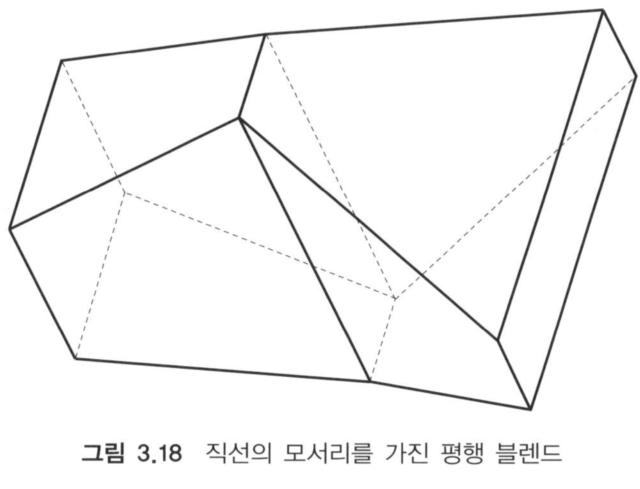

그림 3.18 직선의 모서리를 가진 평행 블렌드

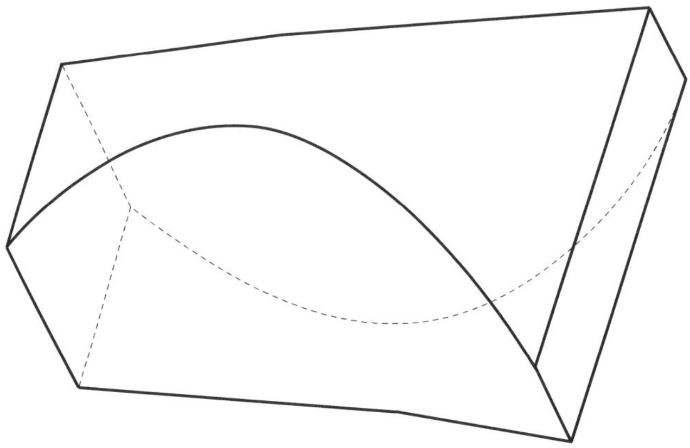

그림 3.19 부드러운 모서리를 가진 평행 블렌드

Parallel Blend 스케치

- 각 단면은 형상과 크기는 다르더라도 같은 수의 Segment를 가져야 한다. 단 하나의 꼭짓점만으로 된 단면도 가능하다.
  ex) 원과 사각형 단면의 연결 : 사각형은 Segment가 4개이므로, 1개 Segment인 원을 divide 를 사용해 4개의 요소로 나누어 개수를 동일화시킨다.
- 각 단면의 꼭짓점들끼리 연결할 때 순서를 지정하는데, START POINT(시작점)가 이 기능을 수행한다. 시작점끼리 연결하고 화살표 방향대로 점들을 연결하는데, 화살표 방향과 위치에 따라 완성되는 3차원 피쳐 결과가 좌우된다.
- START POINT 방향 변경방법 : 꼭짓점 선택(MB1) > MB3 클릭 > 팝업 창의 [START POINT] 선택
- START POINT 위치 변경방법 : 변경할 꼭짓점 선택(MB1) > MB3 클릭 > 팝업 창의 [START POINT] 선택
- 단면 전환 방법(Toggle Section)
  1) MB3의 팝업 창 > Toggle Section 선택
  2) Sketch > Feature Tools > Toggle Section 선택
- Blend Vertex(블렌드 교점)
  Sketch > Feature Tools > Blend Vertex
  단면의 한 점을 선택하고 위의 명령 순서대로 Blend Vertex(블렌드 교점) 기능을 부여하면 그 점은 이전 단면에서 2개의 점을 대응받는다.

5) Helical Sweep(헬리컬 스윕) 또는 Insert > Helical Sweep > Protrusion(또는 Cut)

헬리컬 스윕은 헬리컬 스프링과 나사산과 같은 헬리컬 스윕 피쳐를 생성하기 위하여 사용된다. 이 옵션을 사용하여 헬리컬 피쳐를 생성하기 위해서는 helix, 헬리컬의 높이, 피치값 그리고 절단면으로 정해지는 궤적을 정의해야 한다. 중심선에서 궤적까지의 거리는 헬리컬 경로의 반지름, 궤적의 길이가 스윕 피쳐의 길이로 정의된다.

먼저 Insert > Helical Sweep > Protrusion을 선택하면 [그림 3.20]과 같은 속성 메뉴가 나타난다. 속성 메뉴의 각 항목에 대한 설명과 함께 스프링 형상을 만드는 예를 아래에 순서대로 기술하였다.

그림 3.20 속성 메뉴

① Attributes(속성)를 지정한다.

- Constant : 피치값이 일정하다.
- Variable : 피치가 가변적이며 그래프에 의해 정의된다.
- Thru Axis : 회전축을 통과하는 평면에 절단면이 놓인다.
- Norm To Traj : 절단면의 방향이 궤적 또는 회전 서피스에 수직하다.

② Swp Profile(스윕 프로파일) : 궤적을 스케치할 면을 설정하고 궤적을 스케치한다([그림 3.21]과 같이 스프링의 길이=100, 스프링의 반지름=25인 경우의 궤적을 스케치한다).

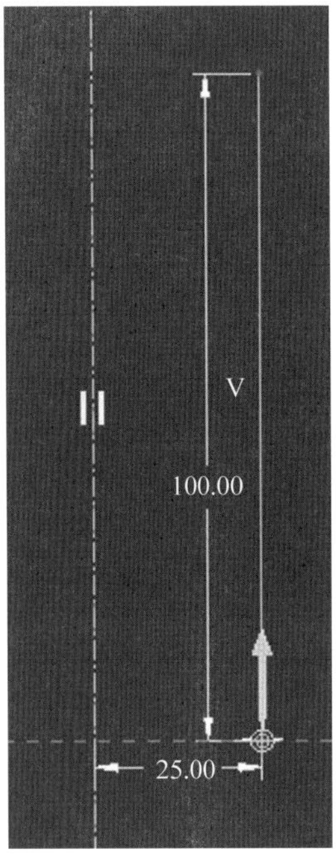

Sweep Profile 스케치할 때 주의할 점

- 궤적은 Open loop이어야 한다.
- Center Line을 그려, 스프링의 중심축을 정의한다.
- 스윕의 시작점은 MB3 버튼을 눌러 팝업 메뉴의 [Start Point]로 수정 가능하다.
- 궤적은 Center Line에 수직인 구간을 가져서는 안 된다.

그림 3.21 헬리컬 스윕의 궤적 스케치와 주의점

③ Pitch : 스프링이 감기는 간격의 값을 입력한다. Attributes에서 피치값이 일정한 [Constant]를 지정한 경우 일정한 값을 입력(Pitch=10)한다.

④ Section(단면) : 궤적을 따라 움직일 단면을 아래의 [그림 3.22]와 같이 스케치한다. (스프링 단면의 반지름=4)

TIP

단면 스케치는 Center Line이 교차되어 그 위치를 표기해 주는 궤적의 Start Point 위치에 스케치해야 한다. 이때, Swp Profile에서 그려주었던 회전축과 혼동하지 않도록 주의한다.

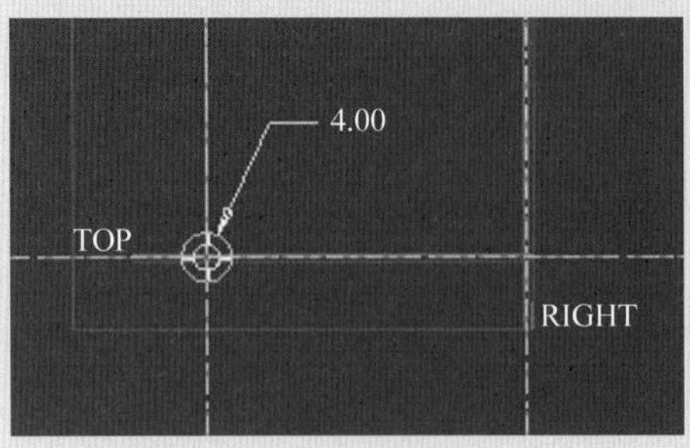

그림 3.22 단면의 스케치

⑤ 스케치가 완료되면 스케치에서 빠져나오고, 대화상자의 Attributes에서 Section까지 모든 요소에 대한 정의가 완료되었음을 확인하고 [OK] 버튼을 클릭하면 [그림 3.23]과 같이 스프링 반지름과 피치값이 일정한 스프링이 완성된다.

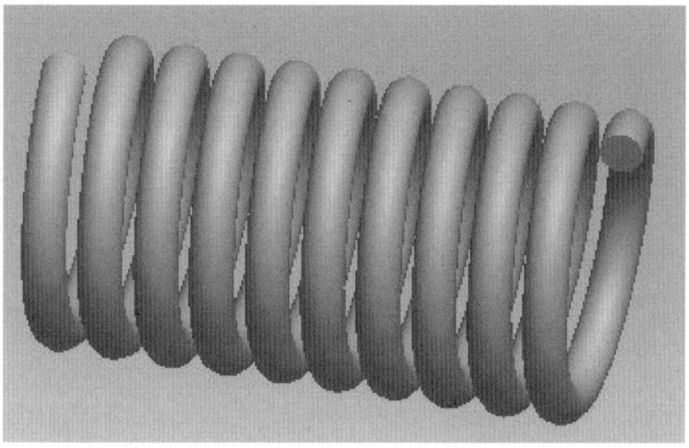

그림 3.23 반지름과 Pitch값이 일정한 스프링

⑥ 스프링 모양 변경, 피치값 변경을 위한 Point 추가 : 만약 개별 요소에 대한 값을 수정해야 한다면 수정할 요소를 선택하고 [Define] 버튼을 클릭하여 각 요소를 수정할 수 있다. 즉, 모델 트리 또는 그래픽 창에서 완성된 Helical Sweep 피쳐를 선택하고 MB3의 팝업 메뉴의 [Edit Definition]을 선택하여 [그림 3.24]와 같이 대화상자를 다시 연다. 대화상자에서 수정할 Swp Profile을 선택하고 [Define] 버튼을 누른 후 메뉴 관리자에서 Modify > Done을 눌러 프로파일 스케치를 [그림 3.25] 왼쪽과 같이 변경하고, 궤적 위에 2개의 Point도 찍어 두고 스케치를 완료한 후 대화상자의 [Preview] 버튼을 누르면 [그림 3.25] 오른쪽과 같이 변경된다.

그림 3.24 스프링 모양 변경

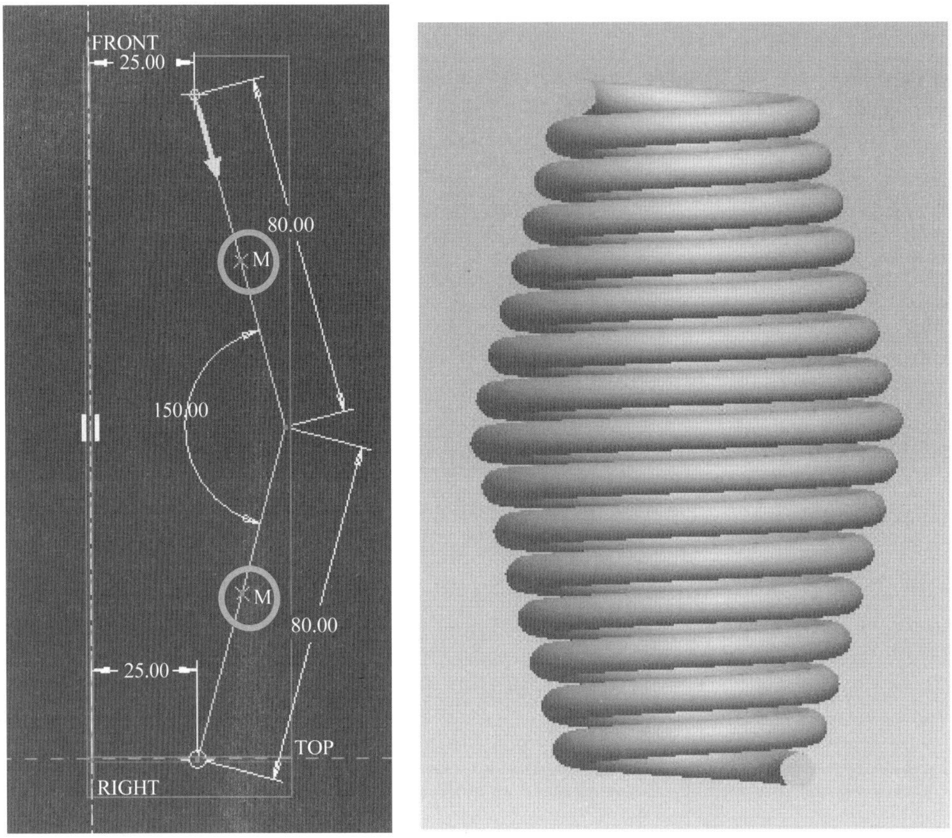

그림 3.25 가변 반지름 스프링을 위한 프로파일 스케치와 결과

⑦ Variable 피치로 변경 : 대화상자의 Attributes > Define > Variable 선택

⑧ 피치값 수정 입력

- 시작 피치값 : Enter pitch value at trajectory start 5
- 끝 피치값 : Enter pitch value at trajectory end 5
- [그림 3.25]에서 처럼 궤적 위에 찍어 두었던 점 위치에서 피치값을 변경할 수 있도록 아래 [그림 3.26]과 같이 그래프 창이 나타난다. [Add Point]를 선택한 상태에서 궤적 위에 찍었던 점 하나를 선택하면 그래프상에서 위치를 나타내주며 피치값 입력 창이 나타나 값을 입력할 수 있다.

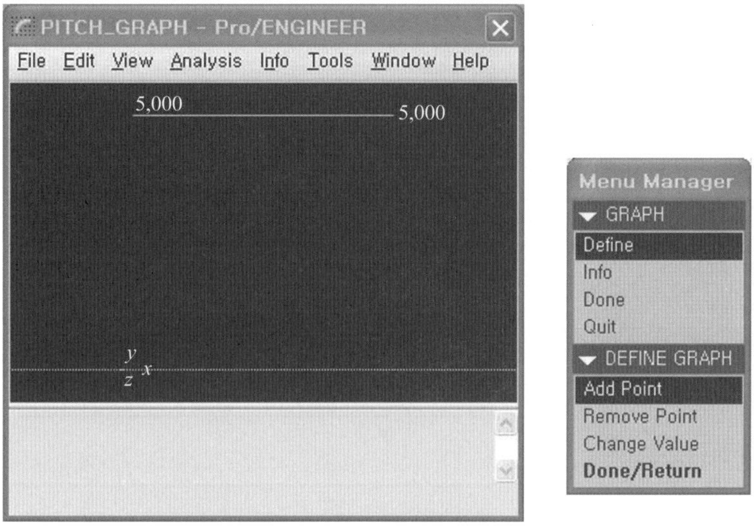

그림 3.26 일정한 피치값일 때의 그래프

– [Add Point]를 선택한 상태에서 궤적 위에 찍었던 두 개의 점에 [그림 3.27]과 같이 각각 피치값을 입력하면 [그림 3.28]과 같은 형상이 완료된다.

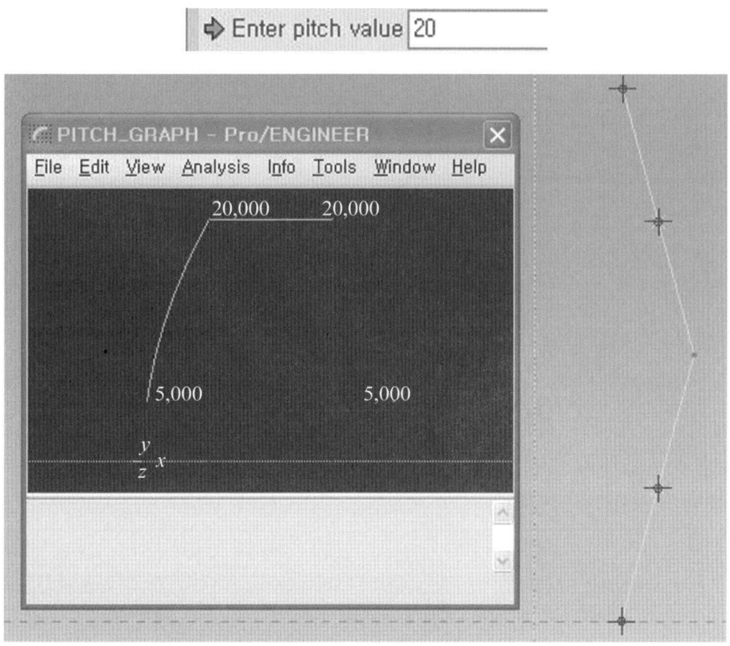

그림 3.27 수정된 피치값을 나타내는 그래프

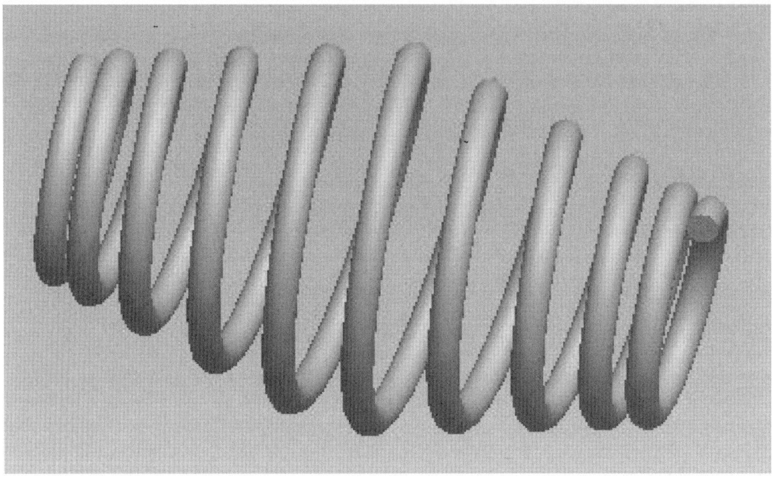

그림 3.28 반지름과 피치값을 변경한 스프링

- Remove Point : 피치값을 입력할 수 있는 점을 삭제
- Change Value : 입력한 각 지점의 피치값을 변경한다.

CHAPTER

DATUM 4

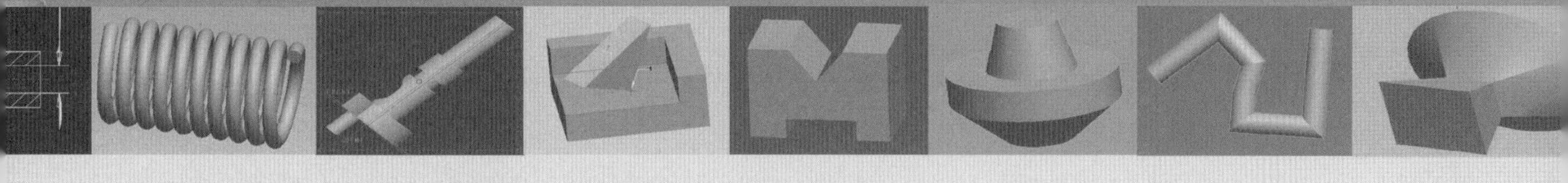

개요

Pro/ENGINEER에서 데이텀은 복잡한 모델을 설계할 때 매우 중요한 역할을 하므로 데이텀에 대한 정확한 이해가 필요하다. 데이텀 피쳐는 3차원 모델링 작업을 할 때, 모델의 기하학적인 요소는 아니지만 피쳐로 간주되어, 다른 피쳐의 위치와 방향 등을 정하고, 부품들을 조립할 때 기준이 되는 역할을 한다. 따라서 피쳐의 종류를 Datum 피쳐, Sketch 피쳐, Pick & Placed 피쳐로 구분하기도 한다. Datum 피쳐는 피쳐 도구바 또는 메인 메뉴의 Insert 메뉴를 이용하여 생성할 수 있다.

데이텀 피쳐 생성을 자유롭게 할 수 있으면 설계자가 원하는 위치와 방향에 적절한 피쳐를 생성하는 데 많은 도움이 된다. 이 장에서는 데이텀 점, 축, 면을 생성하는 데 어떠한 Refence들이 필요한가를 살펴보고 각 경우에 대해 데이텀 생성방법을 알아본다.

데이텀은 다른 피쳐의 기준으로 사용되기 위한 역할을 하는데, 생성되는 순서(시점)에 따라 크게 2가지로 분류한다. Internal Datum(내부 데이텀)과 External Datum(외부 데이텀)이다. 외부 데이텀은 독립된 피쳐로 인정되면서 여러 피쳐에 반복해서 기준으로 사용될 수 있고 모델 트리에도 등록이 되지만, 내부 데이텀은 특정 피쳐의 내부에만 국한되어 사용되는 데이텀으로 피쳐에 포함되어 숨겨진다. 따라서 다른 피쳐에는 기준으로 사용되지 못한다. 내부 데이텀은 특정 피쳐 작업 도중에 대시보드의 On-the-fly 버튼을 누르고 피쳐 작업 도중에 데이텀을 생성하기 때문에 On-the-fly Datum이라고도 한다. [표 4.1]에 외부 데이텀과 내부 데이텀을 비교해서 설명하였다.

내부 데이텀과 외부 데이텀의 생성방법은 동일하다. 다만 외부 데이텀은 다른 피쳐와 독립적으로 데이텀 생성 도구를 직접 사용해서 생성하고, 내부 데이텀은 밀어내기 또는 구멍 도구 같은 피쳐 생성 도중에 데이텀이 필요하게 되었을 때, 또는 작업을 모두 취소할 수 없거나 용량 등의 문제로 데이텀이 피쳐의 내부에 포함되기를 원한다면 대시보드의 On-the-fly 버튼을 누르고 데이텀 도구를 이용해서 생성하는 것이다.

[표 4.1] 외부 데이텀과 내부 데이텀

	External Datum(외부 데이텀)	Internal Datum(내부 데이텀)
생성시점	다른 피쳐를 생성하기 전에 독립적으로 먼저 생성	피쳐 생성 도중 스케치 평면, Ref면, 회전축 등의 데이텀이 필요할 때 도중에 생성
독립성	독립된 피쳐로 인정	독립 피쳐로 인정되지 않음
가시화/사용성	피쳐 생성 후 그래픽 창/모델 트리에 나타나고 다른 피쳐에 참조로 사용 가능	피쳐 생성 후 그래픽 창/모델 트리에 나타나지 않으며 모 피쳐에 포함됨
치수소유	생성 시 확보되는 치수는 데이텀 피쳐 자신의 파라미터값으로 가진다.	생성 시 확보되는 치수는 이를 필요로 하는 피쳐(모 피쳐)가 가진다.

데이텀은 메인 메뉴의 Insert > Model Datum을 이용하거나 피쳐 도구바의 데이텀 피쳐 아이콘들을 이용하여 생성할 수 있다. 피쳐 도구바의 아이콘들을 [표 4.2]에 정리하였다.

[표 4.2] 외부 데이텀과 내부 데이텀

데이텀 피쳐 도구	기 능
Datum Point ① ② ③	- 데이텀 점을 생성 ① Sketched Datum Tool ② Offset Coordinate System Datum Point Tool ③ Field Datum Point Tool
Insert Reference Feature	- 참조 피쳐 삽입 - 생성된 데이텀 참조 피쳐를 재정의
Datum Plane	- 데이텀 평면을 생성
Datum Axis	- 데이텀 축을 생성
Datum Curve	- 데이텀 커브를 생성
Sketch Tool	- 스케치 도구 - 스케치 평면 정의 및 정위
Datum Coordinate System Tool	- 좌표계를 생성
Insert an Analysis Feature	- 분석 피쳐 삽입 - Curve를 분석하는 Analysis 명령들이 포함되어 있음

4.1 Datum Plane(데이텀 평면)

데이텀 평면은 아래와 같이 여러 가지 용도로 사용되는 평면으로서 넓이는 무한하지만 유한한 사각형으로 표시된다. 이 면의 앞면(Positive)은 황토색, 뒷면(Negative)은 검은색으로 표시된다. 새 Part 파일을 열면 Default Datum Plane이 나타나며 이 면들은 각 면의 앞면의 방향성에 따라 FRONT, RIGHT, TOP이라는 이름이 명명되어 있다. 3면의 교차점은 원점으로 정의되어 있으며 3개의 면은 모두 서로 수직하다. 데이텀 평면의 이름은 DTM1, DTM2 등으로 명명되지만, 사용되는 목적에 적절하게 명명해야 한다면 모델 트리에서 기존 이름을 활성화하여 쉽게 다른 이름으로 변경 가능하다. 3차원 모델링을 할 때 Datum Plane의 대표적인 용도는 아래와 같다.

- Model의 Base Feature 역할
- Sketch 평면으로 사용
- 스케치면의 정위를 위한 Reference 평면으로 사용
- 2D 스케치 단면에서 Dimension Reference로 사용
- Assembly Reference로 사용
- Mirror Feature의 Reference로 사용
- 도면에서 Datum으로 사용
- 도면에서 단면 생성을 위해 사용

Pro/ENGINEER는 데이텀 평면을 추가 생성하는 데 필요한 다양한 구속 조건을 제공한다. 추가되는 데이텀 평면은 구속 조건과 필터 리스트에 있는 적절한 필터의 도움으로 생성된다. 데이텀은 스케치 환경에서도 생성할 수가 있다. 데이텀 평면을 생성하기 위해서는 메뉴바에서 **Insert > Model Datum > Plane**을 선택하거나 데이텀 툴바에서 Plane 버튼을 선택하면, [그림 4.1]과 같은 데이텀 평면 대화상자가 나타난다. 데이텀 축, 데이텀 커브, 데이텀 점, 데이텀 좌표계도 데이텀 도구상자에서 각각의 버튼을 사용하여 생성할 수 있다. 데이텀 평면 대화상자의 배치 탭에는 데이텀 평면을 생성하기 위해 선택된 References가 표시된다. 각 References 항의 오른쪽에는 구속 조건이 표시된다. 이 구속 조건은 References 항을 선택하면 자동으로 적용된다. 구속 조건을 변경하려면, 대화상자에서 구속 조건을 클릭한 후, 나타나는 드롭다운 리스트에서 다른 구속 조건을 선택할 수 있다.

데이텀 평면은 3차원 공간에 2차원 평면을 만들어 내는 것이므로, 평면을 정의할 수 있

그림 4.1 데이텀 평면 대화상자

는 충분한 조건을 지정해야만 생성될 수 있다. 한 가지 조건으로 평면이 생성될 수 있는 것은 기준면에 대한 Through, Offset 옵션이며 Normal, Parallel, Angle 조건은 그것만으로는 평면이 생성되어지지 못하므로 추가 조건을 한 가지 더 입력해 주어야 한다. 그리고 3차원에서 2차원 평면이 생성될 수 있는 조건은 3점을 모두 통과하는 평면으로, 3점 위치를 입력하면 평면이 생성될 수 있다. 아래에는 대표적인 조건을 입력하여 평면을 생성할 수 있는 예를 보였다.

1) Through

[그림 4.2]와 같이 이미 2차원 평면으로 정의되어 있는 평면을 포함하는 평면으로서, 기준으로 선택된 평면과 동일한 위치에 생성된다. 생성될 새 면이 화면에 노란색으로 표시되고, 생성될 면의 양(+)의 법선벡터 방향이(앞면이 향할 면) 노란색 화살표가 향하는 방향이다.

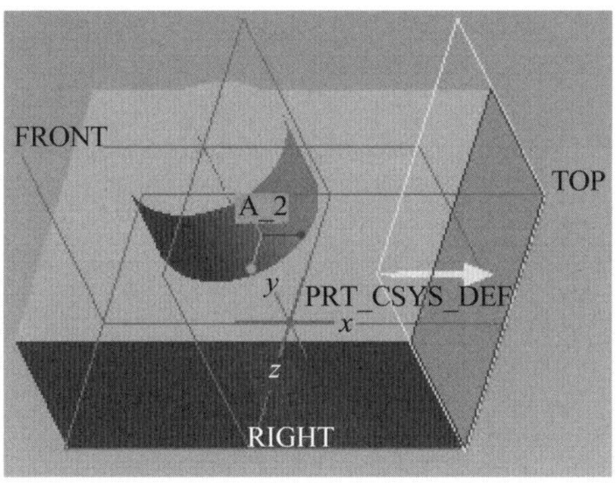

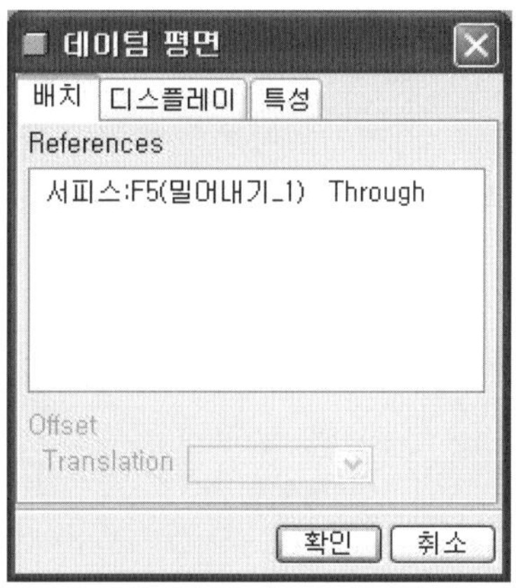

그림 4.2 Through 조건의 데이텀 평면 생성

2) Offset

[그림 4.3]과 같이 선택된 기준면과 평행하면서 일정 거리만큼 평행 이동된 위치에 생성된다. 위치 치수를 +, − 값으로 입력하면 기준면에 대해 생성되는 위치가 조절된다.

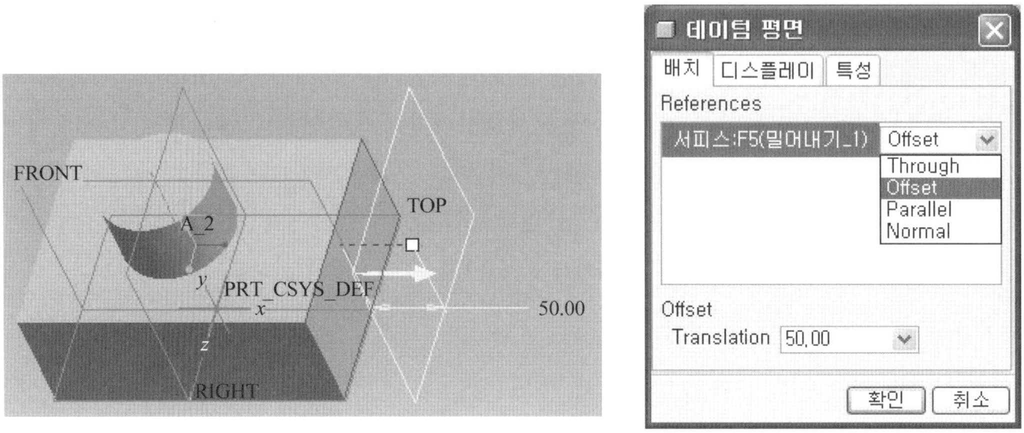

그림 4.3 Offset 조건의 데이텀 평면 생성

3) Normal + Through

기준을 2개 이상 입력해야 할 때는, 데이텀 평면 대화상자에서 2번째 요소를 입력할 때 Ctrl 키를 누르고 요소를 클릭해야 다중 입력이 가능하다. 아래 [그림 4.4] 예제의 경우에 서피스를 먼저 선택했다면 원기둥의 중심축을 선택할 때는 Ctrl + 원기둥의 중심축(A_2)를 클릭해야 한다. Ctrl 키를 누르지 않고 축을 선택하면 먼저 선택해 두었던 서피스가 삭제되고 대신 축(A_2)이 입력된다.

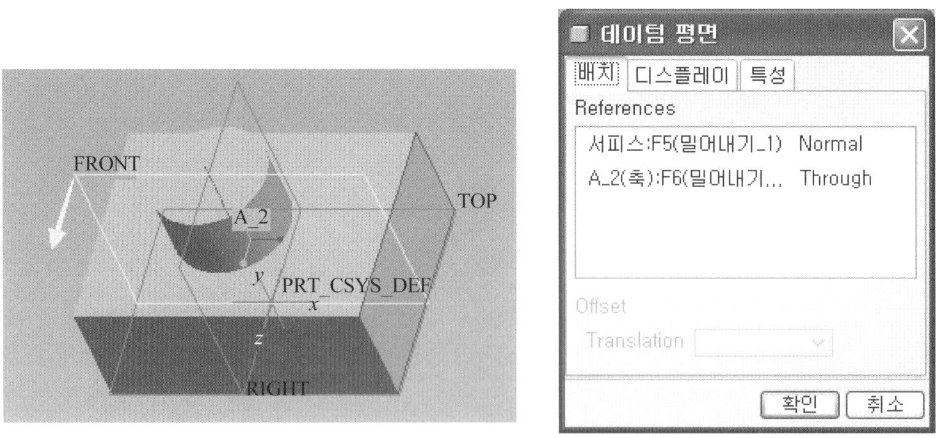

그림 4.4 Normal + Through 조건의 데이텀 평면 생성

다중선택 방법

- Pro/ENGINEER에서 입력 창에 여러 개의 요소를 클릭하여 입력해야 할 경우에는 2번째 요소부터는 Ctrl 키를 누르고 클릭해야 추가 입력이 된다.

4) Parallel + Tangent

Offset 옵션으로 평면을 생성하는 것과 같은 원리이다. Offset 옵션이 기준면에 대한 위치 정보를 치수로 입력하였다면, 이 방법은 [그림 4.5]와 같이 제2의 기준에 대하여 Tangent 조건으로 위치 정보를 입력하는 것이 차이점이다.

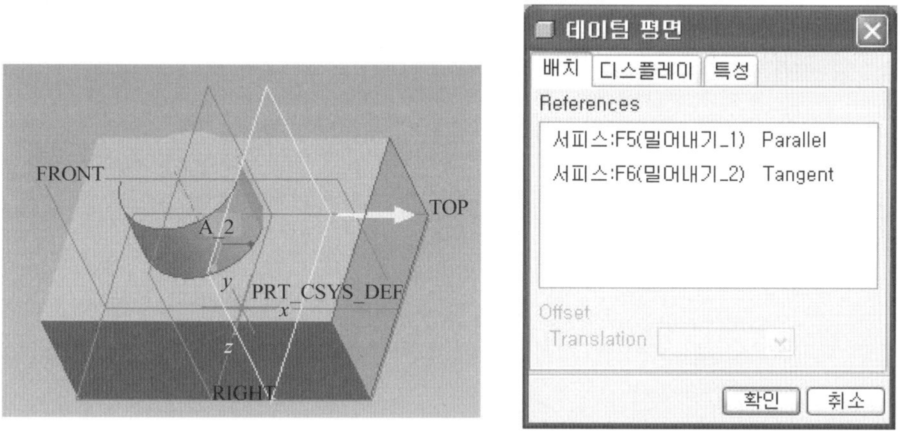

그림 4.5 Parallel + Tangent 조건의 데이텀 평면 생성

5) Offset Angle + Through

Normal + Through 옵션으로 평면을 생성하는 것과 같은 원리이다. Normal은 기준면에 대하여 수직(90degree) 조건이 자동 적용되지만, [그림 4.6]과 같이 Offset Angle로 임의의 각도값을 입력하는 것이 차이점이다.

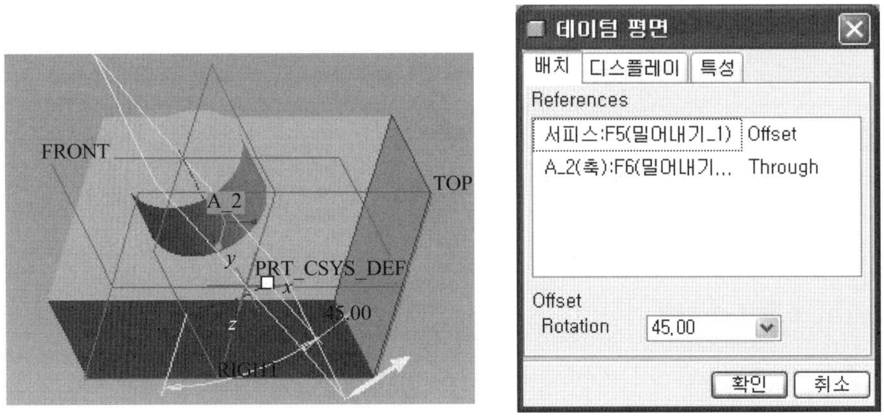

그림 4.6 Offset Angle + Through 조건의 데이텀 평면 생성

6) Through + Through

아래 [그림 4.7]과 같이 2개의 직선 성분을 통과하는 평면이 생성된다.

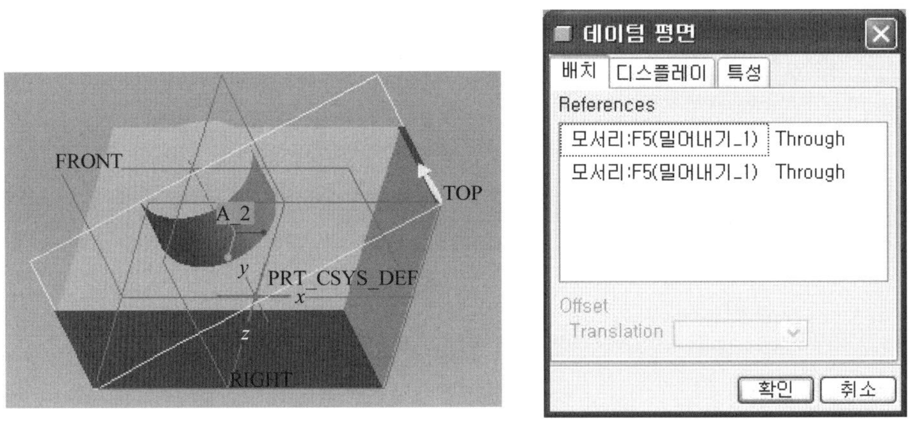

그림 4.7 Through + Through 조건의 데이텀 평면 생성

7) Point + Point + Point

[그림 4.8]과 같이 세 개의 점을 통과하는 평면이 생성된다.

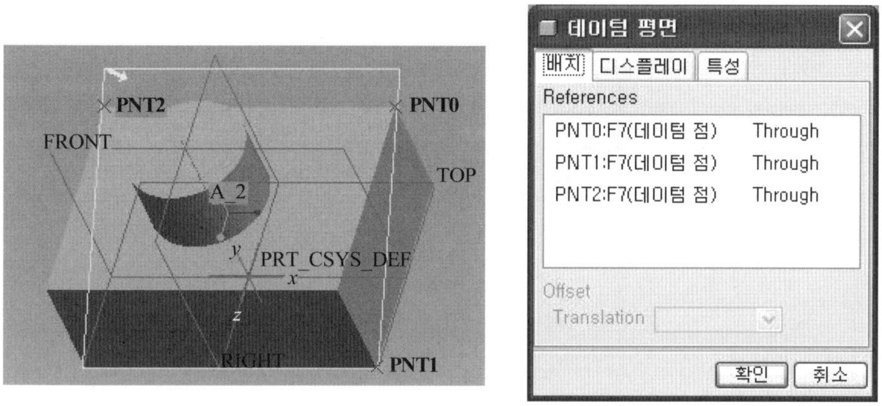

그림 4.8 세 점 조건의 데이텀 평면 생성

4.2 Datum Axis (데이텀 축)

데이텀 축은 모델을 생성하는데 도와주는 가상의 축이다. 데이텀 축은 수동으로 생성할 수가 있고, 원통형 피쳐를 생성하면 자동으로 생성된다. 데이텀 디스플레이 툴바에 있는 디스플레이 버튼을 사용하여 데이텀의 표시 여부를 설정할 수가 있다. 데이텀 축의 용도는 아래와 같다.

- 피쳐 생성 시 참조로 사용
- 다양한 구속 조합으로 데이텀 평면을 생성할 때 사용
- 축을 가지는 피쳐의 위치를 정할 때 사용
- 회전 패턴에 사용

데이텀 축은 Pro/ENGINEER에서 기본 설정으로 이름이 지어진다. 데이텀 축의 기본 이름은 "A_숫자"의 형식이고, 숫자는 데이텀 축의 숫자를 의미한다. 데이텀 축의 기본 이름을 데이텀 평면과 같은 방법으로 변경할 수 있다.

메뉴바에서 Insert > Model Datum > Axis, 또는 데이텀 툴바에서 Axis 버튼을 선택하면 [그림 4.9]와 같은 데이텀 축 대화상자가 나타난다. 데이텀 축 대화상자의 사용방법은 데이텀 평면 대화상자의 사용법과 유사하다. 아래에 대표적인 조건을 입력하여 평면을 생성할 수 있는 예를 보였다.

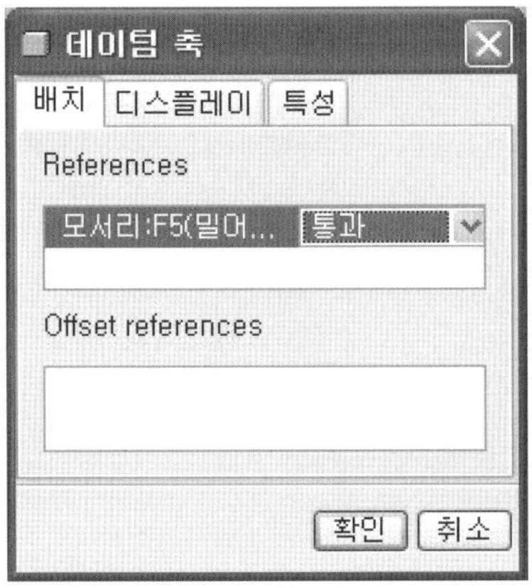

그림 4.9 데이텀 축 대화상자

1) Through

선택한 직선 성분을 통과하는 데이텀 축을 생성하고자 할 때 사용하는 방법이다. 모서리를 선택하였을 때 [그림 4.10]의 오른쪽과 같은 대화상자에 구속 조건이 나타나므로 이를 선택하면 모서리를 지나는 데이텀 축이 생성된다. 데이텀 축을 생성할 때 어떤 점을 지나는 데이텀 축을 생성해야 할 때가 있을 것이다. 여러 가지 경우의 데이텀 점들을 생성하는 방법은 이 장의 4.3절에 설명된다.

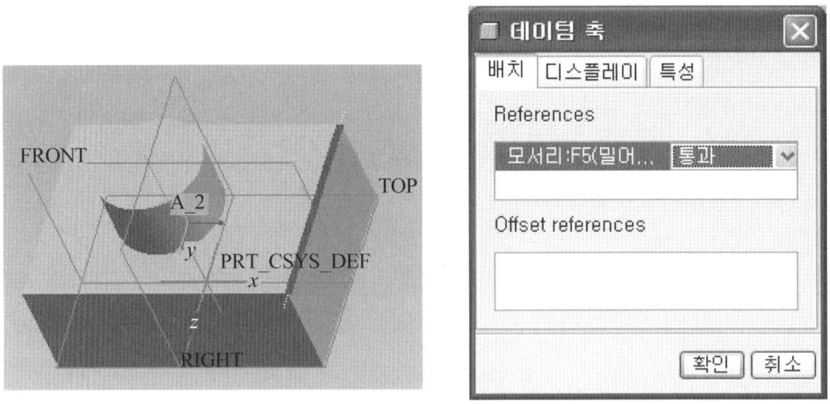

그림 4.10 Through 조건의 데이텀 축 생성

곡면을 선택하고 Through 조건을 선택하여 데이텀 축을 생성하면 [그림 4.11]과 같이 곡면의 중심에 축이 생성된다.

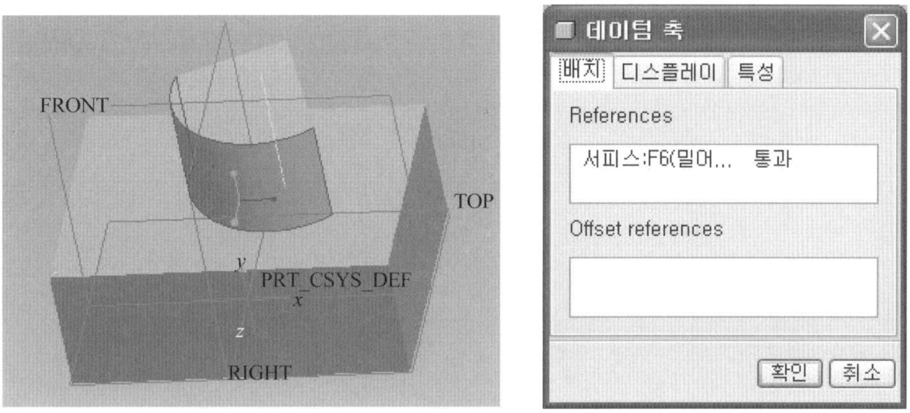

그림 4.11 곡면에 대한 Through 조건의 데이텀 축 생성

2) Through + Through

두 개의 평면이 교차하는 직선을 데이텀 축으로 생성하고자 할 때 사용된다. 첫 번째 면을 선택하면 [그림 4.12] 오른쪽과 같이 드롭 다운 리스트가 나타나고 여기서 '통과' 구속 조건을 선택한다. CTL + MB1 버튼을 사용하여 두 번째 면을 선택하면 두 면이 교차하는 직선 위치에 데이텀 축이 생성된다.

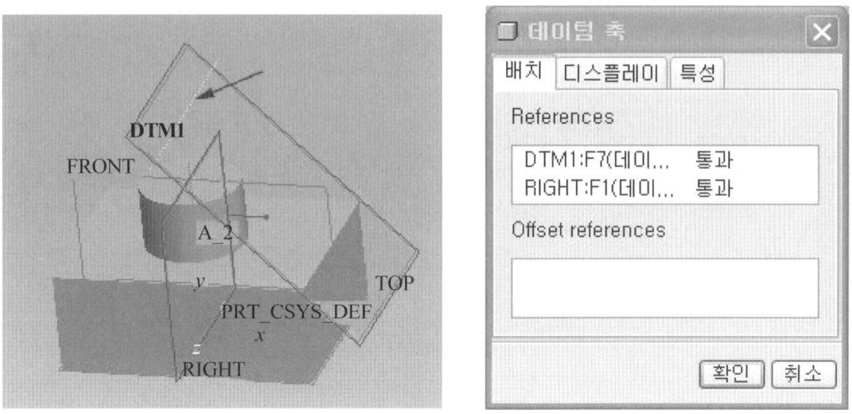

그림 4.12 두 평면이 만나는 모서리에 데이텀 축 생성

두 점을 연결하는 직선으로 데이텀 축을 생성할 때도 [그림 4.13]과 같이 마찬가지 방법으로 생성한다.

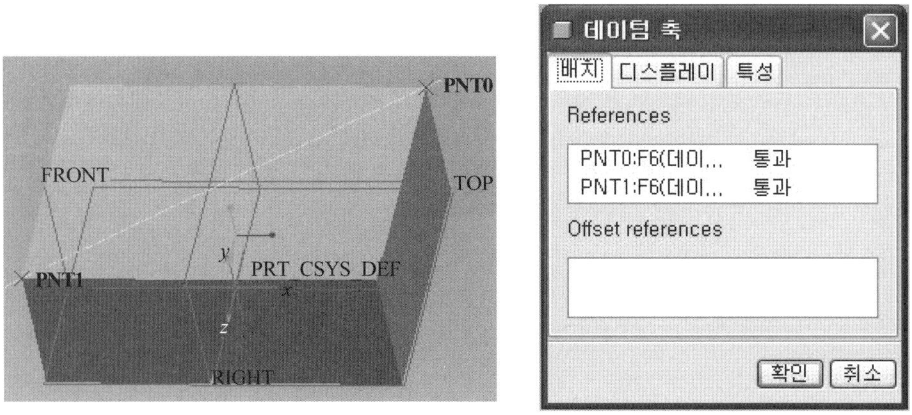

그림 4.13 두 점을 통과하는 데이텀 축 생성

3) Normal + Through

이 조건은 한 면(A)에 수직인 직선이 통과할 점의 위치를 입력하여 축을 생성하는 방법인데, 점의 위치값을 입력하는 방법에 따라 2가지 방식으로 생성할 수 있다. 첫 번째 방법은, 먼저 통과할 점을 생성해 두고 이를 데이텀 축 대화상자의 References에 입력하여 데이텀 축을 생성하는 방법이다. 두 번째는, 통과할 점을 생성해 두지 않고 생성될 데이텀 축의 위치를 Offset references에 입력하여 생성하는 방법이다. 첫 번째 방법에서 새로운 점을 생성하는 방법은 다음 절에서 보다 자세히 소개되는데, [그림 4.14]와 같이 데이텀 점 대화상

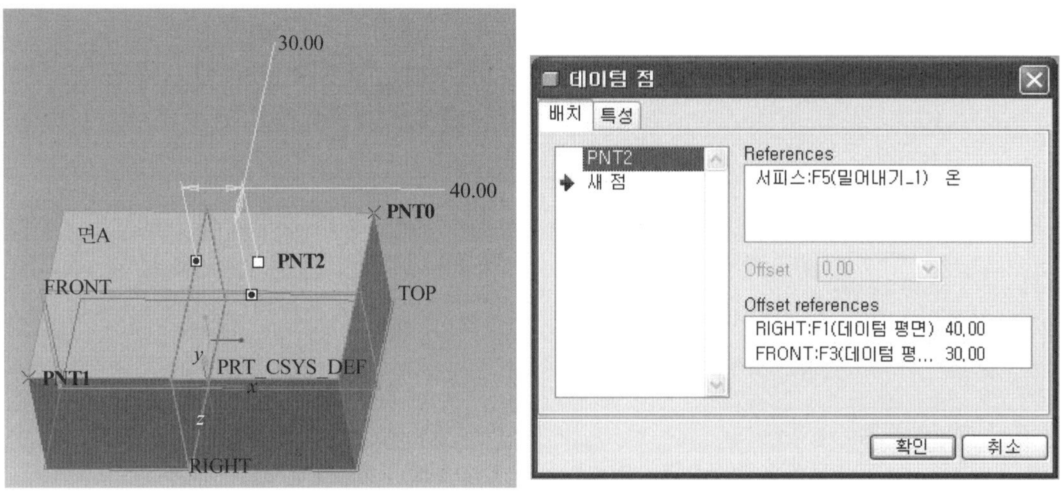

그림 4.14 데이텀 점의 생성

자에서 RIGHT 면에서 40, FRONT 면에서 30 떨어진 위치에 새로운 점 PNT2를 생성한 다음 [그림 4.15]와 같이 데이텀 축 대화상자에서 면 A를 선택하고 이어서 [CTRL + MB1] 버튼을 사용하여 PNT2점과 구속 조건으로 '통과'를 선택하여 완료하면 [그림 4.16]과 같이 데이텀 축을 완성할 수 있다. 두 번째 방법으로 생성하려면 [그림 4.17]과 같이 데이텀 축 대화상자에서 생성할 데이텀 축에 수직인 평면(A)을 선정하여 References 항에 입력하고, Offset references에는 생성할 축이 A면을 통과할 위치(PNT2)를 지정한다.

그림 4.15 미리 생성해 둔 점을 이용한 데이텀 축의 생성

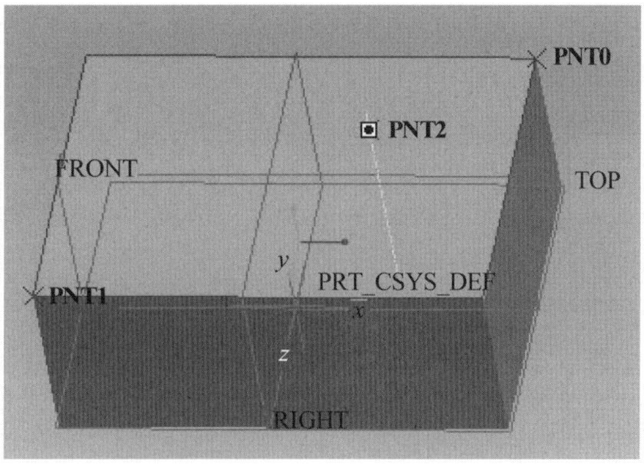

그림 4.16 Normal + Through 조건으로 데이텀 축을 생성

그림 4.17 Offset reference를 이용한 데이텀 축의 위치 지정

4.3 Datum Point (데이텀 점)

데이텀 점은 모델을 생성하거나, 드로잉, 모델 해석 등의 작업을 도와주는 가상의 점이다. 데이텀 점의 용도는 아래와 같다.

- 데이텀 평면과 데이텀 축을 생성할 때 사용된다.
- 드로잉에서 주석을 달거나 목표 데이텀에 부착할 때 사용한다.
- 좌표계를 생성할 때 사용된다.
- 메쉬 생성 시 특정한 점을 부여할 때 사용된다.
- 파이프 피쳐를 생성할 때 사용된다.

데이텀 점의 기본 이름은 "PNT숫자"의 형식이고 숫자는 모델에서 생성된 데이텀 점의 숫자이다. 데이텀 점의 이름은 변경이 가능하다. 메인 메뉴에서 **Insert > Model Datum > Point**, 또는 데이텀 툴바에서 Point 버튼을 선택하면 [그림 4.18]과 같은 데이텀 점 대화상자가 나타나고 데이텀 점을 생성하는 다양한 옵션들을 제공한다. 이 대화상자에서 데이텀 점을 여러 개 생성할 수도 있다.

데이텀 점 대화상자에 있는 배치 탭은 선택된 참조를 변경할 수 있다. References 란에서는 데이텀 점의 위치를 정하는 데 필요한 참조들을 선택할 수가 있다. Reference 란에 있는 구속 조건 리스트는 모델에서 선택한 참조에 따라 달라진다. 즉, 참조에 따라 데이텀

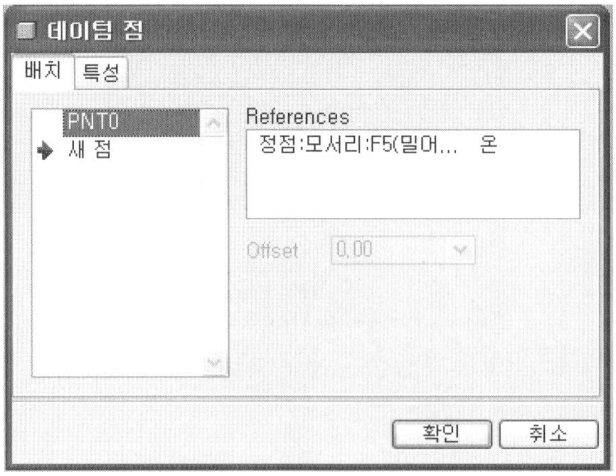

그림 4.18 데이텀 점 대화상자

점을 생성하는 데 적용할 수 있는 구속 조건의 종류가 제한된다. 아래에는 대표적인 조건으로 데이텀 점을 생성할 수 있는 예를 보였다.

1) Through

이미 정의되어 있는 피쳐의 꼭짓점을 선택하여 동일한 위치에 [그림 4.19]와 같이 데이텀 점을 생성한다. [그림 4.20]과 같이 데이텀 점 대화상자에서 계속해서 여러 개의 데이텀 점들을 생성할 수 있다. 이렇게 하나 이상의 데이텀 점을 생성하면 [그림 4.21]과 같이 먼저 생성된 PNT0는 흰색으로 바뀌고, PNT1이 활성화 중이다.

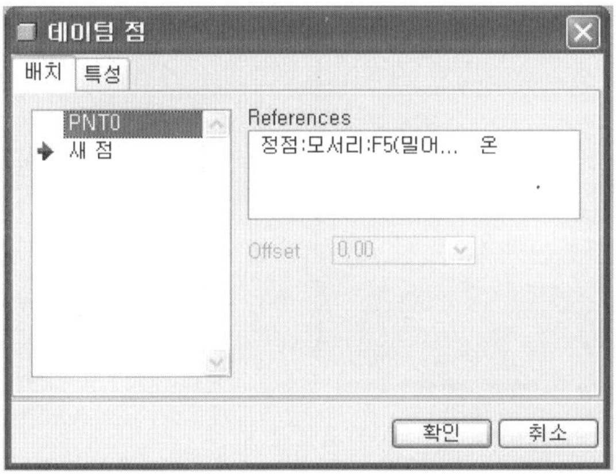

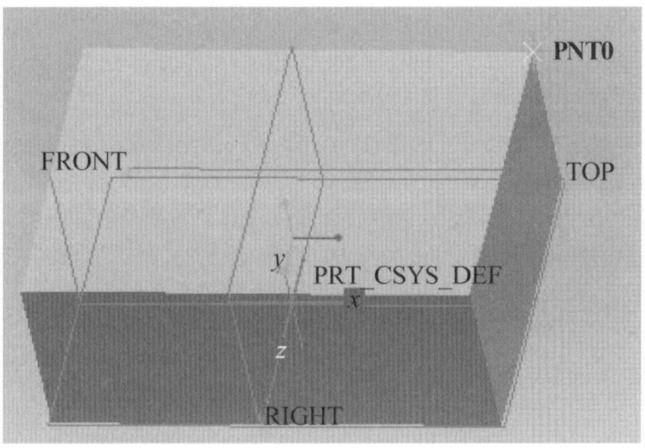

그림 4.19 꼭짓점에 데이텀 점 생성

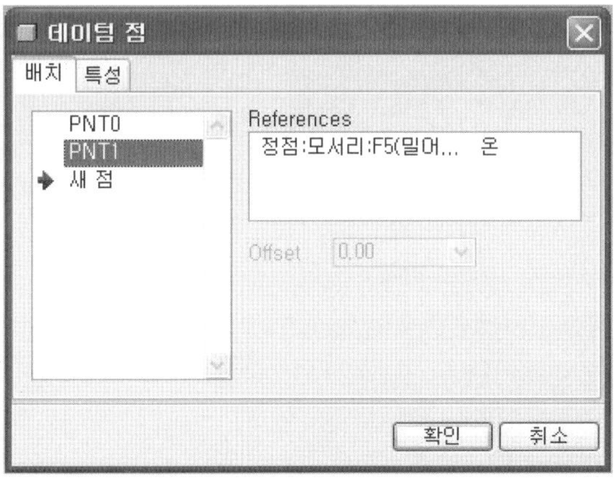

그림 4.20 다수의 데이텀 점 생성 대화상자

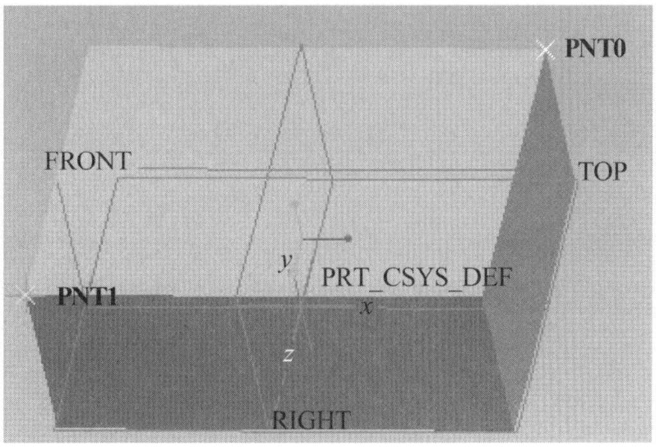

그림 4.21 다수의 데이텀 점 생성

2) On + 위치

On 구속 조건은 면이나, 모서리, 평면과 같은 엔티티 위에 데이텀 점을 생성할 때 사용된다. 데이텀 점을 위치시킬 엔티티를 선택하면 엔티티 위의 선택된 지점에 노란색의 점이 나타난다. 여기서는 지정된 면 위에 데이텀 점을 생성하는 예를 설명하겠다.

[그림 4.22]와 같이 데이텀 점 대화상자의 References 란에 점이 위치할 면을 선택하여 입력하면 [그림 4.23]과 같이 면 A 위에 점을 찍을 것인지, A에서 수직방향으로 점을

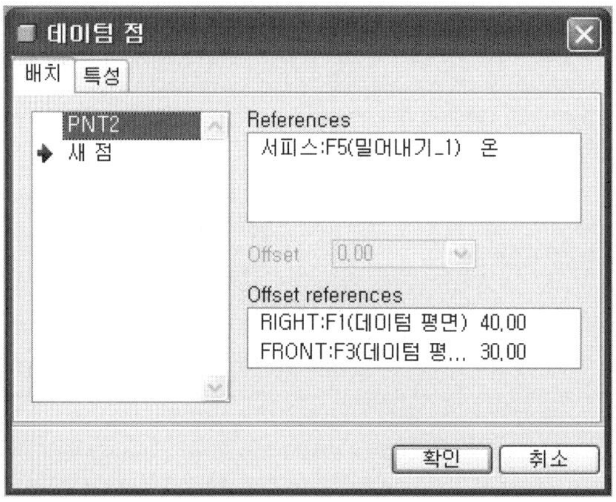

그림 4.22 On + 위치 조건의 데이텀 점 대화상자

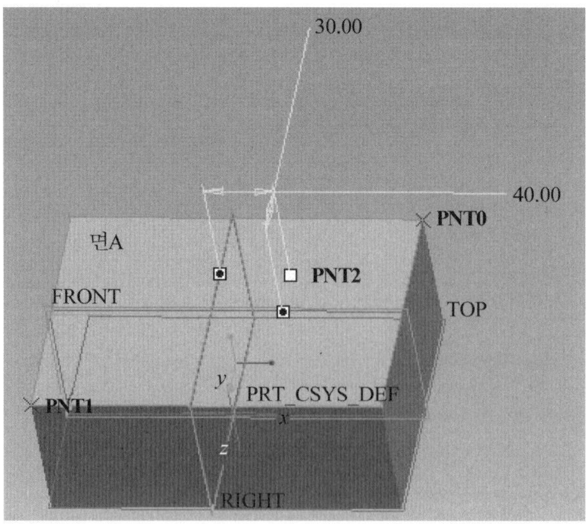

그림 4.23 On + 위치 조건의 데이텀 점 생성

Offset 할 것인지를 옵션 리스트에서 선택한다. 만약 On을 선택하면 Offset 란이 비활성화되고, Offset을 선택하면 Offset 란이 활성화되어 Offset 치수를 입력하게 된다. 다음으로 Offset references 란을 클릭하여 노란색으로 활성화시킨다. 선택된 Reference면을(A) 수직 방향으로 바라보았을 때, 이 면 위에서 점의 위치를 정의할 수 있는 위치 기준(데이텀면, 피쳐면, 모서리 선택 가능)을 선택하고 위치 치수를 입력한다. 두 번째 위치 기준을 선택할 때는 Ctl + MB1으로 한다. 치수를 설정하기 위해 면이나 모서리를 두 개 선택하면 Offset referenses 모음 창에 기본값이 표시된다. 이 값을 그대로 사용하거나 원하는 값으로 변경하고, [확인] 버튼을 누르면 대화상자가 종료되면서 데이텀 점 생성이 완료된다.

CHAPTER

DRAWING 5

개요

도면은 3차원의 형상을 2차원의 평면에 나타내는 것으로, 설계 내용을 표현하고 전달할 수 있는 표준 매개체이다. 제품을 설계하는 과정은 여러 번의 수정 작업을 거치게 되는데, 이에 따라 도면도 여러 버전으로 수정되어야 하며 이는 중요하게 관리되어야 한다. 이 장에서는 3차원으로 모델링 한 부품이나 어셈블리와 연관성을 가지는 Drawing을 생성하고, 3차원 모델을 뷰를 통해 2차원으로 표현하는 방법, 치수 기입, 노트, 테이블 작성 등에 대해 알아보도록 한다.

5.1 기본 환경

도면 작업은 3차원의 형상을 2차원으로 형상과 치수 정보를 표현하는 것이다. 이를 위해 2차원 도면 위에 3차원 형상을 각 방향에서 바라본 모양을 나타내어 형상을 기술한다. 기계공학에서는 일반적으로 정투상법을 사용하며 배치하는 방법에 따라 3각법과 1각법으로 나뉘는데, 본 교재에서는 3각법 기준으로 Pro/ENGINEER를 이용하여 도면을 작성하는 방법을 기술하도록 한다. 3각법은 [그림 5.1]과 같이 물체의 오른쪽에서 본 모습을 정면도의 오른쪽에, 왼쪽에서 본 모습을 정면도의 왼쪽에, 위에서 본 모습을 정면도의 위쪽에 배치하는 방식이다. Pro/ENGINEER를 사용하여 3각법의 도면을 작성하려면 정면도를 기준으로 각 방향의 뷰를 추가로 기입하여 3차원 형상에 대한 정보를 빠짐없이 표현해야 한다. 따라서 정면도는 우선 부품의 특징을 가장 잘 나타내는 뷰를 선택하며, 되도록 안정감 있게 물체를 위치시킨 상태를 표현하도록 한다. 조립도의 경우는 부품이 사용되어지는 상태를 나타내 주고, 부품 가공을 위한 도면이라면 가공에 가장 많이 쓰이는 상태를 선택하여 정면도로 표현하는 것이 좋다.

Pro/ENGINEER의 장점 중 하나는 양 방향 상호작용이 가능하다는 점이다. 즉, Pro/ENGINEER에서 드로잉의 모든 뷰는 연결되어 있어서 한 뷰에서 치수값을 변경하면 다른 드로잉 뷰도 함께 수정된다. 또한 드로잉과 모 피쳐 모델이 연관성을 가지므로 드로잉에 대한 모든 치수의 변경 사항이 연관된 모델에 반영되며 그 역으로도 가능하다. 또한 부품 모드, 어셈블리 모드에서 해당 드로잉도 모델의 피쳐 추가나 삭제, 치수 변경 등의 변경 내용을 반영하므로 수정 작업이 아주 편리하다.

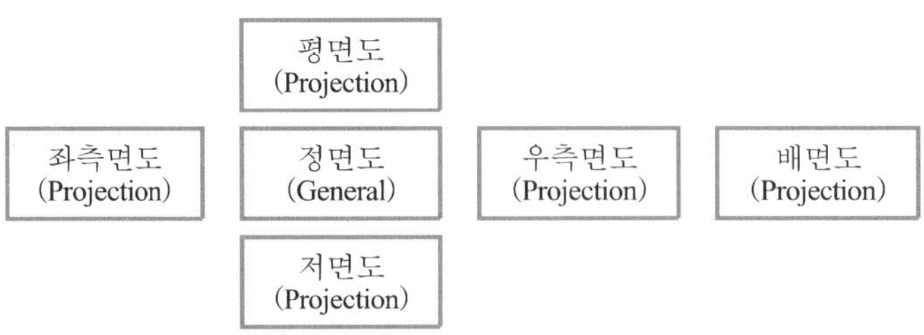

그림 5.1 3각법 투상도의 배치

1) 드로잉 파일 시작

도면 작업을 위해 새 파일을 시작할 때는 File > New 버튼을 누르면 [그림 5.2]와 같이 New 대화상자가 나타난다. [그림 5.2]의 New 대화상자에서 Part 파일이 아닌 Drawing 타입을 선택한다. 드로잉 파일의 이름은 파트에서처럼 자동으로 번호가 기입되는데, drw0001, drw0002 순으로 배정된다.

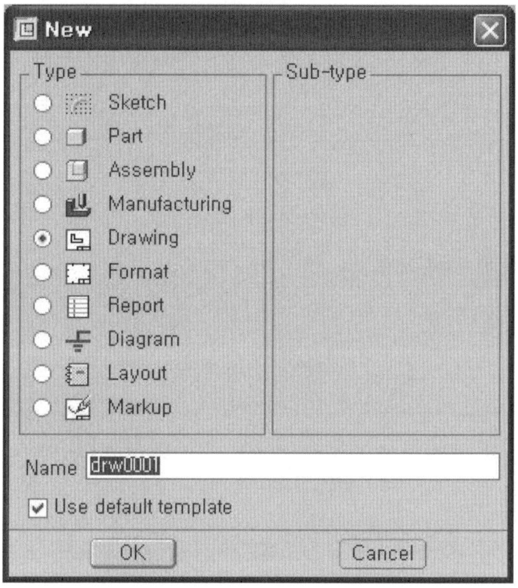

그림 5.2 드로잉 파일 시작

[Ok] 버튼을 누르고 다음 단계로 넘어가면 [그림 5.3]과 같이 드로잉과 연결할 Default Model을 선택하고 템플릿을 선택하게 된다. Default Model을 찾아서 입력하게 되면, 3차원의 모델 파일이 가지고 있는 모든 파라미터들을 드로잉 파일이 공유하게 되어 파일들이 연관성을 가지게 된다. 따라서 어느 쪽이든 한 파일에서 수정한 요소는 다른 파일에도 자동으로 영향을 미치게 된다.

- Default Model(기본 모델) : 생성하고자 하는 드로잉의 대상이 되는 부품 또는 조립품 파일을 입력하는데, 직접 입력하거나 [Browse] 버튼을 눌러 드로잉 할 모델을 찾을 수 있다. 또한 3D 파일이 열려있는 상태에서 새 드로잉 파일을 시작한 경우에는 3D 파일의 이름이 기본적으로 입력된다.

- Specify Template(템플릿 지정) : 도면 크기에 따른 템플릿을 선택하여 도면을 생성하기 위해 [그림 5.3]과 같은 새로운 드로잉 대화상자에서 어느 방법을 선택할 것인지를 지정한다.

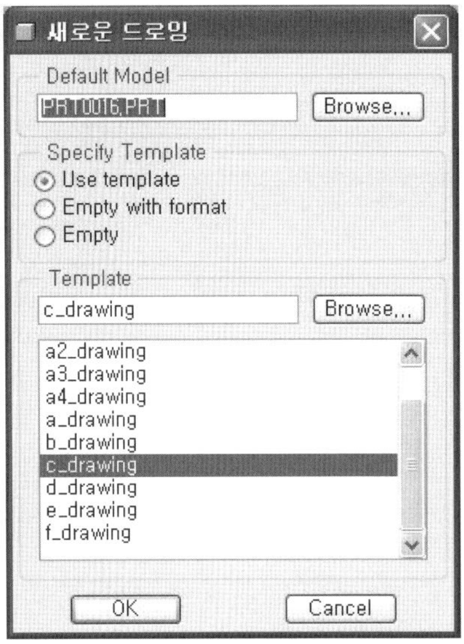

(a) 기존의 Template 사용

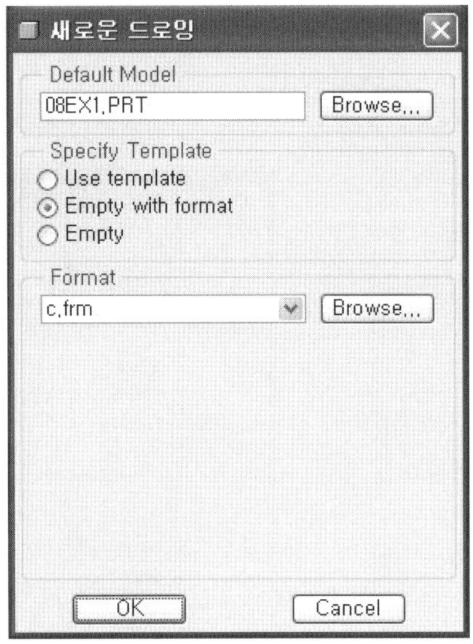

(b) 형식이 있는 빈 Template 사용

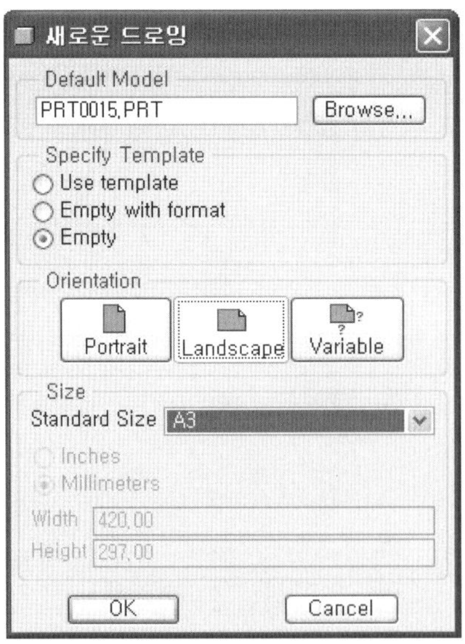

(c) 용지 지정

그림 5.3 Drawing Template 선택

- Use template(템플릿 사용) : Pro/ENGINEER에서 제공하는 드로잉 템플릿을 사용하게 되며 목록에서 사용할 Template을 선택한다. FRONT DATUM을 정면으로 해서 정면도, 우측면도, 평면도가 작성된다.
- Empty with format(형식이 있는 빈 템플릿) : 템플릿 없이 기존 형식으로 드로잉을 생성하는 것으로, Format(포맷)에서 사용할 형식을 지정한다. 미리 지정된 회사의 포맷을 사용할 경우에 유용하다.
- Empty(비어있음) : 비어있는 형식으로 도면을 불러들이며 도면의 방향과 크기를 지정한다. 즉, Orientation(방향)에서 용지 방향을 Portrait(세로), Landscape(가로), Variable(가변) 중에서 선택할 수 있으며, 용지의 설정은 도면 작업 도중에도 변경이 가능하다.

2) 드로잉 Setup

드로잉 작업에서 사용자가 자주 사용하는 설정을 지정하여 작업할 수 있으며, 처음 파일을 생성할 때 지정했던 페이지 셋업도 다음과 같이 도중에 변경 가능하다.

① 페이지 설정

페이지 셋업을 변경하기 위해서는 **File > Page Setup** 버튼을 누르면 [그림 5.4]와 같은 대화상자가 열리게 되므로 여기서 페이지를 변경할 수 있다.

② Properties

페이지 셋업 이외에 기타 도면을 작성하기 위해 필요한 치수와 주석의 높이, 방향, 지시선의 크기, 치수의 표기 위치 등의 설정값을 변경하기 위해서는 **File > Properties > Menu**

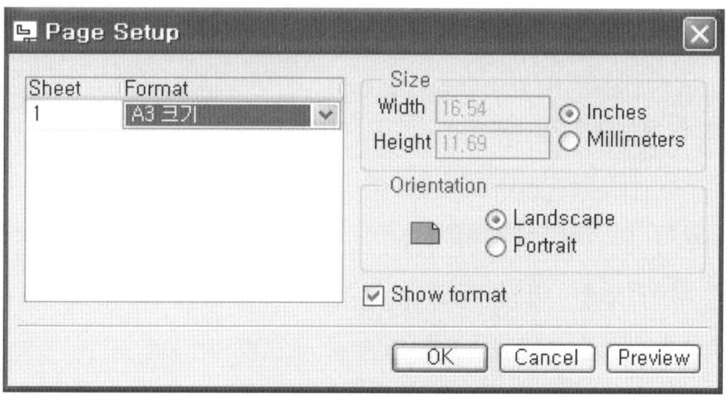

그림 5.4 Page Setup

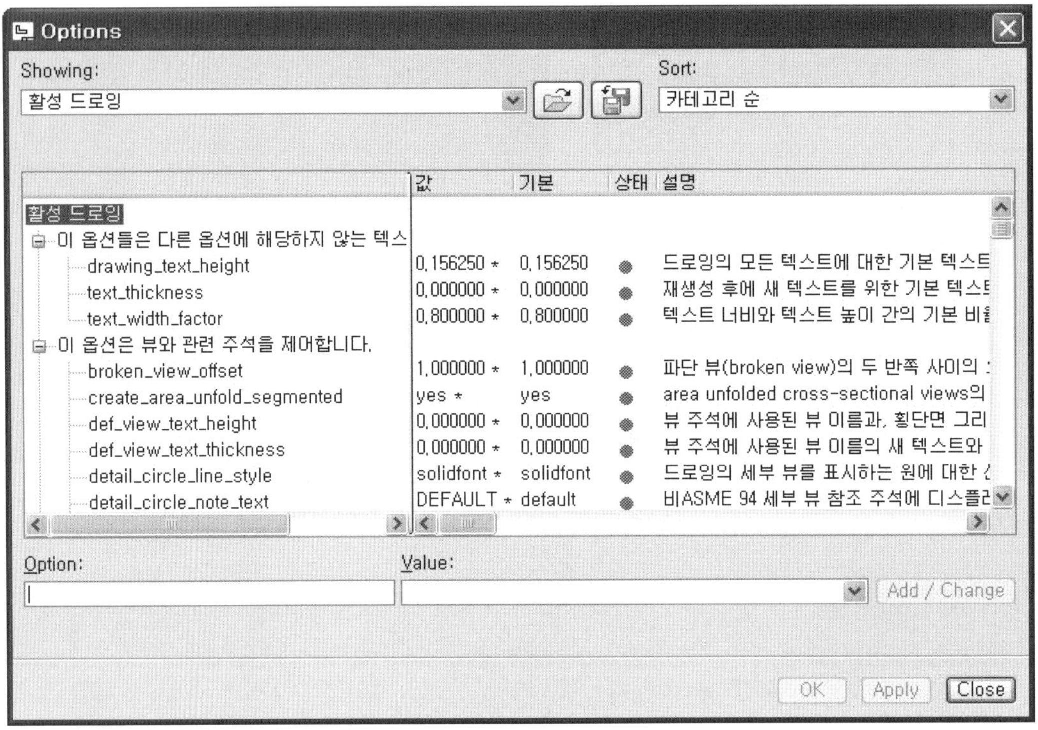

그림 5.5 Drawing Options

Manager의 Drawing Options 버튼을 누르면 [그림 5.5]와 같은 대화상자가 열리게 되므로 여기서 변경할 수 있다. 변경할 옵션을 선택하고 value값을 변경한 후 [Add/Change] 버튼을 클릭 후 [Apply]를 클릭한 후 Menu Manager의 [Done]을 클릭하면 설정을 변경한 값이 적용된다.

5.2 View Type (뷰 종류)

Pro/ENGINEER에서 도면을 생성하기 위해, 생성해야 할 첫 번째 뷰는 General뷰이다. 이 뷰는 모든 다른 뷰 작업을 위해 필요한 기본적인 뷰 역할을 한다. Pro/ENGINEER에서 사용되는 뷰의 종류는 다음의 [표 5.1]과 같으며, [그림 5.6]과 같은 도면을 생성하기 위해 필요한 각각의 뷰에 대해 설명하겠다.

[표 5.1] 뷰의 종류

General (일반)	뷰 중에서 가장 먼저 작성되는 뷰이며, 다른 뷰의 기준이 되어 정면도를 작성할 때 사용하며, 3D 입체도 설정이 가능하다.
Projection (투영)	기존에 만들어져 있는 뷰를 기준으로 좌, 우, 위, 아래 방향에서 보는 투영도를 만드는 기능이다.
Detail (세부)	기존에 만들어져 있는 뷰의 특정 부분을 확대하여 표현할 수 있는 뷰이기 때문에 View Scale을 입력해야 하며, 경계는 타원, 원, 스플라인으로 정의하게 된다.
Auxiliary (보조)	보조 뷰는 기존 뷰의 직선, 축, 평면을 지정하면 지정된 요소에 대해 수직한 방향으로 투영시켜 만드는 방식이다.
Revolved (회전)	기존에 만들어져 있는 뷰의 절단면을 90° 회전하고 옵셋해서 나타내는 뷰로서 Section 옵션으로 만들 수 있다.

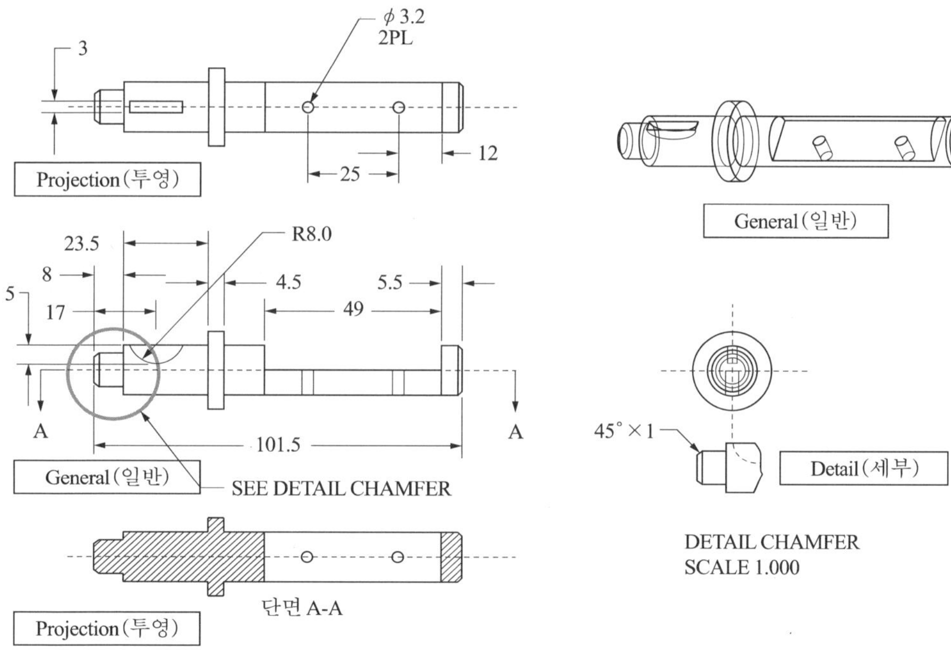

그림 5.6 Drawing 작업을 위해 필요한 뷰들

1) General(일반)

① Insert 〉 Drawing View 〉 General을 클릭

General 뷰는 드로잉 시트에서 첫 번째로 생성되는 뷰이다. 이 뷰는 위쪽, 정면, 오른쪽, 왼쪽, 아래쪽, 뒤쪽, 트라이메트릭, 아이소메트릭 뷰나 모델에서 사용자가 지정하는 뷰 등 어떤 것도 될 수 있다. 일반 뷰를 생성하기 위해서는 위쪽 도구상자에서 General 버튼을 선택한다.

드로잉이 참조하는 모델이 어셈블리 모델인 경우(사용자 정의 복합 상태가 있는 경우)에는 [그림 5.7]과 같이 Select Combined State(복합 상태 선택) 대화상자가 열리고 Combined state names(복합 상태 이름)에 사용자 정의 복합 상태 목록들이 표시된다. 복합 상태를 선택하거나 No Combined State(복합 상태 없음)을 선택한다. 선택된 모델이 부품이라면 이 대화상자는 표시되지 않고 [그림 5.8]과 같이 Drawing View 대화상자가 바로 나타난다.

그림 5.7 결합 상태 선택 대화상자

> 복합 상태를 선택하면 Drawing View(드로잉 뷰) 대화상자의 Model View Names(모델 뷰 이름), Simplified representation(단순화 표현), Combined state(결합 상태), Assembly explode state (어셈블리 분해 상태) 및 2D cross-section(2D 절단면) 또는 3D cross-section(3D 절단면) 상자가 선택한 표현에 저장된 내용에 따라 자동으로 업데이트된다.

② 일반 뷰를 배치할 위치를 클릭

복합 상태 선택 대화상자에서 복합 상태 없음(No Combined State)을 선택하고 확인 버튼을 누르면, 도면에 일반 뷰가 나타나고 [그림 5.8]과 같이 Drawing View 대화상자가 열린다. 기본적으로 View Type 카테고리가 선택되어 있고 View type 및 방향 정의 옵션이 표시된다.

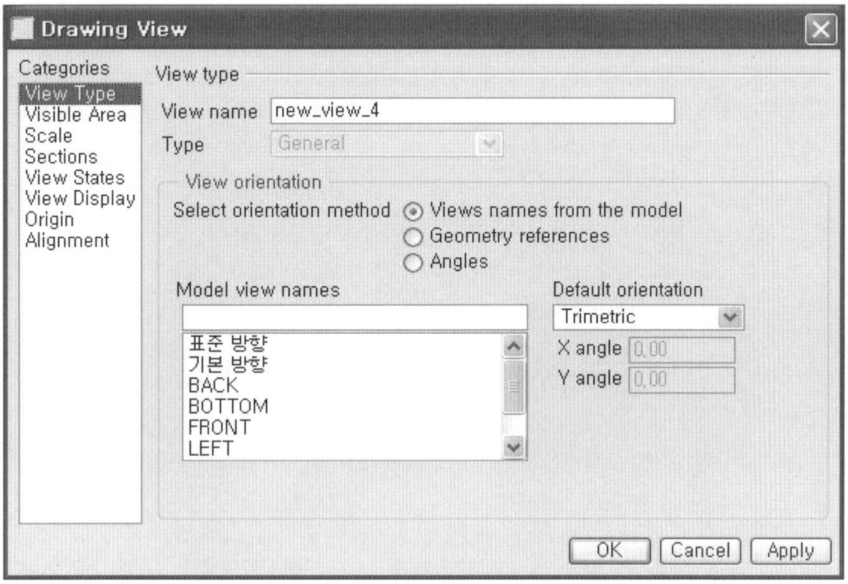

그림 5.8 모델의 뷰 이름에 의한 뷰 방향 결정

③ 뷰 방향 설정

View name 란에서 뷰 이름을 수정하고 Type 목록의 사용 가능한 옵션에서 뷰 유형을 변경할 수 있으며, View orientation(뷰 방향)도 아래 방식 중 하나를 선택하여 변경할 수 있다.

- View names from the model(모델의 뷰 이름) : 모델의 저장된 뷰를 사용하여 뷰의 방향을 정하는 방법으로 [그림 5.8]과 같이 나타나는 Model view names 목록에서 적절한 모델 뷰를 선택한다.
- Geometry references(형상 참조) : 드로잉에서 미리보기로 표시된 모델의 형상 참조를 사용하여 뷰의 방향을 정하는 방법으로 [그림 5.9]와 같이 드로잉에 미리보기로 표시된 모델에서 원하는 참조를 선택하고 뷰의 방향을 정하기 위해 목록에서 방향을 선택하면 정의한 방향과 선택한 참조에 따라 모델이 재배치된다.

참고 뷰를 원래 방향으로 되돌리려면 [Default Orientation(기본 방향)] 버튼을 클릭한다.

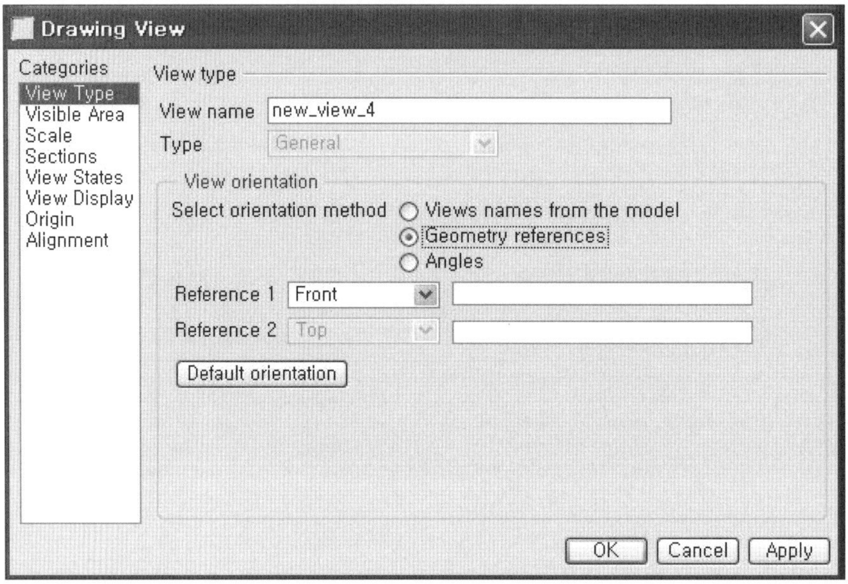

그림 5.9 Geometry references에 의한 뷰 방향 결정

- Angles(각도) : [그림 5.10]과 같이 선택한 참조의 각도나 사용자 정의 각도를 사용하여 뷰의 방향을 정할 수 있다.

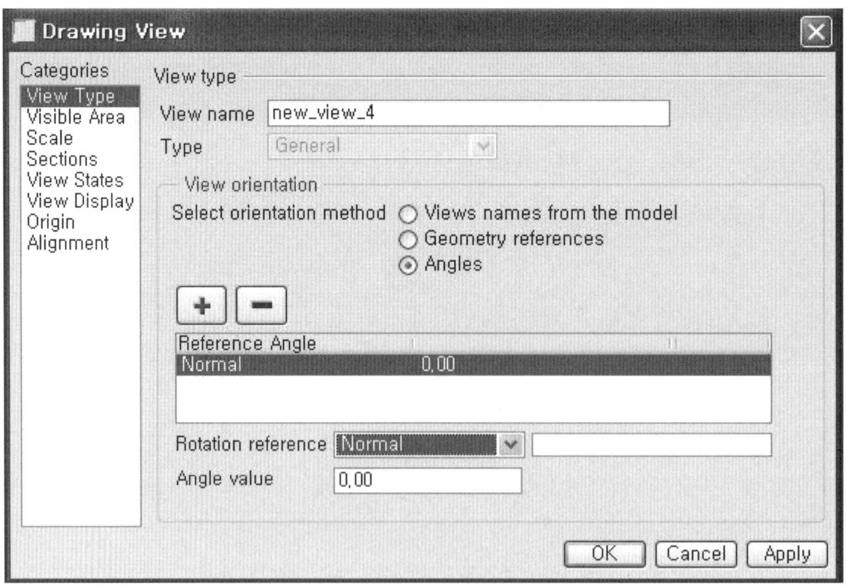

그림 5.10 Angle에 의한 뷰 방향 결정

– Reference Angle(참조 각도)

테이블에는 뷰의 방향을 정하는 데 사용된 참조가 나열되는데, 새 참조가 목록에 추가되어 강조 표시된다. 테이블에 강조 표시된 참조의 Rotation reference(회전 참조) 상자에서 원하는 옵션을 선택한다.

- Normal(수직) : 뷰 원점을 통과하고 드로잉 시트와 직각을 이루는 축을 중심으로 모델을 회전
- Vertical(수직) : 뷰 원점을 통과하고 드로잉 시트의 세로 축을 중심으로 모델을 회전
- Horizontal(수평) : 뷰 원점을 통과하고 드로잉 시트의 수평한 축을 중심으로 모델을 회전
- Edge/Axis(모서리/축) : 뷰 원점을 통과하고 드로잉 시트에 대해 지정된 각도를 따르는 축을 중심으로 모델을 회전

드로잉 뷰의 다른 카테고리를 계속 정의하려면 [Apply]를 클릭한 다음 적절한 카테고리를 선택하고, 드로잉 뷰 정의를 마쳤으면 [OK]를 클릭한다.

TIP

Pro/ENGINEER에서 뷰 방향을 지정하는 데 사용할 형상을 삭제하거나 억제하면 해당 뷰와 자 피쳐가 기본 방향으로 변경된다. 형상을 삭제하면 원래 뷰 방향을 복원할 수 없으나 억제된 피처를 복구하면 뷰의 원래 방향도 복구된다.

2) Projection(투영)

투영 뷰는 현재 뷰에 수직하는 투영선에 의해 생성되는 정사영의 뷰이다. 투영 뷰를 생성하기 전에 하나 이상의 부모 뷰가 드로잉 시트에 있어야 한다.

① Insert > Drawing View > Projection을 클릭 또는 MB3 > **팝업 메뉴의 [투영 뷰 삽입]**을 클릭한다.

② 투영할 모 뷰를 선택하면 투영을 나타내는 상자가 모 뷰 위에 나타난다. 생성되는 투영 뷰의 크기는 투영되는 모 뷰의 크기와 같다.

③ 모 뷰에서부터 수평 또는 수직으로 상자를 드래그하여 원하는 위치에서 MB1 클릭하여 위치를 지정한다.

④ 뷰의 특성을 수정하려면 투영 뷰를 선택하고 MB3 버튼을 클릭하여 팝업 메뉴에서

[Properties(특성)]을 클릭하여 Drawing View 대화상자를 열어서 수정한다.

드로잉 뷰의 다른 카테고리를 계속 정의하려면 [Apply]를 클릭한 다음 적절한 카테고리를 선택하고, 드로잉 뷰 정의를 마쳤으면 [OK]를 클릭한다.

3) Detail(세부)

세부 뷰는 모 뷰의 특정 부분을 확대하여 나타내고자 할 때 사용한다.

① Insert > Drawing View > Detailed를 클릭하면 [그림 5.11]과 같이 Drawing View 대화상자를 정의하기 위한 Select 창이 열린다.

② 기존 드로잉 뷰에서 Detail 뷰로 확대할 부분의 중심점을 선택한다.

③ 스플라인을 이용하여 자세히 표시할 영역의 경계를 Detail 뷰의 영역이 교차되지 않게 스케치하고, 스케치가 끝나면 MB2 클릭하여 스플라인 정의를 종료한다.

④ Detail 뷰를 배치할 위치를 선택하면 스플라인 내의 모 뷰 영역이 표시되고 Detail 뷰의 이름과 배율로 이름표가 생성된다.

- Boundary type on parent view(모 뷰상의 경계 유형)의 종류
  - Circle(원) : 모 뷰에 Detail 뷰를 위한 테두리를 원으로 그림
  - Ellipse(타원) : 모 뷰에 스플라인과 거의 일치하는 타원을 그리고, 타원에서 뷰 주석의 첨부 점을 선택하라는 메시지를 표시
  - H/V Ellipse(수평/수직 타원) : 수평 또는 수직 주축을 갖는 타원을 그리고 타원에서 뷰 주석의 첨부 점을 선택하라는 메시지를 표시
  - Spline(스플라인) : 모 뷰에 실제 스플라인 경계를 표시하고, 스플라인에서 뷰 주석의 첨부 점을 선택하라는 메시지를 표시
  - ASME 94 Circ(ASME 94원) : ASME 표준 준수 원을 화살표와 Detail 뷰 이름이 있는 호로 모 뷰에 표시

드로잉 뷰의 다른 카테고리를 계속 정의하려면 [Apply]를 클릭한 다음 적절한 카테고리를 선택하고, 드로잉 뷰 정의를 마쳤으면 [OK]를 클릭한다.

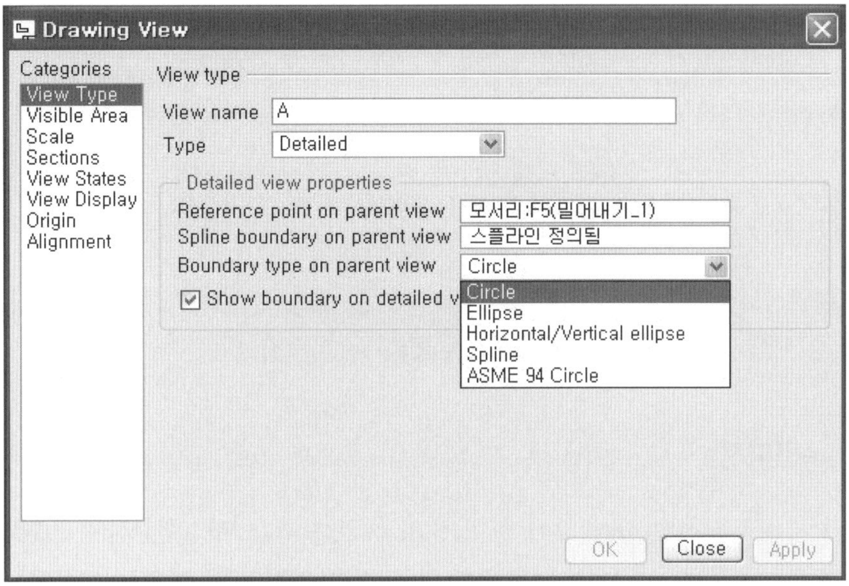

그림 5.11 Detail 뷰 전의 대화상자

4) Auxiliary(보조)

Auxiliary 뷰는 [그림 5.12]와 같이 특정한 모서리, 축이나 현재 뷰의 데이텀 평면 등에 수직하게 투영하여 생성된다. 생성되는 뷰의 배율은 부모 뷰의 배율과 같다.

① Insert > Drawing View > Auxiliary를 클릭하면 Select 창이 열린다.

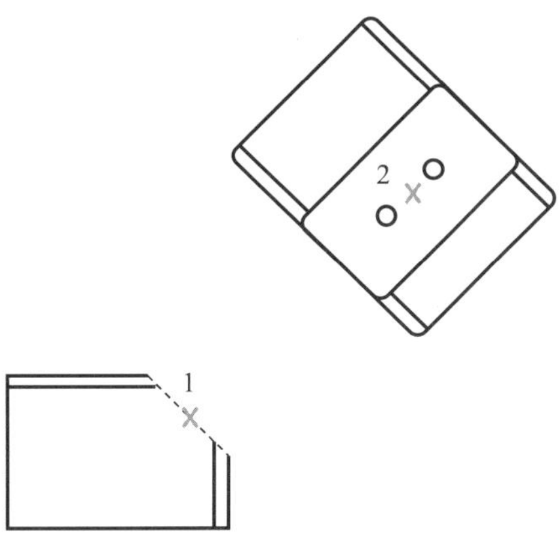

그림 5.12 Auxiliary 뷰의 예

② Auxiliary 뷰를 생성하는 데 사용할 모서리, 축, 데이텀 평면 또는 서피스를 선택하면 보조 뷰를 나타내는 상자가 모 뷰 위에 나타난다(모 뷰의 참조는 화면 평면에 수직해야 한다).

③ 수평 또는 수직으로 상자를 드래그하여 원하는 위치에서 MB1 클릭하여 뷰를 배치하면 Auxiliary 뷰가 표시된다.

드로잉 뷰의 다른 카테고리를 계속 정의하려면 [Apply]를 클릭한 다음 적절한 카테고리를 선택하고, 드로잉 뷰 정의를 마쳤으면 [OK]를 클릭한다.

5) Revolved(회전)

Revolved 뷰는 [그림 5.13]과 같이 현재 뷰의 특정 단면을 90° 회전하여 절단 선상에 표시하는 단면이다. Revolved 뷰를 생성하기 위한 절단면은 부모 뷰에 수직이어야 한다. 또한 Revolved 뷰는 뷰의 회전 축에 대한 주석 줄을 포함한다는 점에서 일반 단면 뷰와는 다르다.

① Insert) > Drawing View > Revolved을 클릭하면 단면을 절단할 뷰를 선택하라는 메시지가 나타난다.

② 단면을 절단할 뷰를 선택한다.

③ 드로잉에서 모 뷰의 가공 평면 투영을 따라 Revolved 뷰를 표시할 위치를 선택한다.

④ 새 절단면을 생성하는 방법은 아래와 같다.

- Cross-section(절단면) 목록에서 Create New를 선택한다.

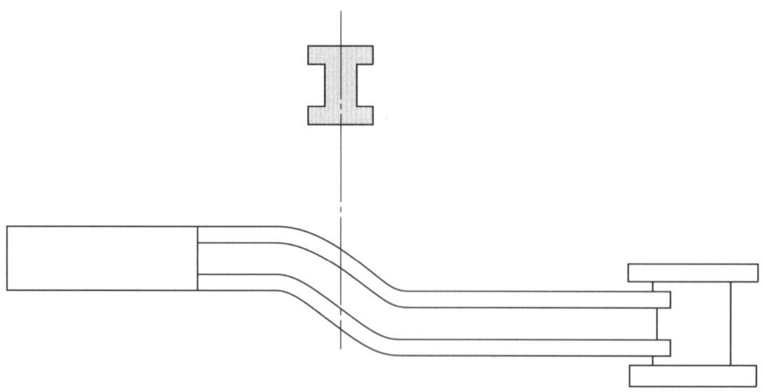

그림 5.13 Revolved 뷰의 예

- 메뉴관리자에 XSEC CREATE(절단면 생성) 메뉴를 선택한다.
- Planar으로 정의하고 해당 속성을 선택한 후 [Done]을 선택한다.
- 절단면 이름을 입력하고 Enter 키를 누른다.
- SETUP PLANE 메뉴에서 기존 참조를 선택하거나 Make Datum으로 새 참조를 생성하여 절단면 참조를 정의한다.

드로잉 뷰의 다른 카테고리를 계속 정의하려면 [Apply]를 클릭한 다음 적절한 카테고리를 선택하고, 드로잉 뷰 정의를 마쳤으면 [OK]를 클릭한다.

5.3 Visible Area (가시 영역)

드로잉 뷰 대화상자에서 Visible Area를 선택하였을 경우 [그림 5.14]와 같이 나타난다. Visible Area 카테고리는 뷰를 표현할 때 모델의 형상을 어느 영역만큼 표현할 것인지를 결정한다. 전체를 표현하거나, 물체가 중심을 기준으로 대칭이면 절반만 표현하거나, 한쪽 방향으로 너무 길다면 일부분을 생략하는 등의 여러 Visible Area 옵션들을 소개하도록 한다.

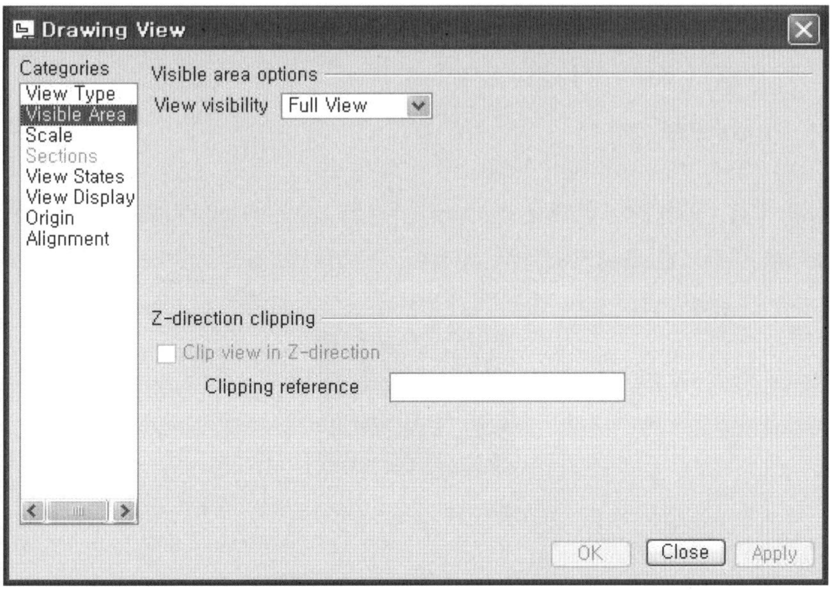

그림 5.14 Visible Area 카테고리

1) Full View(전체 뷰)

[그림 5.15]와 같이 모델의 전체 모습을 모두 표현하는 가장 일반적인 방법이다.

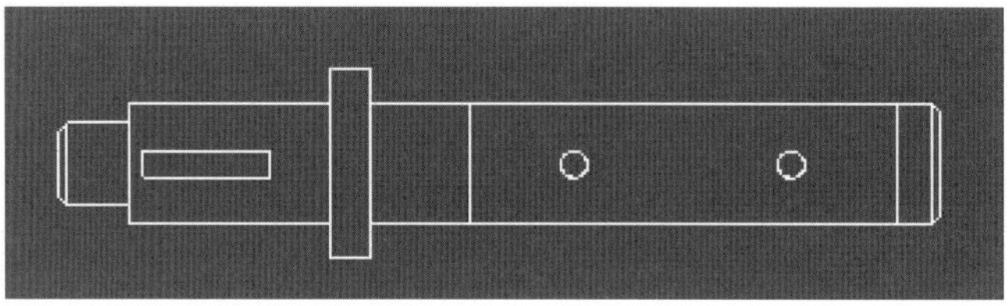

그림 5.15 Full View

2) Half View(반단면 뷰)

대칭 형상인 모델을 반만 표현해도 충분할 때 쓰는 방법으로서, [그림 5.16]과 같이 반을 잘라낼 기준 평면과 남겨질 부분을 선택하여 나타낸다.

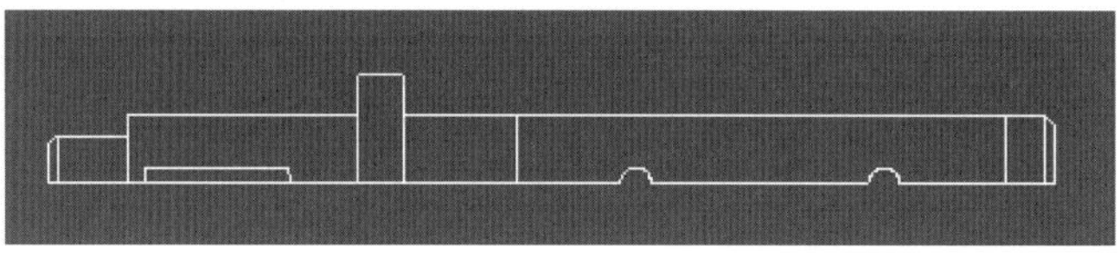

그림 5.16 Half View

3) Partial View(부분 뷰)

특정 부분을 스플라인으로 경계를 생성해서 [그림 5.17]과 같이 일부분만 표현하는 방법으로 Detail 뷰와 달리 Scale값을 따로 지정할 수 없다.

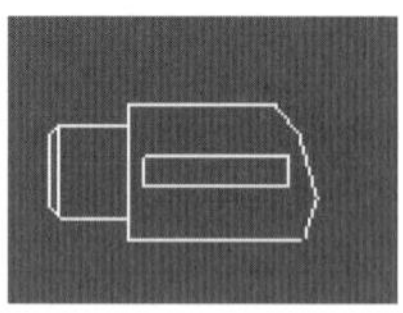

그림 5.17 Partial View

4) Broken view(파단 뷰)

길이가 긴 모델의 일부분을 생략하고 나타내는 방법으로 [그림 5.18]과 같이 파단선으로 설정을 해 준다.

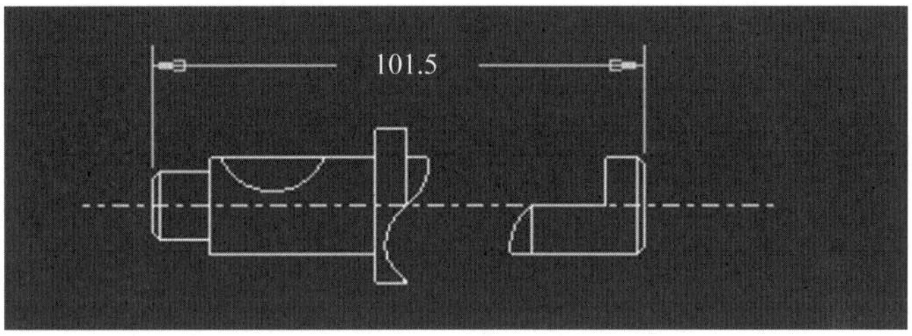

그림 5.18 Broken view

현재 작업하고 있는 뷰가 Broken View가 아니면 투영된 뷰를 Broken View로 재정의할 수 있지만 분할할 때는 다음과 같이 몇 가지 제한이 따른다.

- 수평 투영은 수직으로만 파단할 수 있고, 수직 투영은 수평으로만 파단할 수 있다.
- 수평 분할된 모 뷰를 기준으로 생성한 수평 투영 뷰를 Broken View로 재정의하려고 하면 투영 뷰가 자동으로 해당 모 뷰와 동일한 개수의 수평 파단을 갖게 된다. 실제로 투영 모 뷰의 수평 파단이 투영 뷰에 자동으로 상속된다.
- 투영 모 뷰가 분할되었지만 수직 파단만 갖는 경우에는 투영 뷰가 수직 파단만 가질 수 있다.

5.4 Scale (배율)

드로잉 뷰 대화상자에서 Scale 카테고리를 선택하였을 경우 [그림 5.19]와 같이 Scale and Perspective 옵션이 나타난다.

- Default scale for sheet(시트 기본 배율) : 기본값에 따라 드로잉 뷰 크기를 지정하는데, 기본값을 설정하지 않으면 시트 크기와 모델 치수에 기반하여 각 시트의 기본 배

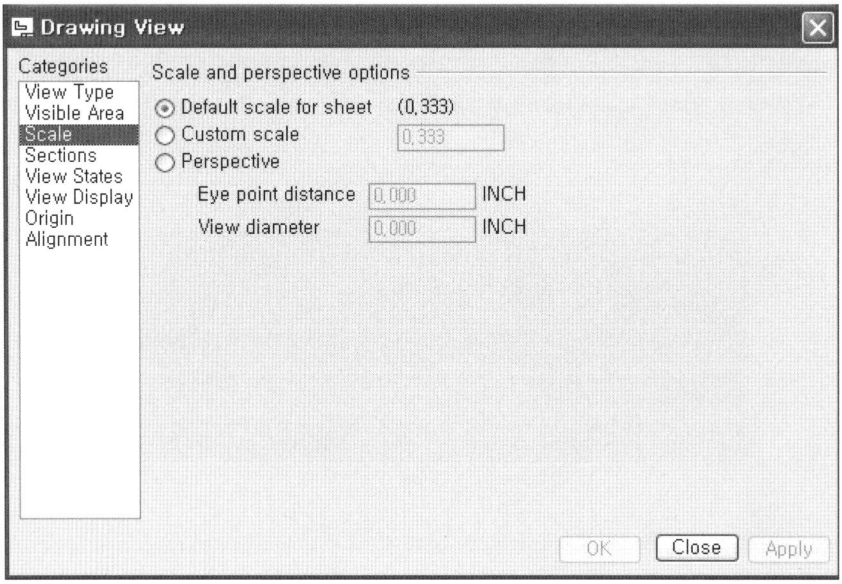

그림 5.19 Scale 카테고리

율이 결정된다. 기본 배율은 사용자 정의 배율이나 원근이 적용되지 않은 모든 뷰에 적용된다. 배율은 드로잉 시트 하단에 표시된다.

- Custom scale(사용자 배율) : Drawing View 대화상자에 입력된 사용자 정의값으로 뷰 크기를 지정하는데, 배율 계수는 독립적이기 때문에 드로잉 시트 기본 배율을 수정해도 사용자 정의 뷰는 변경되지 않는다. 사용자 정의 배율은 각 뷰 아래의 Scale <value> 주석에 나타난다.
- Perspective(원근) : 모델 공간으로부터 눈의 위치까지의 거리와 용지 단위(예 : mm)를 조합하여 드로잉 크기를 지정한다. 이 배율 옵션은 General 뷰에만 사용할 수 있다.

드로잉 뷰 배율을 수정하면 관련된 모든 모/자 뷰(투영된 뷰, 파단 뷰 등)가 함께 업데이트되지만, Detail 뷰나 배율이 지정된 뷰는 영향을 받지 않는다.

5.5 Section (단면)

일반적인 뷰를 사용하여 부품의 내부를 표현할 수 없을 때, Section 뷰는 데이텀 면이나 평면을 이용하여 모델을 절단하였을 때 보이는 모양을 나타난다. 카테고리 리스트에서 Sections 옵션을 선택하면 [그림 5.20]과 같이 단면 옵션이 리스트 오른쪽에 나타난다. [No section] 버튼이 기본적으로 설정되어 있다. [2D cross-section]을 선택하면 뷰에 [Add cross-section to view] 버튼(+)이 활성화되어 단면도를 생성할 수 있다.

1) 2D cross-section 생성하기

① 드로잉 뷰를 두 번 클릭 or **드로잉 뷰 선택**(MB1) > MB3 > Properties **선택**하면 Drawing View 대화상자가 열린다.

② Sections 카테고리를 클릭한다.

③ Section options에서 2D cross-section을 클릭한다.

드로잉에 2D 절단면이 없으면 새 2D 절단면을 생성한다. 드로잉에는 기존의 3D 절단면만을 표시할 수 있으며 새 3D 절단면은 생성할 수 없다.

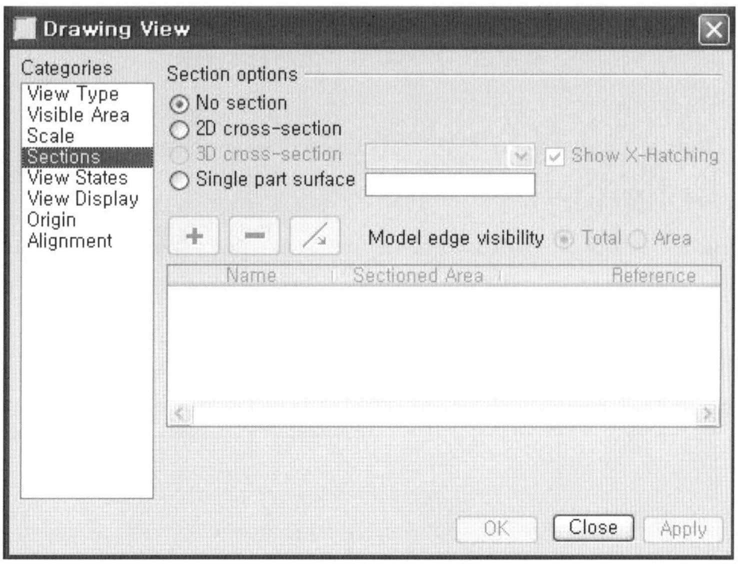

그림 5.20 Sections 카테고리

④ Sections 페이지에서 ➕ 을 클릭하여 새 2D 절단면을 생성한다.

- Name 목록에서 Create New를 선택하면 XSEC CREATE 메뉴가 나타난다.
- XSEC CREATE 메뉴에서 Planar 또는 Offset의 속성을 선택한다.
  - Planar Cross Section(평면 절단면) : 선택한 데이텀 면이나 평면을 따라 절단된 면을 생성한다.
  - Offset Cross Section(오프셋 절단면) : 스케처 도구를 사용하여 솔리드를 통해 참조 평면에서 오프셋 된 경로를 그려 단면을 생성한다.
- [Done]를 클릭하여 절단면 이름을 입력하라는 메시지가 나타나면 절단면 이름을 입력하고 Enter를 누른다.
- SETUP PLANE(평면 셋업) 메뉴 나타나고 절단면 참조를 정의하라는 메시지가 나타나면, Plane을 클릭하여 기존 참조를 선택 또는 Make Datum을 클릭하여 새 참조를 생성한다.

⑤ 기존 2D 절단면 표시 : 모델에 이미 2D 절단면이 있으면 ④번 대신 2D 절단면 테이블의 Name 목록에서 해당 절단면을 선택한다. ✔ 은 절단면이 유효함을 나타내지만 ✕ 은 절단면이 화면에 평행하지 않기 때문에 배치할 수 없음을 나타낸다.

⑥ Sectioned Area(구분된 영역) 목록에서 가시도 유형을 선택한다.

- Full(전체)
  - 절단면이 전체 뷰에 걸쳐 절단면을 표시한다.
- Half(절반)
  - [그림 5.21]과 같이 선택한 평면의 한쪽에만 모델의 절단면을 표시하고 다른 쪽에는 표시하지 않는다.
  - 기준면으로 데이텀 평면 참조를 선택한다. 이때 선택한 참조가 뷰에 수직하면

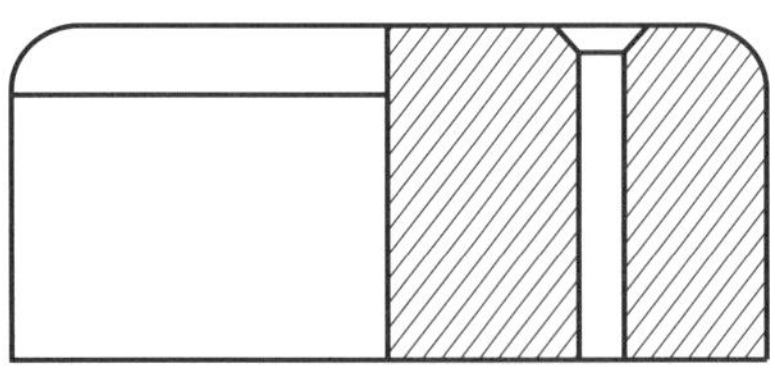

그림 5.21 반단면도

Reference 테이블에 참조 이름이 나열된다.

- Local(로컬)
  - 파단선을 사용하여 외부 서피스를 통과한 후 내부 절단면의 부분까지 표시한다.
  - 기준으로 점 참조를 선택한다. 점 참조는 다른 모든 파단선의 외부에 있어야 하고 경계(스플라인)를 점 참조를 포함하도록 정의한다.

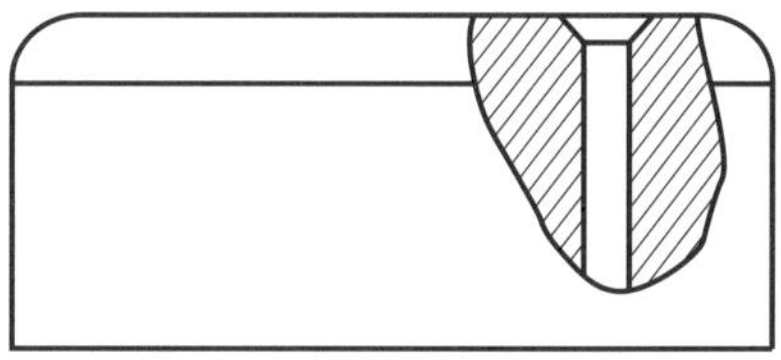

그림 5.22 Local 단면도

⑦ Model Edge Visibility(모델 모서리 가시도)를 선택하여 모델 모서리 디스플레이를 제어한다.

- Total(전체) : 단면 모서리뿐 아니라 단면 평면 뒤의 모델 모서리도 표시
- Area(영역) : 단면 모서리만 표시

⑧ 을 클릭하여 절단면의 방향을 전환하면 절단면이 제거하는 부분이 변경된다.

⑨ Arrow Display(화살표 디스플레이) : 필요할 경우 모 뷰에 화살표를 표시하여 모 뷰에 절단면을 표현할 수 있으며 [Apply]를 클릭하여 화살표를 미리 볼 수 있다.

⑩ ④~⑨까지 반복하여 다른 Section을 추가할 수 있다.

⑪ 드로잉 뷰의 다른 속성을 계속 정의하려면 [Apply]를 클릭한 다음 적절한 카테고리를 선택하고 드로잉 뷰 정의를 마쳤으면 [OK]를 클릭한다.

⑫ 2D 절단면이 드로잉에 배치되고 Drawing View 대화상자가 닫힌다.

2) 크로스해칭 수정

단면도를 생성하게 되면 해칭으로 표현할 필요가 있는데, 단면의 해칭의 간격이나 각도를 수정할 수 있다. **뷰의 해칭 부분을 선택 > MB3를 눌러 팝업 창의 [Properties]를 선택 > MOD XHATCH(크로스해칭 수정)** 메뉴 관리자가 나타나면, [그림 5.23]과 같이 [Hatch(해

그림 5.23 해칭 메뉴

칭)]을 선택한 상태에서 [Spacing(간격)], [Angle(각도)], [Offset(오프셋)], [Line Style(선 유형)] 등을 선택하면 세부 메뉴가 아래에 연장되어 각 값들을 수정할 수 있고, 값 수정이 완료되면 [Done]을 눌러 수정을 완료한다.

5.6 View Display (뷰 디스플레이)

[그림 5.24]와 같이 Drawing View 창의 Display 카테고리에서 각 뷰가 표시되는 방식을 조절할 수 있다. 여기서 [Follow Environment]를 선택하면 메인 창의 도구바의 설정대로 뷰가 디스플레이된다.

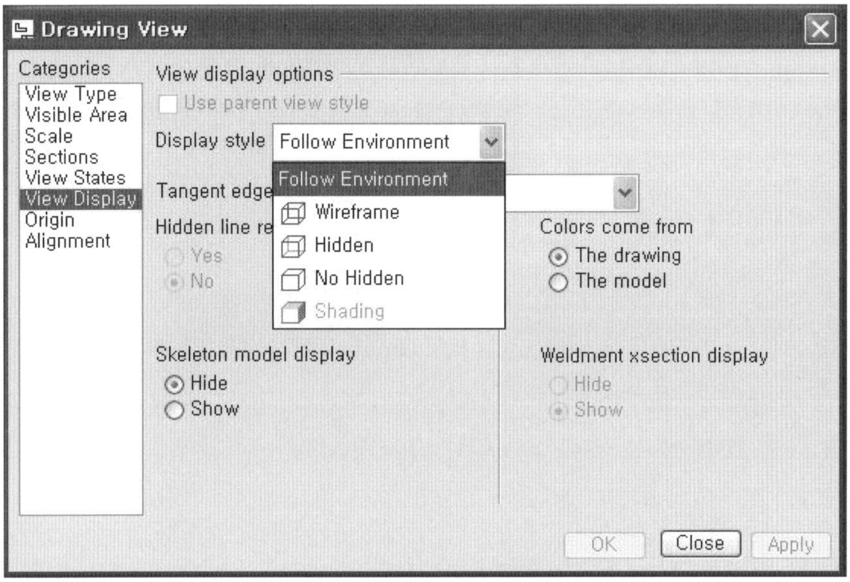

그림 5.24 View Display

5.7 멀티 뷰

하나의 Drawing에 여러 개의 모델을 나타내는 것을 멀티 뷰라고 한다. 대표적으로 Assembly 도면인 경우 여러 개의 파트로 구성된 조립품이므로 도면으로 표현할 때 하나의 Drawing에 여러 개의 모델을 불러 표현하는 것이 필요하다.

1) 모델 추가(File > Properties > Drawing Models > Add Model)

뷰를 생성하기 위해서는 Drawing과 모델이 연관되어 있어야 한다. 따라서 2개 이상의 모델의 뷰를 하나의 Drawing에 삽입하려면 위 명령어를 따라 제2, 제3의 모델을 추가해야 한다. 이렇게 추가된 모델의 배율은 기존 모델과는 독립적으로 설정된다.

2) 모델 삭제(File > Properties > Drawing Models > Del Model)

모델의 뷰를 삭제하고 연관된 모델을 Drawing에 나타내지 않더라도, 모델 추가로 연결된 모델의 연관성은 자동적으로 삭제되지 않는다. 따라서 Drawing에 사용하지 않을 모델이 Drawing 파일을 열 때마다 불러오게 되는 불필요한 시간과 용량의 낭비를 막기 위해서 해당 모델의 뷰 뿐만 아니라 Drawing과 모델의 연관성을 완전히 삭제해야 한다.

3) Sheet 이용하기

여러 개의 뷰를 나타내기에 도면이 복잡해지는 경우를 방지하거나 관리의 효율성을 위해 Drawing Sheet를 추가하여 정리하면 하나의 Drawing에 조립도, 상세도, 부분조립도 등의 여러 종류의 도면을 관리할 수 있다.

5.8 뷰 정렬/이동/삭제/수정

1) 정렬(Alignment)

뷰 유형에 따라서 뷰를 다른 뷰와 정렬하여 드로잉 뷰를 배치할 수 있다. 예를 들어, Detail 뷰를 모 뷰와 정렬하여 모 뷰가 이동할 때 Detail 뷰도 함께 이동하도록 지정할 수 있다. 뷰는 정렬된 상태를 유지하며 정렬이 취소될 때까지 투영 뷰처럼 이동한다.

선택한 뷰를 다른 뷰와 정렬하려면 [그림 5.25]에서 [Align this view to other view]을 클릭한다. 정렬할 뷰를 선택하라는 프롬프트가 표시되어 드로잉에서 적절한 뷰를 선택하면 대화상자의 참조 컬렉터에 뷰 이름이 표시된다. 다음과 같이 정렬할 뷰의 이동을 제한할 방법을 정의한다.

- Horizontal(수평) : 선택한 뷰와 정렬될 뷰가 같은 수평선 위에 정렬되도록 제한한다. 이 뷰에 정렬된 뷰가 이동하면 수평 정렬을 유지하기 위해 이 뷰가 수직으로 이동한다.
- Vertical(수직) : 선택한 뷰와 정렬될 뷰가 같은 수직선 위에 정렬된다. 이 뷰에 정렬된 뷰가 이동하면 수직 정렬을 유지하기 위해 이 뷰가 수평으로 이동한다.

기본적으로 뷰는 해당 뷰 원점에 따라 정렬된다. 정렬 참조를 정의하여 뷰가 정렬되는 위치를 수정할 수 있다. [Custom]을 클릭하고 뷰 중 하나에서 모서리 등의 참조를 선택한

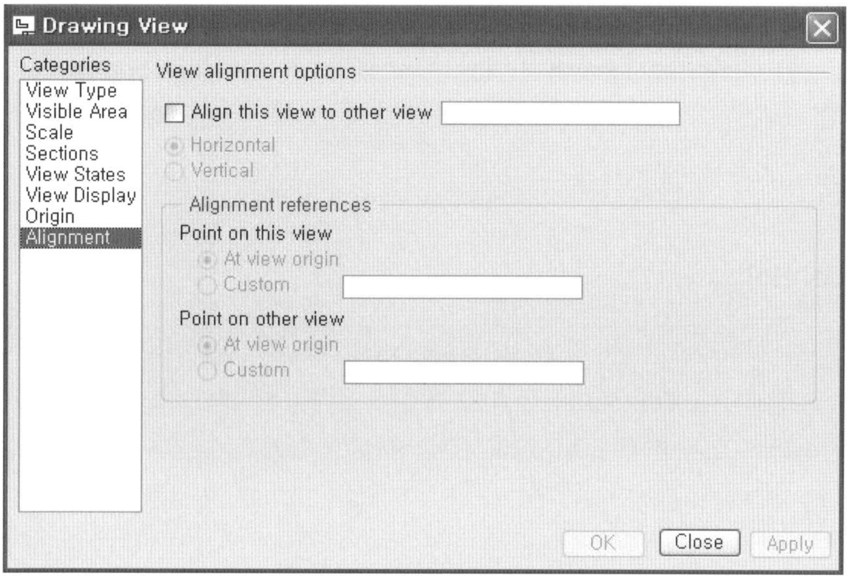

그림 5.25 View Alignment

다. 대화상자의 컬렉터에 참조가 표시된다. [Apply]를 클릭하여 정렬을 미리 볼 수 있다.

2) 이동(Move)

뷰의 위치는 기본적으로 이동이 되지 않도록 잠금 상태가 되어 있다. 이 설정을 해제하려면 Tools > Environment의 창에서 [Lock View Movement]의 체크를 해제하거나, 뷰를 선택하고 MB3의 [Lock View Movement] 체크를 해제 또는 아이콘( )을 이용한다.

① 뷰 이동하기

- 뷰를 선택하면 뷰 윤곽선이 강조 표시된다.
- 코너 드래그 핸들이나 중심점을 사용하여 새 위치로 뷰를 드래그 하여 이동한다(드래그 모드가 활성 상태일 때 마우스 포인터는 십자 모양으로 바뀐다).

② 정확한 X좌표와 Y좌표를 사용하여 뷰 이동하기

- 뷰를 선택하면 뷰 윤곽선이 강조 표시된다.
- Edit > Move Special을 클릭하면 선택된 항목에서 점을 선택하라는 메시지가 나타난다.
- 선택된 항목에서 이동에 대한 원점으로 사용할 점을 클릭하면 Move Special(지정 이

동) 대화상자가 열린다.

- 대화상자의 아이콘을 사용하여 선택된 점을 재배치할 방법을 선택한다. 시트에서 클릭한 점에 배치하거나 대화상자에 입력한 특정 X 및 Y좌표에 배치한다.
- [OK]를 클릭하여 완료한다.

3) 삭제(Delete)

삭제할 뷰를 선택하고 뷰가 강조 표시되면 MB3 버튼을 클릭하고 팝업 메뉴에서 삭제(Delete)를 클릭하거나, Edit > Delete를 클릭하면 뷰가 삭제된다. 삭제하려고 선택한 뷰에 투영 자 피쳐 뷰가 있으면 투영 자 피쳐 뷰도 함께 삭제되는 것을 주의하고, Undo(명령 취소) 명령으로 삭제를 취소할 수 있다.

4) 뷰 수정

정의된 뷰의 수정은 뷰를 선택하고 MB3 의 팝업 메뉴에서 Properties를 선택하거나, 뷰를 더블 클릭하여 Drawing View 창을 열어서 각 카테고리에서 View Type, Visible Area, Scale, Section, Display 등 세부 내용을 수정할 수 있다.

5.9 치수 기입

1) 모델 치수 표시(View > Show/Erase or)

3D 모델을 2D 드로잉으로 가져오면 3D 모델의 치수 및 관련 정보가 매개변수로서 연관성을 유지하지만 기본적으로 보이지는 않는다. 이러한 모델이 가지고 있는 여러 정보들, 즉 치수, 기하공차, 주석, 축, 용접기호, 표면 거칠기 등을 특정 뷰에 Show/Erase 개념으로 표시할 수 있다. 이를 위해 Pro/ENGINEER 상단의 도구상자에서 [Show/Erase,] 버튼을 선택하거나 메인 메뉴의 View > Show and Erase를 선택하면 [그림 5.26]과 같은 대화상자가 열리게 된다.

Show By에서는 표기를 어떤 단위로 나타낼 것인지를 선택할 수 있고, 선택이 완료되면

Preview 탭이 활성화되면서 선택된 요소 중 최종 입력할 요소를 선택할 수 있도록 한다. Erase도 Show와 같은 순서대로 지우려는 요소를 선택하고 삭제할 수 있다. 다음은 Show/Erase 대화상자의 각 항목에 대한 설명이다.

① View > Show and Erase를 클릭하면 [그림 5.26]과 같은 Show/Erase 대화상자가 나타난다.

② Show 탭을 클릭한다.

③ Type 아래에서 표시할 치수 유형을 선택한다. 두 가지 치수 유형을 모두 선택하여 표시할 수도 있다.

-  : 일반적인 모델 치수를 표시한다.
- 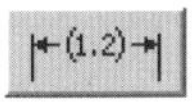 : 참조 치수를 표시한다.

④ Options 탭에서 다음과 같은 옵션을 사용하여 드로잉에 표시할 치수를 필터링한다.

- Erased(지워짐) : 이전에 지운 항목을 표시한다.

그림 5.26 치수 기입을 위한 Show/Erase 창

- Never Shown(표시 안 된 항목) : 드로잉 뷰에 표시된 적이 없는 항목을 나타낼 때 선택된다. Erased과 Never Shown 중 하나는 선택되어져야 한다.
- Switch to Ordinate(누진 치수 전환) : (직렬)치수를 변환하여 (병렬)치수로 표시한다.

⑤ Show By(보기 순서) : 치수를 표시할 위치를 정의한다.

- Feature(피쳐) : 드로잉의 특정 피쳐에 대한 치수를 표시한다.
- Part(부품) : 드로잉의 특정 부품에 대한 치수를 표시한다.
- (View)뷰 : 특정 드로잉 뷰 내의 피쳐 및 부품에 대한 치수를 모두 표시한다.
- Feature and View(피쳐와 뷰) : 여러 뷰에 나타나는 한 피쳐에 대한 치수를 사용자가 선택한 하나의 뷰에 표시한다. 예를 들어 여러 투영 뷰에 나타나는 특정 피쳐가 있을 때, Feature and View를 사용하여 선택된 뷰에서만 그 피쳐의 치수가 표시되도록 선택할 수 있다.
- Part and View(부품과 뷰) : 여러 뷰에 나타나는 하나의 부품에 대한 치수를 사용자가 선택한 하나의 뷰에 표시한다.
- Show All(전체 보기) : 드로잉 내의 모든 치수를 표시한다.

피쳐, 부품, 뷰 등의 Show By에서 적절한 항목을 선택하여 치수를 표시하는데, 치수를 표시하려면 드로잉을 다시 그려야 한다. 이 단계까지는 미리보기 단계이다.

⑥ 드로잉에 미리보기로 표시된 치수 중 일부를 Preview 탭에 있는 다음 옵션을 사용하여 표시하지 않을 수도 있다. 다음의 옵션을 사용하여 이를 필터링한다.

- Sel to Keep(유지 선택) : 드로잉에 표시할 개별 치수를 선택하여 표시한다(선택하지 않은 치수는 모두 지워진다).
- Sel to Remove(제거 선택) : 드로잉에서 제거할 치수를 선택한다(선택하지 않은 치수는 모두 드로잉에 유지된다).
- Accept All(전체 적용) : 미리보기로 표시된 모든 치수가 그대로 유지된다.
- Erase All(전체 지우기) : 미리보기로 표시된 모든 치수가 지워진다.

치수를 여러 개 선택할 경우에는 Ctrl 키를 누른 채 선택하거나 영역 선택을 사용한다. 이때 필요한 항목을 모두 선택하지 않았다면 Show/Erase 프로세스를 반복하면 된다.

> TIP
>
> 치수를 표시하는 동안 드로잉에서 항목을 겹쳐서 선택하기가 힘들 경우 Show/ Erase 도구를 일시 정지한 다음, 드로잉 항목을 이동하면 나타내거나 지울 항목을 정확하게 찾아 선택할 수 있다. 드로잉에서 MB3 버튼을 클릭하고 Show/Erase의 [Pause Show and Erase]를 클릭한 다음 필요에 따라 뷰 내에서 드로잉 항목을 이동한다. Show/Erase 프로세스를 계속하려면 먼저 MB3 버튼을 클릭하고 [Resume Show and Erase]를 클릭한다.

⑦ 미리보기를 완료한 후 Select 대화상자에서 [OK]를 클릭하면 드로잉에 치수가 표시된다.

⑧ [Close]를 클릭하여 Show/Erase 대화상자를 닫는다.

2) 치수 삽입(Insert > Dimension 또는 Reference Dimension)

추가된 치수나 제어 치수를 사용하여 이미 표시한 치수를 반복한다. 2D 드로잉에서 삽입한 제어 치수를 통해 3D 모델을 수정할 수는 없다.

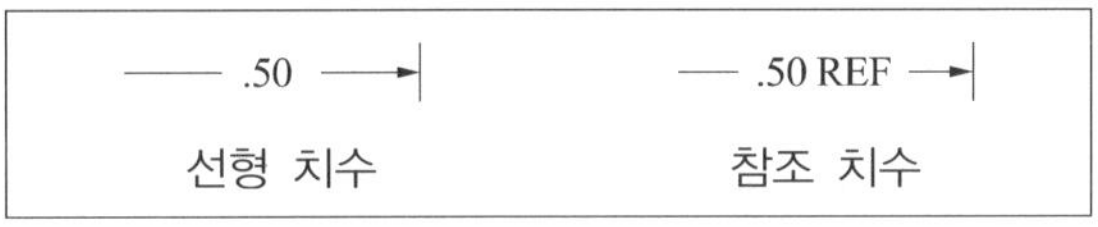

그림 5.27 선형 치수와 참조 치수

① [그림 5.27]의 왼쪽과 같이 선형 치수를 기입하려면 Insert > Dimension을, 참조 치수를 기입하려면 Insert > Reference Dimension을 클릭한다. 이때 ATTACH TYPE (첨부 유형) 메뉴가 나타난다.

② 아래 명령을 사용하여 모서리, 모서리와 한 점, 두 점 또는 교점을 선택한다.

- On Entity(엔티티 위) : 일반 치수를 생성하는 규칙에 따라 선택한 위치에 있는 엔티티에 치수를 첨부한다.
- Midpoint(중점) : 선택한 엔티티의 중간 위치에 치수를 첨부한다.
- Center(중심) : 원형 모서리의 중심에 치수를 첨부한다. 원형 모서리라는 것은 원의 형상(구멍, 라운드, 커브, 서피스 등)과 원형 도면 요소를 포함한다. 만약 원형이 아닌 엔티티를 선택하면 On Entity에서처럼 엔티티에 치수가 부여된다.
- Intersect(교차) : 선택한 두 엔티티의 가장 가까운 교차점에 치수를 첨부한다.

- Make Line(선 그리기) : 모델 뷰 방향의 현재 X축 및 Y축을 참조한다.
- 호 길이의 제어 치수를 생성 : **호의 끝과 중간을 선택** > ARC DIM TYPE > Arc Length를 선택한다.

③ 치수의 시작/끝 참조를 클릭
두 개의 호나 원을 선택한 경우에는 ARC PNT TYPE 메뉴의 다음 중 하나를 선택한다.

- Center(중심) : 호, 타원 또는 원의 중심 사이에 치수를 생성한다.
- Tangent(탄젠트) : 원, 호 또는 타원 모서리 사이의 선택한 위치에서 가장 가까운 접선 거리에 해당하는 치수를 생성한다.
- Concentric(동심원) : 두 동심원 또는 호 사이의 치수를 생성한다.

④ MB2 버튼을 클릭하면 치수 생성이 완료된다.

3) 레디얼 패턴의 자동 치수 처리

반지름 방향으로 여러 개의 치수를 부여할 필요가 있을 때 이를 자동으로 치수 처리하려면

① Insert > Dimension **또는** Ref Dim > Common Reference를 클릭한다.
② ATTACH TYPE 메뉴가 나타나며 "공통 치수화 참조로서 사용할 형상을 선택하십시오."라는 메시지가 표시된다.
③ ATTACH TYPE 메뉴에서 [Center]를 클릭한다.
④ 패턴 피쳐의 축을 선택하면 치수 처리할 다른 엔티티를 선택하라는 메시지가 나타난다.
⑤ 치수 처리할 베이스 포인트를 선택한다(패턴의 중심에서 좌표계를 선택하거나 패턴의 바깥에서 엔티티를 선택).
⑥ Select 창에서 [OK]를 클릭한다.
⑦ Dim Orient 메뉴를 선택한다.
⑧ 방향을 선택하면 "피쳐 패턴의 다른 멤버들에 치수를 생성하시겠습니까?"라는 메시지가 표시된다.
⑨ [Yes]를 클릭하면 남아있는 패턴 멤버에 대해 치수가 자동으로 처리된다.

4) 치수 정렬(Align)

선형, 레디얼 및 각 치수를 정렬하여 [그림 5.28]과 같이 드로잉 화면을 깨끗하게 정렬할 수 있다. 선택한 치수가 치수 보조선을 공유하는 경우 첫 번째로 선택한 치수에 정렬되지만 선택한 치수에 정렬할 수 없는 치수는 이동되지 않는다.

① 다른 치수를 정렬할 때 기준으로 삼을 치수를 선택하면 치수가 강조 표시된다.

② Ctrl 키를 누르고 정렬할 나머지 치수를 선택한다(치수를 개별적으로 선택하거나 영역 선택을 사용).

③ MB3 팝업 메뉴에서 [Align Dimensions]을 선택하거나 메뉴에서 Edit > Align Dimensions을 클릭한다.

④ 선택된 치수가 첫 번째로 선택된 치수에 정렬된다.

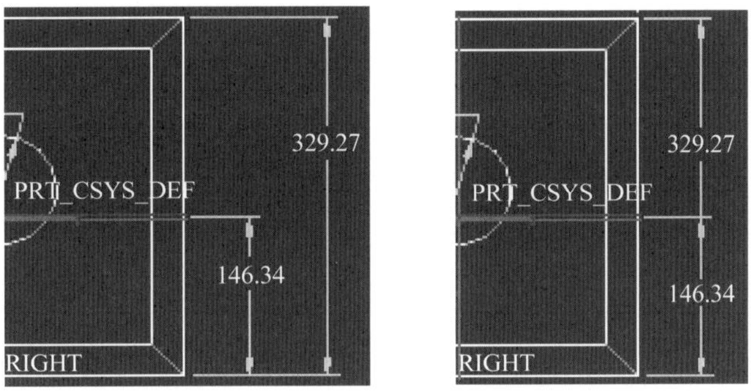

정렬되지 않은 선형 치수 　　　 정렬된 선형 치수

그림 5.28 치수 정렬의 예

치수를 새 위치에 개별적으로 옮길 수도 있는데, 치수 중 하나를 옮기면 정렬된 치수의 정렬 상태는 유지되지 않는다. 또한 치수를 더블클릭 또는 선택하고 MB3의 팝업 메뉴에서 Properties를 선택하면 Dimension 창에서 치수에 대한 상세 내용을 수정할 수 있다.

5) 치수 정리(Clean Up)

① Edit > Cleanup > Dimensions를 클릭하면 [그림 5.29]와 같은 Clean Dimensions(치수 정리) 대화상자가 열린다.

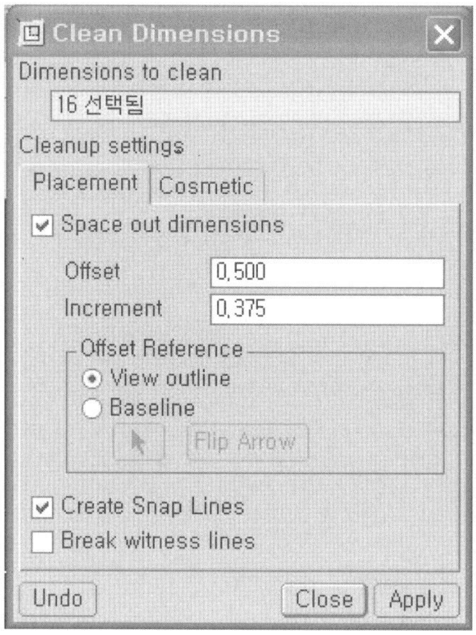

그림 5.29 Clean Dimensions

② 개별 치수 또는 여러 치수나 전체 뷰를 선택한 다음 [OK]를 클릭하면 Clean Dimensions(치수 정리) 대화상자가 활성화된다.

③ Placement 탭을 클릭한다.

- Offset(오프셋) : 초기 균등 오프셋값을 입력한다.
- Increment(증가) : 선택된 치수를 배치한다.
- Offset References 탭에서 다음 중 한 가지 방법을 사용한다.
  - View outline(뷰 아웃라인)을 선택하여 해당 뷰 아웃라인에 대해 치수를 오프셋한다.
  - Baseline(기준선)을 선택하여, 지시선이 선택된 기준선과 평행이 되는 뷰에만 치수를 재배치한다. 드롭다운 목록에서 엔티티 중 하나를 선택하여 지우기 베이스라인으로 사용한다. 오프셋 방향을 표시하는 화살표가 표시되었을 때, 방향을 변경하려면 Flip Arrows을 클릭한다.
- Create Snap Lines을 선택하여 치수에 대시 스냅 선을 추가한다.
- Break witness lines를 선택하여 다른 도면 요소와 교차하는 지점에서 치수 보조선을 끊는다.

④ Cosmetic 탭을 클릭

- Flip Arrows(화살표 전환) : 화살표가 텍스트와 겹치지 않고 맞으면 화살표를 치수 보조선 내부로 전환하고, 화살표가 맞지 않거나 텍스트와 겹치면 화살표를 치수 보조선 외부로 전환한다.
- Center Text(중심 텍스트) : 각 치수 텍스트를 관련 치수 보조선 사이의 중심에 배치한다. 치수 텍스트가 맞지 않으면 Pro/ENGINEER는 텍스트를 지정된 방향에 따라 치수 보조선 외부로 이동하는데, 제시된 아이콘 중 선택하여 지정한다.
  - Horizontal(수평) : 텍스트를 왼쪽이나 오른쪽으로 이동한다.
  - Vertical(수직) : 수직 치수 텍스트를 위나 아래로 이동한다.

⑤ [Apply]를 클릭하여 치수 정리를 완료한다.

6) 치수 공차(Tolerance)

개별 치수에 치수 공차를 함께 나타내고자 한다면 다음과 같은 순서로 진행한다.

① 치수를 선택하고, MB3 버튼을 클릭한 다음 팝업 메뉴에서 Properties을 클릭하여 Dimension Properties(치수 특성 창)을 띄운다.

② [그림 5.29]의 표시 부분인 Dimension Properties 대화상자의 Tolerance Mode 목록에서 공차 형식을 선택하고 다음과 같은 적절한 필드에서 값을 지정한다.

- Limit(제한) : Upper Tolerance(위 치수 허용차), Lower Tolerance(아래 치수 허용차) 상자에 공차값을 지정한다.
- Nominal(기준 치수), Plus-Minus(플러스-마이너스) : Norminal Value(기준 치수값), Upper Tolerance(위 치수 허용차), Lower Tolerance(아래 치수 허용차) 상자에 공차값을 지정한다.
- +- 대칭, 있는 그대로 : 기준 치수값 상자에 공차값을 지정한다.

③ [OK]를 클릭한다.

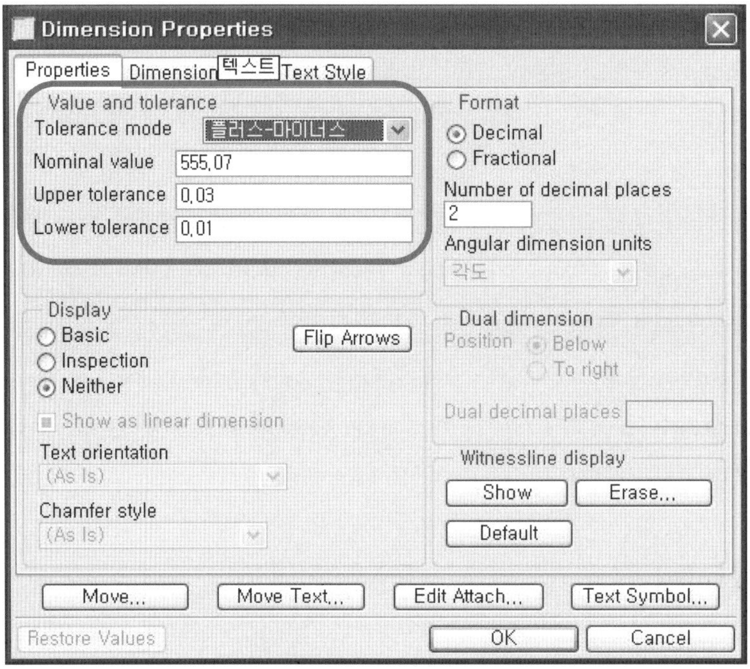

그림 5.30 치수 공차 설정

위와 같이 지정하였으나 Dimension Properties 대화상자의 Tolerance Mode 목록에서 공차 형식을 선택할 수 없이 비활성화 되어 있다면 메뉴의 File > Properies를 클릭하여 FILE PROPERTIES 메뉴관리자를 연다. [Drawing Options]를 선택하여 Options 창이 열리면 하단의 Options 상자에 "tol_display"를 입력한다. Value값이 no로 설정되어 있다면, yes로 변경하여 [Add/Change] 버튼을 클릭하고, [Apply] 버튼을 클릭하여 Options 창을 닫는다. 이와 같이 옵션 설정을 변경하였다면 개별 치수의 Properties 창에서 치수 공차를 설정할 수 있다.

- tol_display 옵션의 설정

  no* : 치수 공차를 표시하지 않는다.

  yes : 치수 공차를 표시한다.

7) 형상 공차(Geometry Tolerance)

형상 공차는 어떤 부품에 지정된 정확한 크기 및 형태에서 허용 가능한 최대 편차로서

[그림 5.31]에 형상 공차의 종류를 나타내었다.

그림 5.31 형상 공차의 유형

솔리드 모델에서 가져온 형상 공차를 드로잉 내에 표시하는 것은 치수 기입법에서 설명한 Show/Erase를 이용할 수 있고, 새 형상 공차는 아래와 같은 방법으로 생성할 수 있다.

① Insert > Geometric Tolerance를 클릭하면 [그림 5.32]와 같은 Geometric Tolerance 대화상자가 열린다.

② 삽입할 형상 공차의 유형을 정의한다.

③ Geometric Tolerance 대화상자의 네 가지 탭을 사용하여 형상 공차에 대한 다음과 같은 단계별 요구사항을 정의한다.

- Model Refs : 형상 공차를 추가할 참조 엔티티 및 모델을 지정하고 드로잉에 형상 공차를 배치한다.

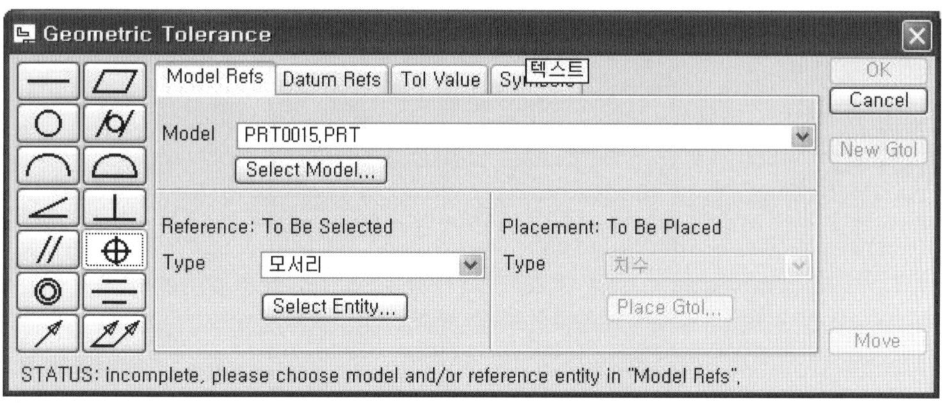

그림 5.32 형상 공차 지정 대화창

- Datum Refs : 형상 공차에 대한 데이텀 참조와 재료 조건, 복합 공차의 값과 데이텀 참조를 지정한다.
- Tol Value : 공차값과 재료 조건을 지정한다.
- Symbols : 형상 공차의 기호와 수정자, 투영 공차 영역을 지정한다.

④ 각 탭 페이지를 통해 형상 공차를 정의한 다음, Model Refs 탭으로 되돌아가서 Place Gtol(기하 공차 배치) 버튼을 클릭하면 드로잉에 형상 공차가 삽입된다.

⑤ [OK]를 클릭하여 형상 공차 설정을 저장한다.

⑥ [New Gtol] 버튼을 클릭하여 추가 형상 공차를 생성한다. 기존 형상 공차를 수정했으면 [New Gtol] 버튼을 클릭하여 방금 수정된 형상 공차의 복사본을 생성하여 사용할 수 있다.

형상 공차 기입 예제

부품의 한 평면(데이텀 A)에 대하여 구멍의 직각도를 기입하고자 하는 경우에 대해 형상 공차를 기입하는 방법을 아래의 예에서 소개하였다.

❶ Insert > Model Datum > Plane을 클릭하여 [그림 5.33]과 같은 데이텀면 생성 창이 나타나면 데이텀면의 이름과 Type을 지정하고, [On Surface]를 선택한 다음, 드로잉에서 [그림 5.34]와 같이 좌측면도의 왼쪽 측면을 나타내는 선을 클릭하여 데이텀이 기입되도록 한다.

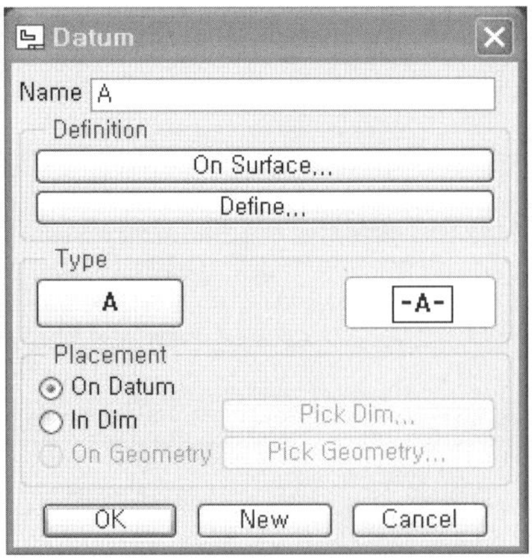

그림 5.33 데이텀 평면 생성 창

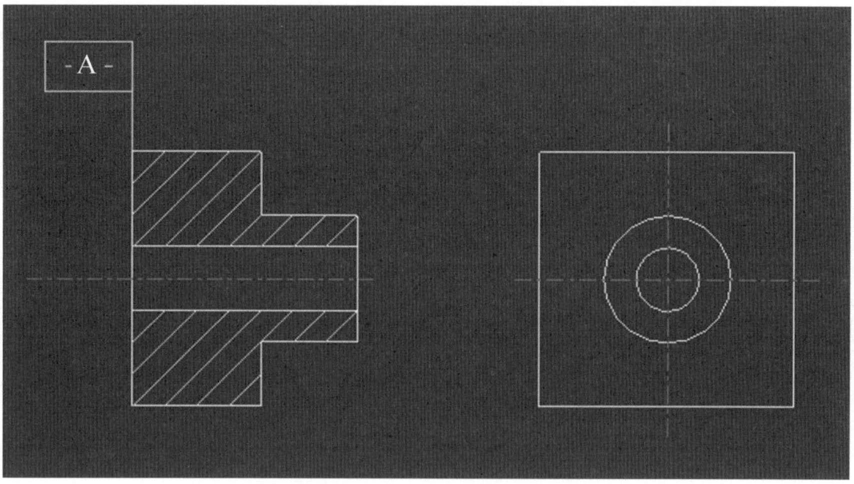

그림 5.34 데이텀면 기입

❷ 구멍의 치수에 대해 공차를 포함하여 기입하고자 하는 경우, 먼저 구멍 치수 기입을 위해 Show/Erase에서 Type에 대해 치수를 선택한다. Show By에서 Feature and View를 선택하고 드로잉 상에서 좌측면도의 구멍 피쳐를 선택하면 [그림 5.35]와 같이 구멍의 지름 치수가 좌측면도에 기입된다.

❸ [그림 5.35]에서 지름 치수를 선택한 다음, [그림 5.36]과 같이 치수 Properies 창의 Value and Tolerance에서 치수 공차를 입력한다. 이때 tol_display 옵션이 yes 상태여

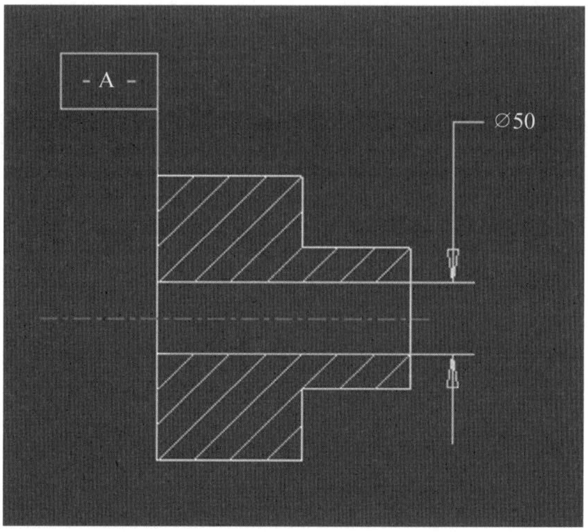

그림 5.35 구멍의 지름 치수 기입

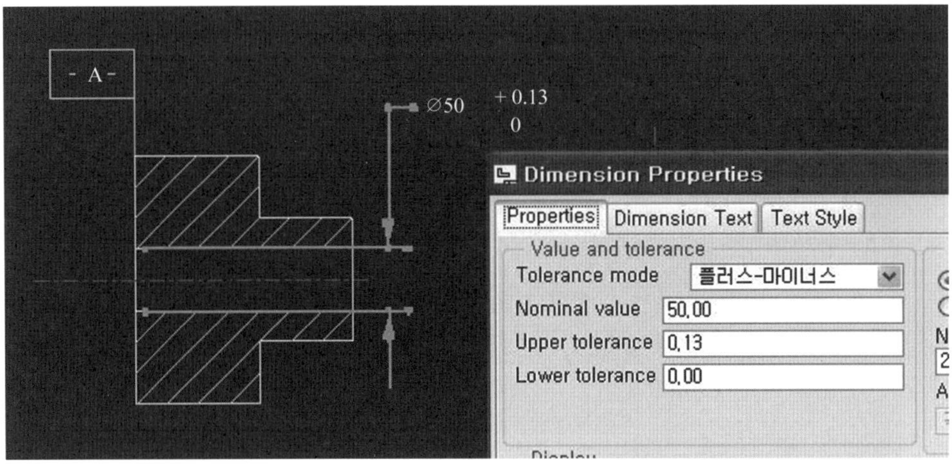

그림 5.36 구멍의 치수 공차 기입

야 치수 공차를 드로잉에 나타낼 수 있다. 자세한 설정방법은 앞에서 설명한 치수 공차 절을 참조한다.

❹ 구멍의 지름 치수(50)에 형상 공차 직각도(0.08)를 입력하기 위해, Insert > Geometry Tolerance를 클릭하여 [그림 5.37]과 같이 형상 공차 창을 띄운다. 여기서 해당하는 형상 공차인 직각도를 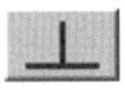 선택한다. 그 다음, Model Refs 탭에서 Model은 현재 모델이 선택되어 있고 Reference로는 기준면 데이텀 A면을 선택한다.

❺ [그림 5.38]과 같이 Datum Refs 탭에서 기준 데이텀 면으로 A를 선택하고 RFS(기호 없음)을 선택한다.

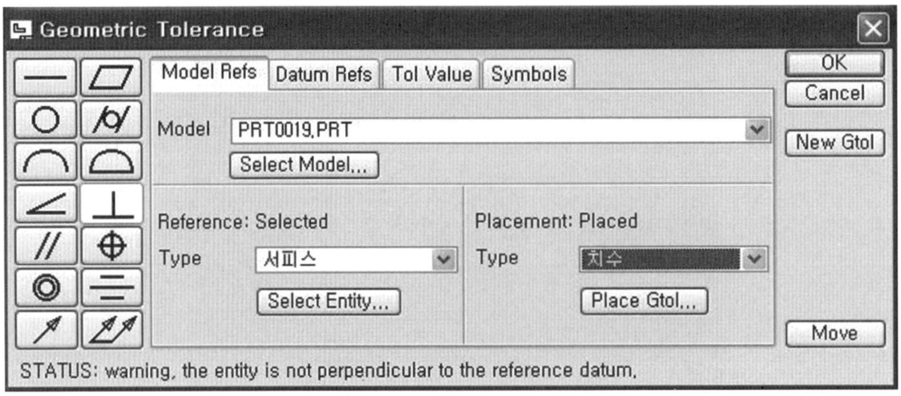

그림 5.37 형상 공차 입력 창

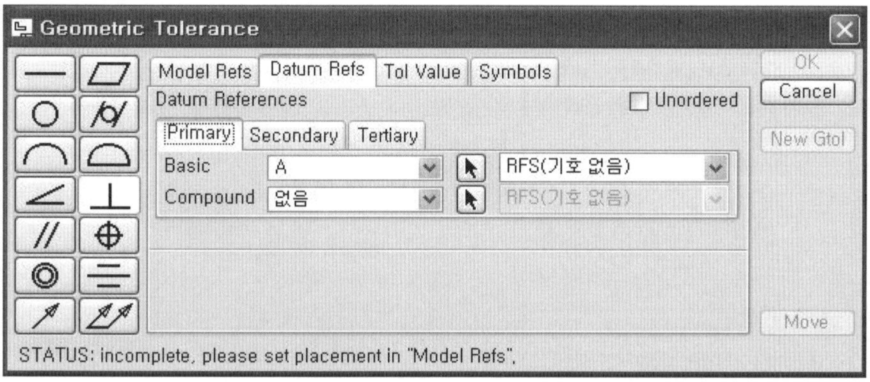

그림 5.38 기준 데이텀의 선정

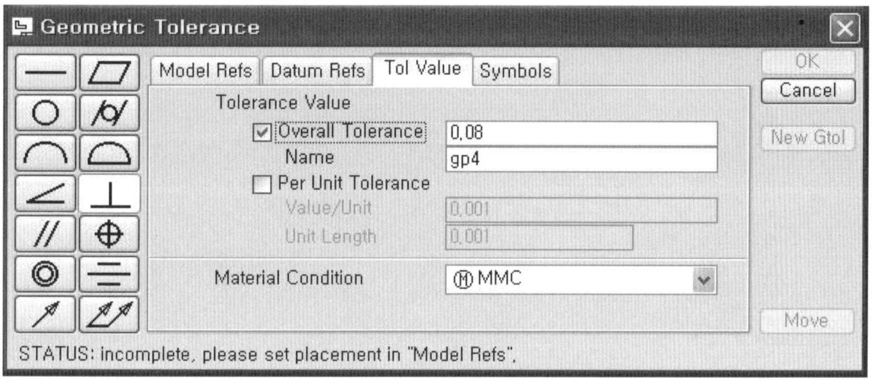

그림 5.39 형상 공차값의 기입

⑥ [그림 5.39]와 같이 Tol Value 탭에서 직각도 공차값을 입력하고, 최대 실체조건인 경우에는 MMC를 선택한다.

⑦ 형상 공차의 공차 영역의 종류를 지정하기 위해서는 [그림 5.40]과 같이 Symbols 탭에서 지정하는데, 만약 직각도 공차 영역을 원통으로 지정하고자 할 때는 Diameter Symbol을 선택한다.

⑧ 다시 [그림 5.41]의 Model Refs 탭으로 돌아가서 Placement Type에서 형상 공차가 기입되기를 원하는 항목을 선택한다. 본 예제에서는 지름의 치수에 대해 형상 공차를 기입하고자 하므로, Type으로서 치수를 선택하고 드로잉에서 치수(50)을 선택한다. 그 다음, [Move] 버튼을 클릭하면 [그림 5.42]와 같이 치수와 형상 공차의 위치가 드로잉상에서 조절된다. 마지막으로 [OK] 버튼을 클릭한다.

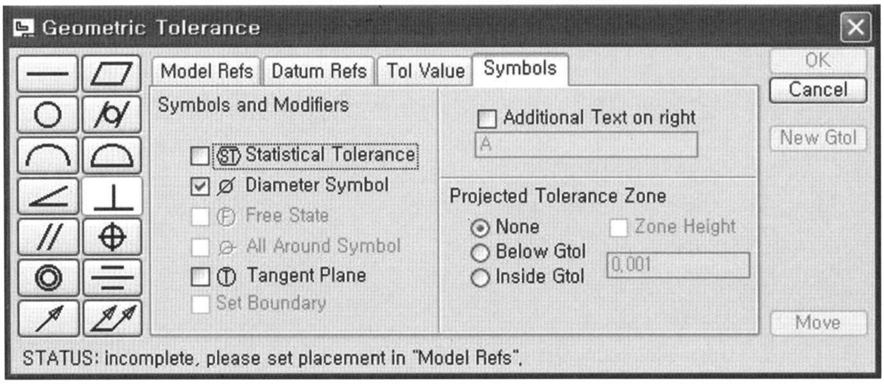

그림 5.40 형상 공차 영역의 종류 지정

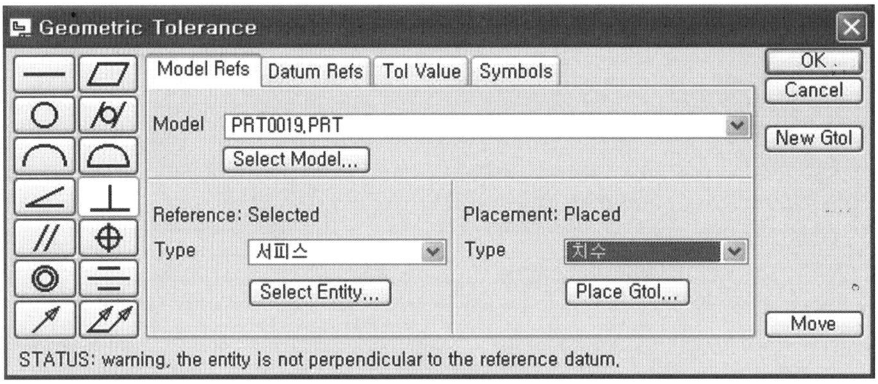

그림 5.41 형상 공차를 적용할 치수의 선택

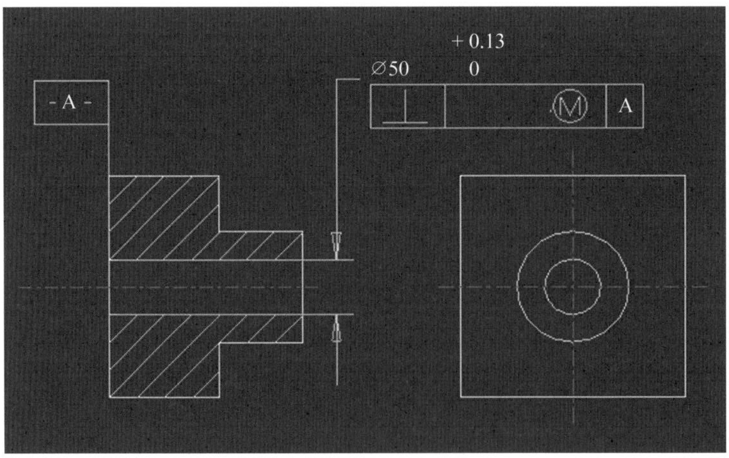

그림 5.42 형상 공차가 기입되는 위치 조절

5.10 Note (노트,)

도면에서 필요한 설명 사항을 텍스트로 기입하는 것을 주석 기입이라고 하는데, 주석에 지시선을 사용하는 것과 사용하지 않는 선택에 따라 세부 설정에 차이가 있다. 메뉴의 Insert > Note 또는 단축 아이콘( )을 실행하면 아래 [그림 5.43]과 같은 메뉴관리자가 나타난다. 필요한 조건을 메뉴관리자에서 선택하여 정해진 순서에 따라 주석을 기입한다.

1) 지시선 옵션

- No Leader(지시선 없음) : 지시선 설정 옵션을 사용하지 않고, 주석 텍스트와 시트에서의 위치를 묻는 메시지만 표시한다.
- With Leader(지시선 사용) : 지정한 점에 지시선이 첨부되고 첨부 유형, 화살표 유형 등을 묻는 메시지가 나타난다.

그림 5.43 주석 유형 입력 메뉴

- ISO Leader(ISO 지시선) : ISO 방식의 지시선(텍스트에 밑줄 표시)을 표시할 때 선택한다. 위와 동일하며 ISO 유형을 따른다.
- On Item(항목) : 선택한 항목에 주석이 직접 첨부된다. 지시선 설정 옵션을 무시하고 주석 텍스트와 주석을 직접 첨부할 항목을 묻는 메시지만 표시된다.
- Offset(오프셋) : 주석이 선택한 치수와 함께 그룹화 된다. 지시선 설정 옵션을 무시하고 주석 텍스트와 텍스트를 오프셋 할 치수를 묻는 메시지만 표시된다. 주석은 치수와 그룹화 되므로 치수가 이동하면 주석도 이동된다. 주석을 치수와 별개로 이동할 수 있으며 이렇게 하면 오프셋이 재설정 된다.

2) 내용 입력

- Enter : 키보드를 이용해서 직접 입력한다.
- File : 저장된 파일을 불러온다.

3) 지시선 방향

With Leader를 선택한 경우 지시선의 방향을 지정한다.

- Standard(표준) : 기본 지시선 유형을 사용한다.
- Normal Leader(수직 지시선) : 지시선을 엔티티에 수직하게 만든다. 이 경우 주석에는 하나의 지시선만 지정된다.
- Tangent Leader(탄젠트 지시선) : 지시선을 엔티티에 탄젠트하게 만든다. 이 경우 주석에는 하나의 지시선만 지정된다.

4) 주석 텍스트의 유형

기본적으로 주석은 현재 유형이나 마지막으로 사용한 유형으로 만들어진다.

- Cur Style(현재 유형) : 정의된 유형 목록에서 새로운 현재 유형을 선택한다.
- Style Lib(유형 라이브러리) : 새 유형을 정의하거나 라이브러리에서 다른 유형을 선택한다.

5) 지시선의 끝에 대한 첨부 유형 선택

지시선의 첨부 유형을 [그림 5.44]와 같이 On Entity(엔티티상), On Surface(서피스상), Free Point(자유 점), Mid Point(중점) 또는 Intersect(교차) 중 하나로 위치를 설정하고 지시선 끝부분의 형상을 선택한다. 지시선이 여러 개인 경우 Ctrl 키를 누른 상태로 여러 점을 선택하면 선택한 각 점에 지시선이 표시되게 된다.

6) Select 창의 [OK] 버튼을 클릭한다.

7) 주석을 기입할 위치를 클릭하고 주석 텍스트 입력 프롬프트에서 주석을 입력하고 [Enter] 키을 누르면 빈 프롬프트가 나타나고 두 번째 줄을 입력할 수 있다. 입력하지 않고 빈 프롬프트 상태에서 [Enter] 키를 누르면 주석 입력 창에서 빠져나가며, 드로잉에 주석이 입력된다.

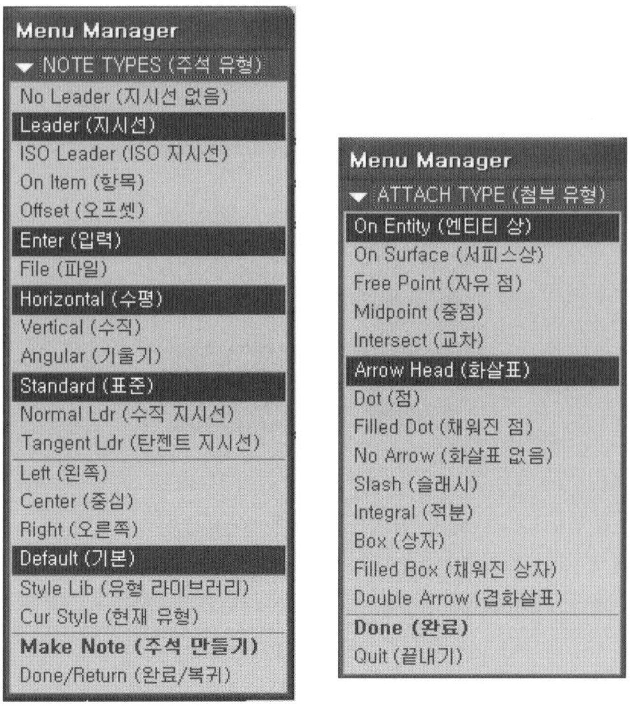

그림 5.44 지시선의 화살표 끝의 유형

5.11 테이블

도면에 테이블을 기입하여 테이블의 각 셀에 텍스트를 기입할 수 있는데, 여기서는 테이블 생성, 셀 추가, 병합, 분할, 크기 조절 등의 작업 방법을 살펴보도록 한다.

1) 테이블 생성(Table > Insert > Table,)

테이블은 위 명령어 또는 아이콘을 이용하여 생성할 수 있는데, 크기를 지정하기 위해 글자 수로 지정하거나 치수를 직접 입력하는 방법이 있다.

① Table > Insert > Table을 클릭하면 [그림 5.45]와 같은 메뉴관리자와 테이블 시작점을 지정하라는 메시지가 나타난다.

- Descending(내림차순) : 테이블이 위에서 아래방향으로 셀이 생성된다.
- Ascending(오름차순) : 테이블이 아래에서 위로 생성된다.
- Rightward(오른쪽) : 테이블이 왼쪽에서 오른쪽으로 생성된다.
- Leftward(왼쪽) : 테이블이 오른쪽에서 왼쪽으로 생성된다.
- By Num Chars(문자순) : 셀 크기가 문자 수로 정해진다.

그림 5.45 테이블 생성

- By Length(길이순) : 셀 크기를 직접 치수로 정한다.
- GET POINT(점지정) : 테이블의 시작점을 지정한다.

테이블의 생성순서를 Descending, Rightward로 지정했다면 [그림 5.46]과 같이 시작점을 왼쪽 위 지점에 찍어서 표를 생성하기 시작한다.

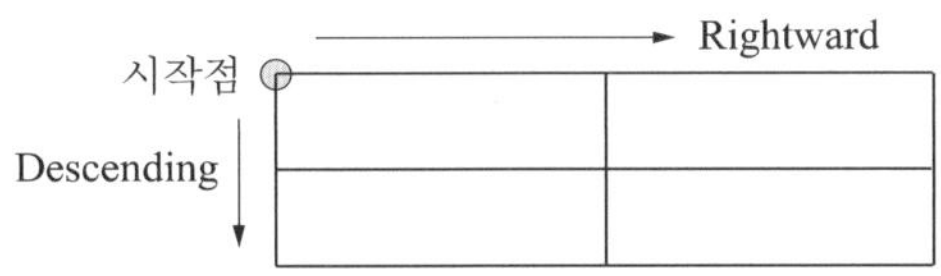

그림 5.46 테이블의 생성순서

② 셀의 크기를 지정한다.

- By Num Chars(문자순)으로 지정

  테이블의 시작점을 지정한 후에 아래 [그림 5.47]과 같이 나타난다. 가로방향의(열, Column) 셀 크기의 위치를 선택하고 가로방향 지정을 완료하려면 MB2 버튼을 클릭한다. 세로방향(행, Row) 셀 크기의 위치를 선택하고, 완료하려면 MB2 버튼을 클릭하면 지정한 행, 열의 수로 테이블이 생성된다.

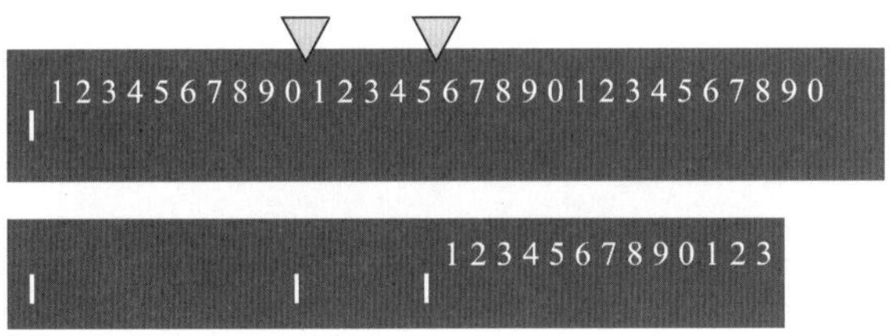

그림 5.47 문자순 셀의 크기 지정

- By Length(길이순)으로 지정

  테이블 시작점을 지정한 후에 아래 [그림 5.48]과 같이 열의 너비값을 입력할 수 있는 창이 나타난다. 여러 개의 셀을 생성할 때는 계속 값을 입력한다. 생성을 중단할 때는 입력값이 없는 상태로 Enter로 넘어가면, 행의 크기를 입력하고 종료된다.

그림 5.48 길이순 셀의 크기 지정

2) 셀 추가(Table > Insert > Column, Row)

① 열을 추가

Table > Insert > Column을 선택하고 열을 추가하고자 하는 위치의 세로선을 선택한다(그림 5.49).

A	B
C	D

A		B
C		D

그림 5.49 열의 추가

② 행을 추가

Table > Insert > Row를 선택하고 행을 추가하고자 하는 위치의 가로선을 선택한다(그림 5.50).

A	B
C	D

A	B
C	D

그림 5.50 행의 추가

3) 셀 크기 변경(Table > Select > Column, Row)

① **셀을 선택** > MB3 **팝업 메뉴** > Height and Width **선택** > Height and Width 창에서 높이와 폭을 모두 수정할 수 있다.

② 열의 폭을 조절하기 위해서라면, **셀 선택** > Table > Select > Column을 선택하면 선택된 셀을 포함한 전체 셀이 활성화된다. 이때, MB3을 눌러 팝업메뉴에서 [Width]를 선택하여 폭 치수를 수정할 수 있다.

4) 셀 합치기(Table > Merge Cells...)

Table > Merge Cells...를 선택하고 병합할 셀들을 선택하면 선택된 셀들이 병합된다. 이

때, 주의할 점은 테이블의 생성방향에 따라 병합에 제한이 따른다. 만약 테이블이 오른쪽, 아래방향으로 생성방향을 지정하여 생성된 테이블이라면 셀과 셀이 병합될 때, 2개의 셀 중 좌측 셀에 텍스트가 있어야 하고, 위아래 셀을 병합할 때는 위의 셀에 텍스트가 있어야 병합이 이루어진다.

5) 셀 되돌리기(Table > Unmerge Cells...)

병합된 셀을 원래 상태로 분할하는 방법으로, 셀을 선택하는 순서에 주의해야 한다. 먼저 병합되어 있는 셀을(A) 선택하고, 뒤에 참고할 셀을(B) 선택한다. 즉, A셀이 B셀의 크기로 변경된다.

6) 셀 안에 Text 기입 및 편집

셀을 더블 클릭 또는 셀을 선택하고 MB3의 팝업 메뉴에서 [Properties]를 선택하여 셀 안에 text를 추가할 수 있고, Text Style 탭을 이용해 문자의 높이, 색, 두께 등을 편집할 수 있다.

CHAPTER

PICK & PLACE FEATURE 6

개요

여러 종류의 피쳐 중에 Pick & Place 피쳐는 Sketch 피쳐와 대조되는데, 단면 스케치를 할 필요 없이 완성되는 피쳐로서, 필요한 치수값과 위치에 대한 정보를 입력함으로서 완성된다. 이러한 피쳐는 새로운 물체를 생성하는 것이 아니라 기존의 형상을 수정하고 보완하는 데 사용되는 기능들이다. 이러한 피쳐의 종류에는 구멍, 모따기, 라운드 등이 있다.

6.1 Hole (구멍,)

기계적 구성 품에는 counterbore, countersink, 테이퍼, 드릴 등 여러 가지 구멍이 있다. 따라서 여기에서는 설계에 필요한 다양한 형태의 구멍을 만드는 방법을 배울 것이다. Pro/ENGINEER는 모든 형태의 구멍을 생성할 수 있다. 또한 기계 산업에 사용되는 표준 치수를 제공한다. 먼저, 구멍은 대시보드에 있는 기능들을 이용하여 만들 수 있다. 구멍을 생성하는 자세한 설명은 다음과 같다.

1) 구멍 도구 대시보드

구멍 도구 대시보드를 활성화하기 위해서는 메뉴의 Insert > Hole을 선택하거나, 오른쪽 피쳐 도구바에서 Hole 버튼( )을 선택한다. 사용자는 [그림 6.1]과 같은 구멍 대시보드를 이용해서 단순 구멍과 표준 구멍, 스케치 타입의 구멍을 만들 수 있다.

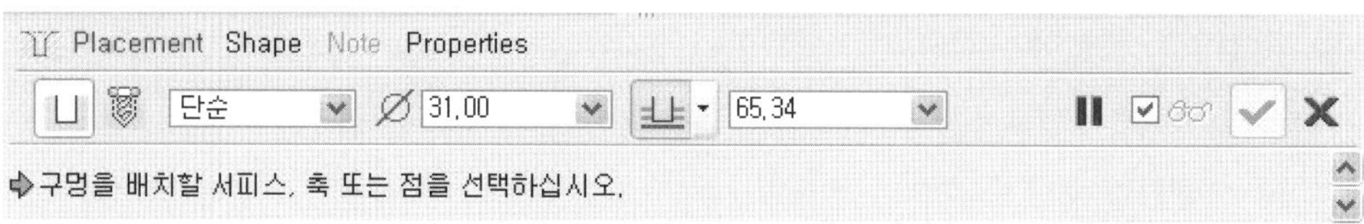

그림 6.1 구멍 도구 대시보드

① Placement : 구멍의 위치를 정의하는 기능이다.

- Primary : [그림 6.2]의 Primary 란에서 구멍이 수직으로 뚫어질 면을 선택하고, [Flip] 버튼으로 구멍의 진행방향을 변경할 수 있다.

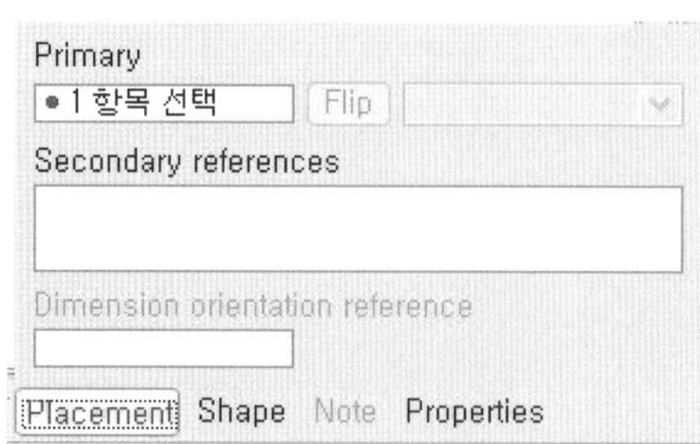

그림 6.2 Placement 슬라이드 업 패널

- 구멍 위치 지정 방법 : 구멍의 위치 치수 지정 방법에 따라 4가지 방법 중 하나를 선택하고 그에 따른 선형 치수, 반지름 치수, 지름 치수, 기준 축 등은 Secondary References에 입력한다.
  - Linear(선형) : [그림 6.3] (a)와 같이 구멍의 위치 치수로 선형 치수를 입력할 수 있다.
  - Radial(레디얼) : [그림 6.3] (b)와 같이 구멍의 위치 치수로 반지름 성분을 입력할 수 있다.

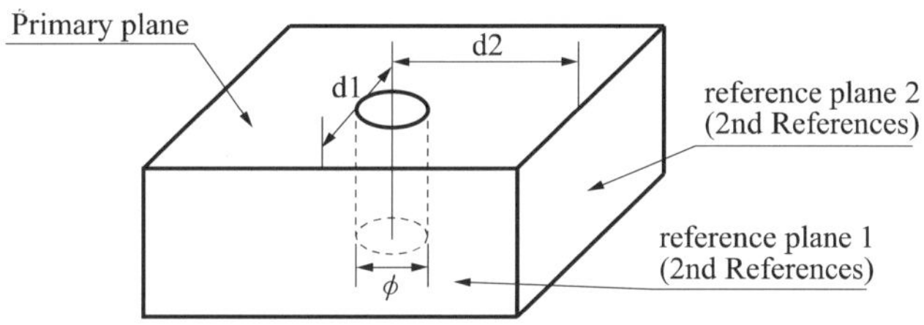

(a) Linear Hole

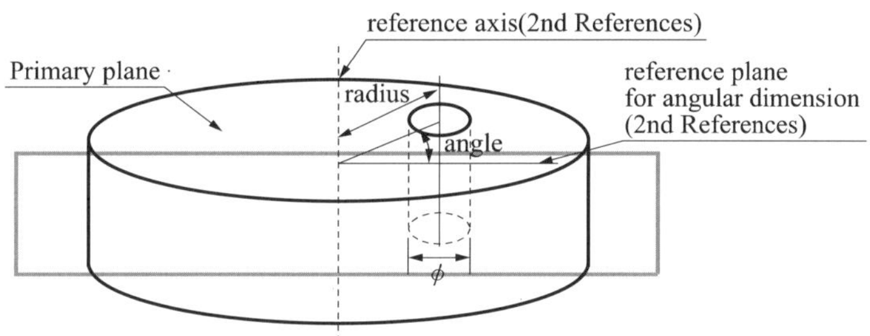

(b) Radial Hole

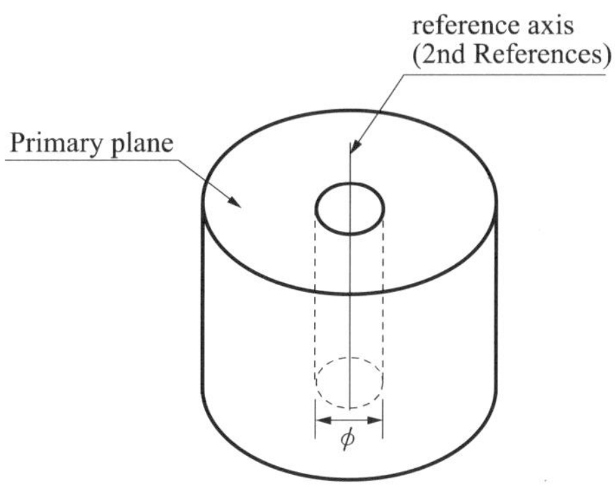

(c) Coaxial Hole

그림 6.3 구멍 위치지정 타입들

- Diameter(지름) : 구멍의 위치 치수로 지름 성분을 입력할 수 있다.
- Coaxial(동축) : [그림 6.3] (c)와 같이 기준 축에 구멍의 중심축을 일치시키는 방법이다.

- Secondary References : 구멍의 위치 치수 방식에 따라 치수를 기입할 수 있도록 기준이 되는 면, 모서리, 축 등을 선택하고 선택된 기준에 대해 치수를 입력한다. 기준을 2개 선택할 때는 Ctrl 키를 누르고 요소를 선택해야 한다. 선택된 요소를 삭제할 때는 MB1 버튼으로 입력된 요소를 클릭한 후 MB3 팝업 메뉴에서 [제거(Remove)] 또는 [전체제거(Remove All)]를 선택한다.

② Shape : 구멍 도구 대시보드에서 Shape 탭을 누르면 [그림 6.4]와 같은 창이 표시될 것이다. 이 창은 primary면에 대해 수직방향으로 구멍이 진행될 때, 방향과 구멍 깊이 치수를 입력할 수 있는 패널이다. 만약 양 방향이 아니고 한 방향으로만 구멍을 뚫을 것이라면 다음의 Spec To 방법을 바로 이용하면 간편하다.

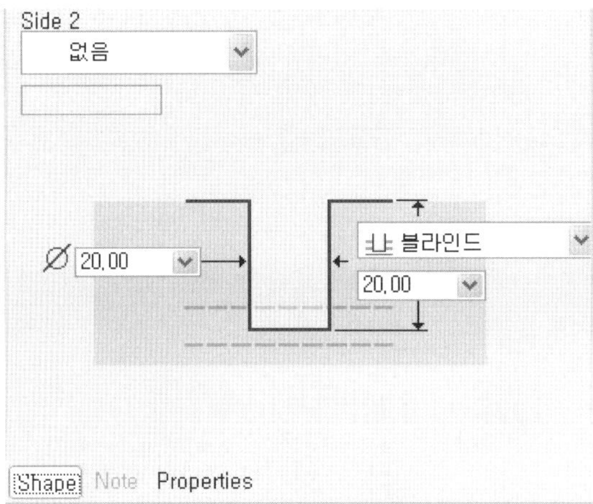

그림 6.4 Shape 탭

- Side 1 – 그래픽 창에서 Primary면에 수직방향으로 향하고 있는 노란색 구멍의 방향을 의미
- Side 2 – Side 1의 반대방향

③ Spec To : 이것은 3장의 Extrude, Revolve를 수행하는 것과 동일한 기능으로, 구멍의 깊이를 제어한다.

- Blind(블라인드) : Primary면에서 지정된 깊이값 만큼 구멍을 생성한다.
- Both Sides(대칭) : Primary면의 양 방향으로 각각 지정된 깊이값의 ½만큼씩 구멍을 생성한다.
- Thru Next(다음으로) : 다음 만나는 면까지 구멍을 생성한다.
- Thru All(전체 통과) : 모든 면을 통과하도록 구멍을 생성한다.
- Thru Until(지정 지점으로) : 작업자가 선택한 면까지 구멍을 생성한다.
- UpTo Pnt/Cur/Pln/Sur(선택으로) : 작업자가 선택한 점, 커브, 평면, 서피스에까지 구멍을 생성하며 끝단의 형상이 선택한 면과 같은 형상으로 마무리된다.

④ : 구멍 안쪽 면을 직선(Straight)으로 또는 표준품 볼트를 위한 구멍으로 생성 생성한다. Straight가 기본 설정 상태이다.

⑤ 단순 / 단순 / 스케치됨 : 단순이 기본 설정 상태이어서 스케치 없이 구멍이 생성되고, 스케치됨을 선택하면 Revolve 피쳐의 Cut을 생성하는 방식으로 구멍을 생성하므로, Revolve 피쳐 방식의 구멍의 단면을 스케치하게 된다.

⑥ On-the-Fly : 진행 중이던 작업을 중지하고, 데이텀 피쳐를 생성할 수 있다.

⑦ Resume : On-the-Fly에서 다시 작업 중의 피쳐 작업으로 되돌아간다.

⑧ : 그래픽 창에 3차원 형상의 미리보기가 보인다.

⑨ Apply : 대시보드의 모든 입력을 마치고 피쳐를 완료한다.

⑩ Quit : 작업 중이던 피쳐 작업을 취소하고 종료한다.

2) 구멍 생성 시 주의 사항들

① 구멍을 생성할 때 구멍의 배치를 위한 Primary 참조는 구멍 대시보드의 기능을 사용하지 않고 선택 가능하다. 그러나 Secondary References를 정하기 위해서는 구멍 대시보드의 Placement 탭을 선택하여 슬라이드 업 창의 기능이 필요하다. 슬라이드 업 창에서 Secondary references를 선택하여 모음 칸이 활성화되어 노란색일 때 두 번째 참조로 선택한 요소의 정상적인 입력이 가능하다. 또는 Primary 요소를 입력한 후

MB3 버튼을 클릭하여 팝업 메뉴 중 [2nd reference collector]를 선택한 후 화면에서 기준으로 사용할 면이나 모서리 등을 선택할 수 있다. Secondary reference 입력 창이 활성화되어 있지 않은 상태에서 요소를 선택하면 Primary 요소로 변경되어 입력되므로 주의를 요한다.

② 선형 타입의 구멍 생성 시에는 볼록하거나 오목한 면을 Primary면으로 잡을 수 없다. 이런 면에 구멍을 생성하기 위해서는 이런 면을 통과하는 데이텀면을 생성해 주고 그 면을 배치면으로 선택해 주어야 한다.

6.2 Round (라운드,)

라운드 도구는 두 개의 인접한 면의 모서리를 원형이나 원추형의 둥근 윤곽면으로 만들어준다. 인접한 면은 솔리드 모델의 면이거나 두께가 영(0)인 일반적인 Pro/ENGINEER의 및 서피스일 수 있다. Pro/ENGINEER는 하나 혹은 다수의 모서리나 면을 선택하여 라운드를 생성할 수 있다. 메뉴의 Insert > Round를 선택하거나 피쳐 도구바의 라운드 도구 버튼( )을 이용하면 [그림 6.5]와 같이 라운드 대시보드를 활성화시킬 수 있다.

라운드를 생성하려면 하나 이상의 라운드 세트를 정의해야 한다. 라운드 세트는 하나 이상의 라운드 조각(라운드 형상)을 포함하는 구성 단위이다. 라운드 배치 참조를 지정하면 참조된 형상에 가장 잘 맞는 기본 속성, 반지름값, 기본 변환을 사용하여 라운드가 생성된다. 또한 피쳐를 생성하기 전에 라운드 조각과 변환을 둘 다 생성하고 수정할 수 있도록 그래픽 창에 라운드의 미리보기 형상이 표시된다. 기본 설정이 대부분의 모델링에 적합하지만 원하는 라운드 형상을 얻기 위해 라운드 세트와 변환을 정의할 수 있다.

- Sets(세트) : 배치 참조와 관련되어 생성된 라운드 조각(형상)이다. 라운드 조각은 고유한 속성, 형상 참조 및 하나 이상의 반지름으로 구성된다.

그림 6.5 라운드 대시보드

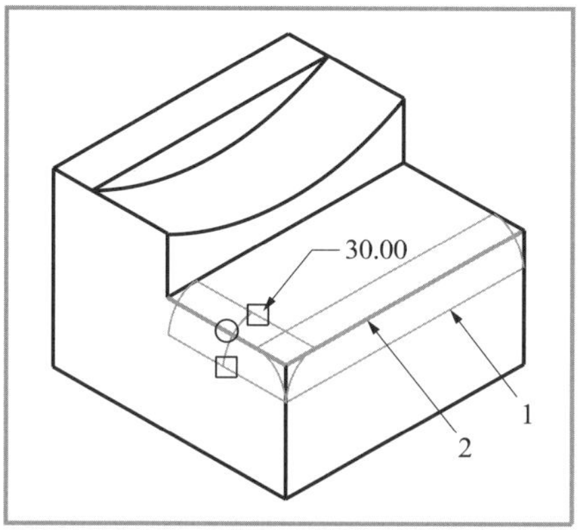

1. 라운드 조각 2. 모서리 참조

(a) Sets 모드의 디스플레이

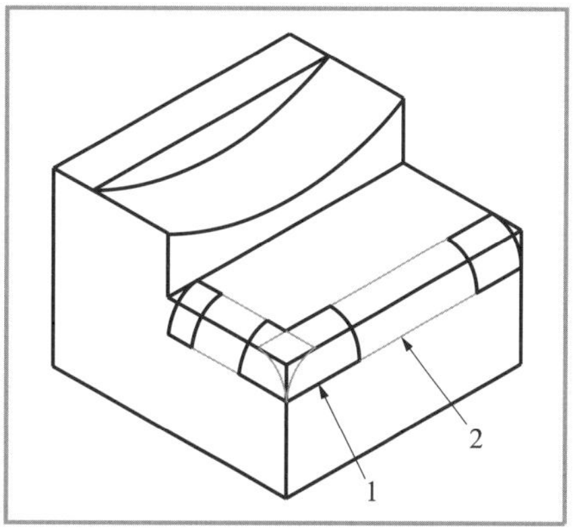

1. 변환 2. 라운드 조각

(b) Transitions 모드의 디스플레이

그림 6.6 세트와 변환

- Transitions(변환) : 라운드 조각을 연결하여 채우는 형상이다. Transitions은 라운드 조각이 교차하거나 끝나는 곳에 위치한다. 초기 라운드 생성 중에는 기본적인 Transitions이 사용되며 이를 생성하고 수정할 수 있도록 많은 Transitions 유형이 제공된다.

[그림 6.6] (a)에서는 라운드 세트에 대해 두 개의 모서리 참조가 선택되고 두 개의 라운드 조각과 반지름값이 미리보기 형상으로 표시되고, [그림 6.6] (b)에서는 전체 라운드 피쳐의 모든 Transitions이 표시된다.

1) 라운드 유형

[그림 6.7]과 같이 라운드 모서리에 반지름의 유형에 따라 아래와 같이 구분된다.

- Constant(상수) : 라운드 조각은 일정한 반지름을 가진다.
- Variable(변수) : 라운드 조각은 모서리에 걸쳐 반지름의 크기가 달라진다.
- Thru Curve(커브 통과) : 라운드의 반지름이 데이텀 커브로 제어된다.
- Full(전체) : 선택한 서피스의 두께에 전체적으로 라운드된다.

2) 라운드 배치 참조

생성할 수 있는 라운드 유형은 선택한 배치 참조 유형에 따라 결정된다. 각 라운드 참조와 각 참조를 사용하여 생성할 수 있는 라운드 유형에 대해 알아본다.

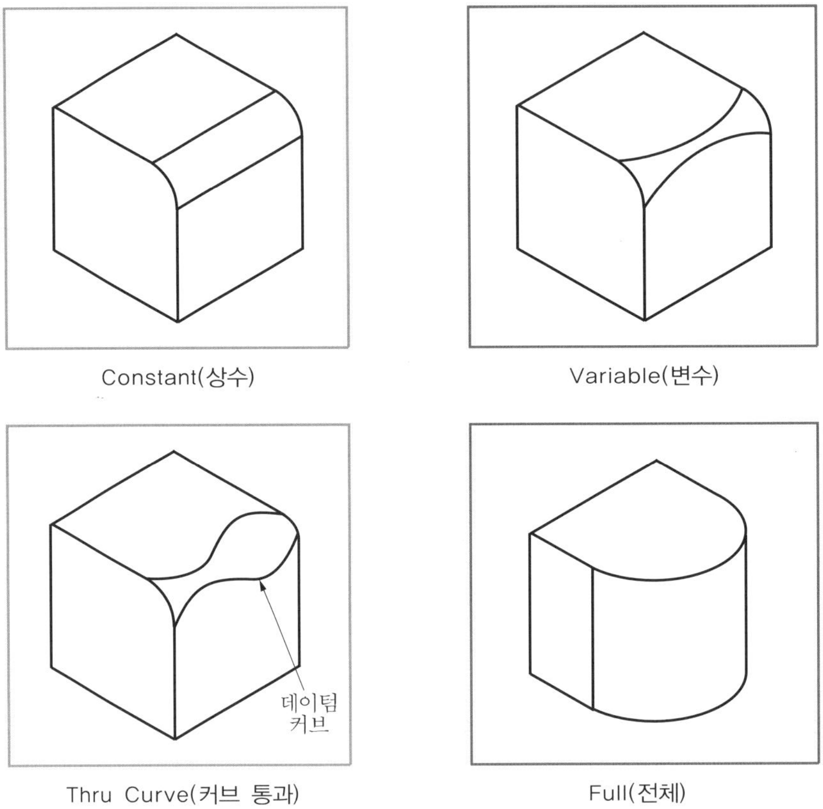

그림 6.7 라운드 유형

① 모서리 또는 모서리 체인

- 정의방법
  - 하나 이상의 모서리를 선택하거나 모서리 체인을 사용하여 라운드를 배치한다.
  - [그림 6.8] (b)와 같이 모서리 참조와 경계를 이루는 서피스는 라운드에 롤링 탄젠트 첨부를 형성한다.

> **TIP** 라운드는 탄젠트가 연속되지 않을 때까지 탄젠트 인접 부분을 따라 전파된다. 그러나 One-by-One 체인을 사용하면 라운드가 탄젠트 인접 부분으로 전파되지 않는다.

- 생성 가능한 라운드 유형 : Constant(상수), Variable(변수), Full(전체), Thru Curve(커브 통과)
  - Full 라운드의 경우 한 라운드 세트 내의 두 개의 라운드 조각을 변환한다. 이 두 모서리는 공통적인 서피스를 공유해야 한다.

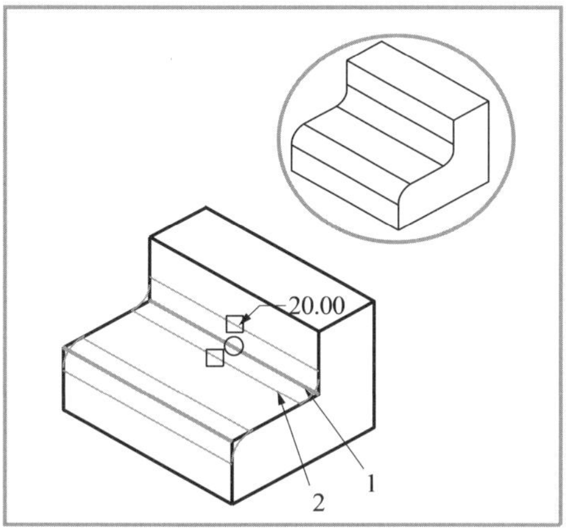

1. 모서리 참조
2. 라운드 조각(반지름값 사용)

(a) 두 모서리

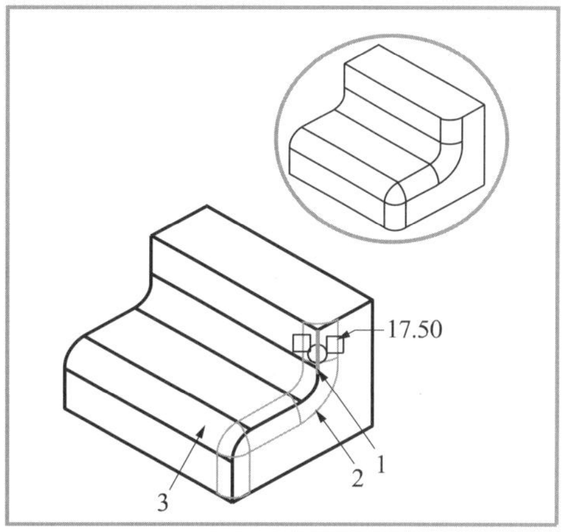

1. 모서리 체인 참조
2. 라운드 조각(반지름값 사용)
3. 기존 라운드 형상

(b) 모서리 체인

그림 6.8 모서리와 모서리 체인 라운드의 예

② 서피스-모서리

- 정의방법
  - 서피스를 먼저 선택한 다음 모서리를 선택하여 라운드를 배치한다. 이때, 라운드는 서피스와 접하는 상태를 유지하고, 모서리 참조는 접하기를 유지하지 않는다(그림 6.9).
- 생성 가능한 라운드 유형 : Constant(상수), Variable(변수), Full(전체)

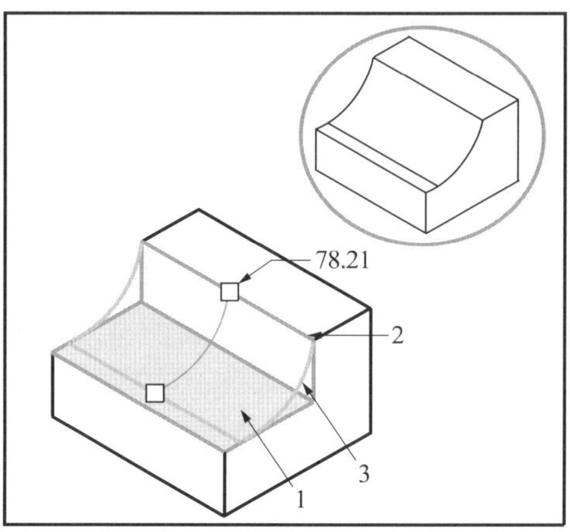

1. 서피스 참조 2. 모서리 참조 3. 라운드 조각

그림 6.9 서피스-모서리 라운드의 예

③ 서피스-서피스

- 정의방법
  - 두 서피스를 선택하여 라운드를 배치한다. 이때, 라운드 모서리는 참조 서피스에 접하는 상태를 유지한다(그림 6.10).
- 생성 가능한 라운드 유형 : Constant(상수), Variable(변수), Full(전체), Thru Curve(커브 통과)
  - Full 라운드의 경우 제어 서피스로서 세 번째 서피스를 선택한다. 이 서피스는 라운드의 위치를 결정하며 때로는 크기를 결정한다.

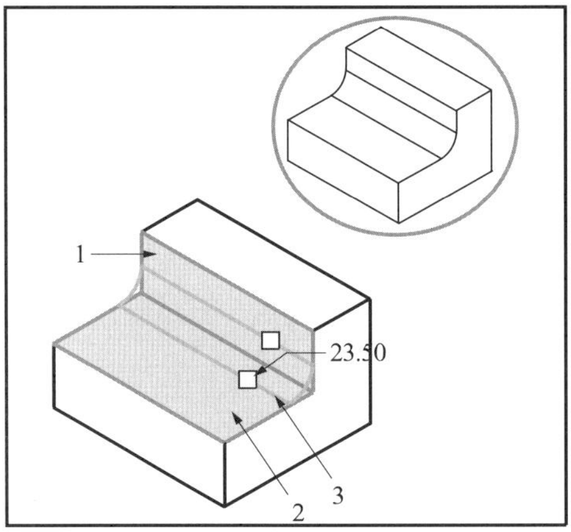

1, 2. 서피스 참조 3. 라운드 조각(반지름값 사용)

그림 6.10 서피스-서피스 라운드의 예

3) 라운드 생성 시 주의 사항들

① 부모-자식 관계의 상호 연관성에 의한 충돌을 피하기 위해서는 다른 피쳐가 라운드에 의해 생성된 모서리나 면을 참조하지 않게 하여야 한다.

② 가급적이면 라운드 생성은 가장 마지막에 하여야 한다. 이것은 라운드가 솔리드 피쳐 생성의 제일 마지막임을 의미한다.

③ 모델에서 라운드 수가 증가하게 되면 모델 재생성 시간이 길어지게 된다.

Full Round의 배치 참조 유형에 따른 생성규칙

모서리 참조를 사용하는 경우, 해당 모서리 참조는 공통 서피스를 공유해야 한다. Pro/ ENGINEER는 한 라운드 세트 내의 두 라운드 조각을 변환하여 전체 라운드를 생성한다.
두 개의 서피스 참조를 사용하는 경우, 세 번째 서피스로 구동 서피스를 선택해야 한다. 이 서피스는 라운드의 위치를 결정하며 때로는 크기도 결정한다. Pro/ENGINEER는 이 공통 서피스를 반지름으로 대체하여 서피스-서피스 전체 라운드를 생성한다. 솔리드 또는 서피스 형상에 대한 전체 라운드를 생성할 수 있다. 다음과 같은 경우에는 전체 라운드를 생성할 수 없다.

- 두 개 이상의 모서리 참조가 동일한 서피스의 경계를 이룰 때
- 정의하려는 라운드에 원추 절단면 형태가 있을 때
- 정의하려는 라운드가 수직에서 주축(Normal to Spine) 생성방법으로 생성되었을 때

6.3 Chamfer (모따기,)

모따기 기능은 [그림 6.11]과 같이 선택되어진 모서리나 코너에 정해진 입력각의 경사면을 만들 때 사용된다. 메뉴의 Insert > Chamfer를 선택하거나 피쳐 도구모음의 모따기 도구 버튼()을 이용하여 생성할 수 있다. 모따기는 라운드와 마찬가지로 하나 이상의 세트를 정의해야 한다. 모따기 세트는 하나 이상의 모따기 조각(모따기 형상)을 포함하는 구성 단위이다. 모따기 배치 참조를 지정하면 피쳐를 생성하기 전에 그래픽 창에 모따기의 미리보

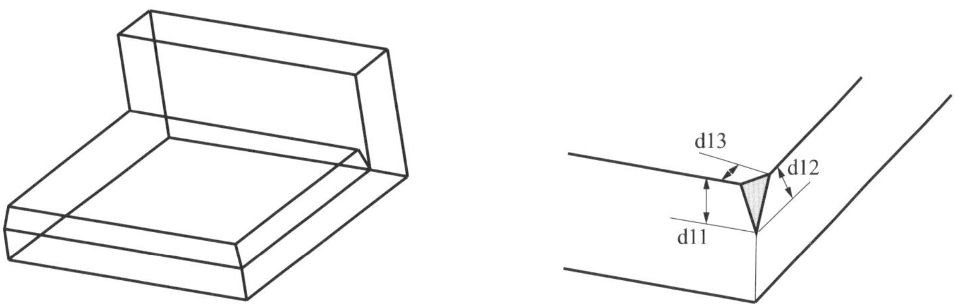

(a) Edge Chamfer　　(b) Corner Chamfer

그림 6.11 모서리 모따기와 코너 모따기

기 형상이 표시된다. 모따기의 종류는 [그림 6.11]과 같이 모서리에 적용하는 Edge Chamfer와 꼭짓점에 적용하는 Corner Chamfer로 나눈다.

- Edge Chamfer : Insert > Chamfer > Edge를 선택하여 모서리 모따기를 수행한다.
- Corner Chamfer : Insert > Chamfer > Corner Chamfer를 선택하여 코너 부위 모따기를 수행한다. 이때 단축 아이콘은 사용할 수 없다.

1) Edge Chamfer

모서리 모따기는 배치 참조로 선택된 모서리에 치수를 지정하여 모따기 하는 방식으로서 치수를 지정하는 방법은 [그림 6.12]와 같이 4가지가 있다. 피쳐 도구모음의 모따기 도구 아이콘을 이용하거나, 메뉴의 Insert > Chamfer > Edge를 선택하여 대시보드를 통해 모서리 모따기를 한다.

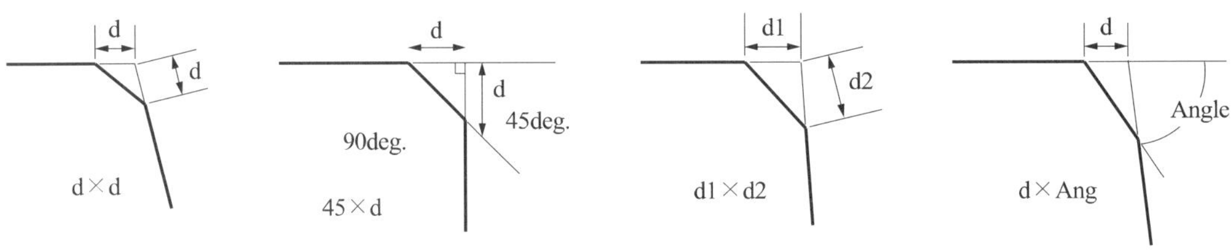

그림 6.12 모서리의 치수 지정의 종류

2) Corner Chamfer

Corner Chamfer는 세 모서리가 모이는 코너에 모따기를 하는 방법으로서 Insert > Chamfer > Corner Chamfer를 선택하면 [그림 6.13]과 같이 모따기 대화상자가 열린다. 모따기 할 코너의 모서리들 중 모서리 하나를 선택하면 [그림 6.14]와 같은 메뉴관리자를 통해 모따기

그림 6.13 코너 모따기 대화창

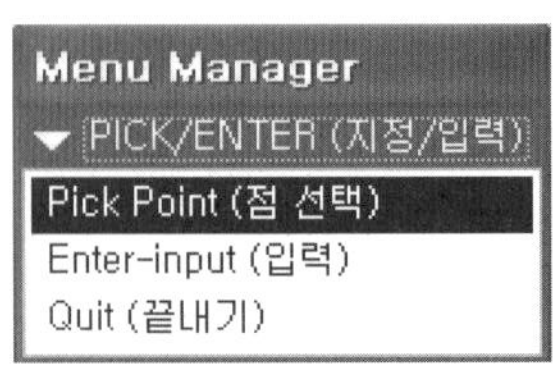

그림 6.14 모다기 치수 입력방법

의 치수를 지정하는 방법을 Pick Point 또는 Enter-Input 2가지 중 하나를 선택하여 선택된 모서리에 대한 모따기 치수를 지정한다. 이때, 첫 번째 선택한 모서리의 양 끝점 중 선택한 지점에 가까운 끝점 쪽에 Corner Chamfer가 적용된다.

① Pick Point(점 선택) : 선택한 모서리상에 모따기 할 지점을 클릭하여 치수를 지정한다.
② Enter-Input(값 입력) : 선택한 모서리에 적용할 모따기 치수를 입력한다.

6.4 Shell (셸,)

솔리드의 면을 offset 해서 두께를 가진 파트를 만드는 피쳐로서, 메뉴의 Insert > Shell 또는 피쳐 도구모음의 Shell() 버튼을 이용하여 [그림 6.15]와 같이 생성할 수 있다. 셸을 만들 때 Pro/ ENGINEER에서는 셸 피쳐를 생성하기 전에 사용자가 솔리드에 추가한 모든 피쳐에 두께를 적용한다. 따라서, 피쳐 생성 순서는 셸을 사용할 때 매우 중요하다.

대시보드 Options의 서피스 제외(Exclude Surface) 컬렉터에서 하나 또는 Ctrl 키를 눌러 둘 이상의 서피스를 지정하여 셸에서 제외시킬 수도 있다. 이러한 과정을 부분 셸이라고 한다. 그러나 Pro/ENGINEER에서는 서피스 제외(Exclude Surface) 컬렉터에서 지정한 서피스에 수직한 재료를 셸로 만들 수 없다. 높이 100, 가로 150, 깊이 100인 육면체에 바닥면에서부터 60만큼 위로 구멍이 뚫려있는 솔리드에 Shell 피쳐를 적용해 보도록 한다. Shell을 적용하기 이전에 생성되어 있는 모든 면에 두께를 적용하므로 Shell 피쳐의 적용 시점이 중요하다.

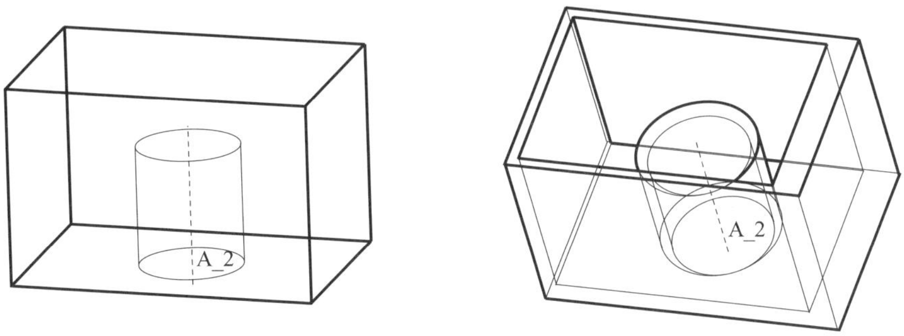

(a) Shell 적용 전　　(b) shell 적용 후

그림 6.15 Shell의 적용 전과 후

① 기본 Shell 적용 : **Insert > Shell**을 실행하고 대시보드의 두께값에 5를 입력하면 모든 서피스에 두께 5를 유지하고 나머지 재료의 부피는 없어진다.

② 서비스 제거와 면 두께 조절 : [그림 6.16]과 같이 References에서 Removed Surface에 육면체의 윗면을 선택하고, Non-Default Thickness 란에 우측 측면을 선택하여 두께 값을 15 입력하면 [그림 6.17]과 같은 Shell 형상이 생성된다.

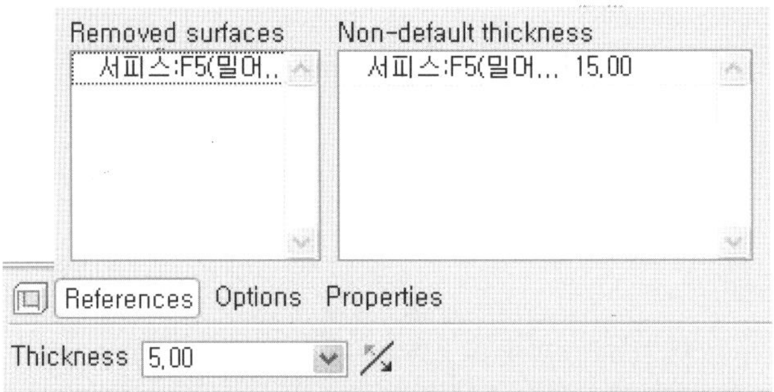

그림 6.16 서피스 제거와 면 두께 조절

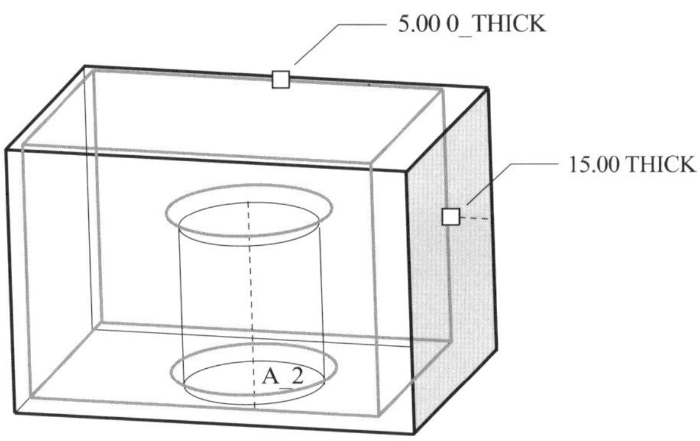

그림 6.17 Shell의 적용 결과

6.5 Rib (리브,)

리브 피쳐는 하중에 의해 연결 부위가 파괴되지 않도록 하기 위해 연결 부위를 강화시키는 얇은 벽으로 된 구조물을 말하며 일반적으로 원하지 않는 벤딩을 피하기 위해 자주 사용된다. 메뉴의 Insert > Rib를 선택하거나 피쳐 도구모음의 리브 버튼( )을 이용하여 생성할 수 있다. 리브피쳐는 스케치를 필요로 하는 피쳐인데, 스케치는 내부 단면 스케치를 사용하거나 기존의 외부스케치를 이용하여 생성하여도 된다. 그러나 반드시 단일한 열린 루프의 스케치 단면을 생성해야 하며 스케치를 지정하면 스케치의 유효성이 검사되고, 유효한 경우 컬렉터에 배치된다. 참조 컬렉터에는 유효한 리브 스케치가 한 번에 하나만 적용되어 그래픽 창에 미리보기가 생성된다. 리브 피쳐는 어셈블리 피쳐로 생성할 수 없으므로 부품 모드에서 설계하는 동안 배치해야 한다.

1) 리브 피쳐의 유형

① 직선

- [그림 6.18]과 같이 평면에 첨부되는 경우이다.
- 스케치 평면을 기준으로 한쪽 또는 대칭으로 밀어낸다.

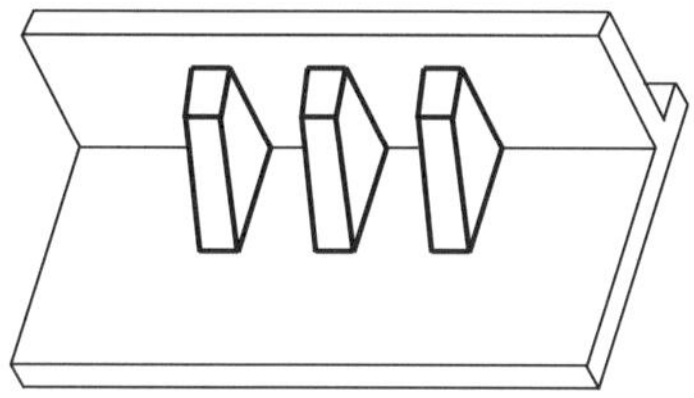

그림 6.18 직선 리브 피쳐

② 회전

- [그림 6.19]와 같이 회전 서피스에 첨부되는 경우이다.
- 리브의 경사면은 평면이 아니라 원추로 생성된다.

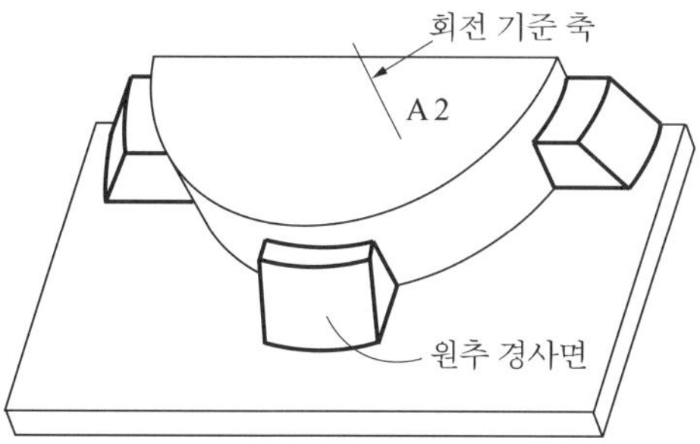

그림 6.19 회전 리브 피쳐

- 스케치 평면을 기준으로 한쪽 또는 대칭으로 쐐기를 만들면서 모 피쳐의 축을 기준으로 단면을 회전시킨 다음, 쐐기는 스케치 서피스에 평행한 두 평면으로 트림된다. 평면 사이의 거리는 리브와 첨부된 형상의 두께에 해당된다.

2) 리브 피쳐 스케치

리브 피쳐는 [그림 6.20]과 같이 모 피쳐의 실루엣에 리브의 단면을 스케치한 후 스케치 평면의 한면 또는 양면에 대해 스케치를 입체화 하고자 할 때 사용한다.

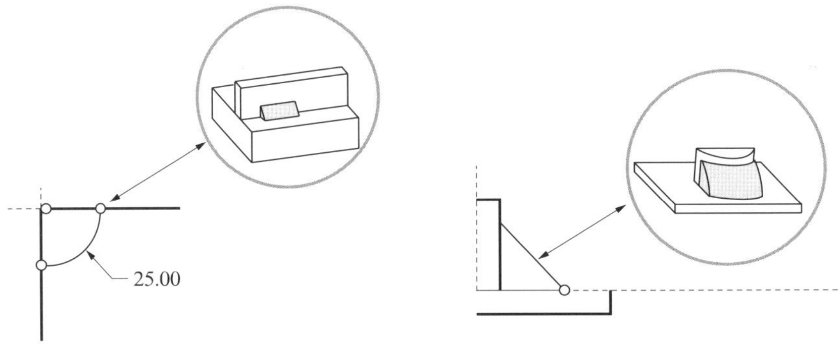

(a) 직선 리브 스케치　　(b) 회전 리브 스케치

그림 6.20 리브 스케치

스케치는 리브 도구를 실행한 후 리브를 스케치(내부 스케치)하거나 리브 도구를 실행하기 전 미리 리브를 스케치(외부 스케치)할 수 있다. 각 경우에 참조 컬렉터에는 유효한 리브 스케치가 한 번에 하나만 적용된다.

① 유효한 리브 피쳐 스케치의 기준

- 단일한 열린 루프이어야 한다.
- 연속되고 교차하지 않는 스케치 엔티티이어야 한다.
- 스케치 끝은 닫힌 영역을 생성하는 첨부 서피스에 정렬(Align)되어야 한다.

② 유형에 따른 스케치 기준

리브 유형	스케치 요구사항
직선	스케치는 채울 영역이 있고 선 끝이 서피스에 연결된 경우 임의의 점에 생성할 수 있다.
회전	스케치는 회전된 서피스에 대한 회전축을 통과하는 평면에 생성해야 한다. 해당 선 끝은 채울 영역을 제공하며 서피스에 연결되어 있어야 한다.

3) 리브 피쳐 생성하기

① 스케치 정의

이미 앞서 언급한 것과 같이 리브 피쳐의 스케치를 어떠한 것을 사용하느냐에 따라 스케치 정의까지의 순서가 조금 다르다. 우선 내부 스케치를 사용할 것이라면 리브 도구를 먼저 시작하고 슬라이드 업 패널의 [Define] 버튼을 이용하여 내부 스케치를 위한 스케치면과 참조면을 설정한 후 리브 스케치를 해 주는 내부 스케치 방식을 사용하여 스케치를 정의한다. 외부 스케치를 사용하려면 스케치 도구로 이미 그려둔 스케치를 선택하고 리브 도구를 실행하면 외부 스케치가 스케치 컬렉터에 입력되어진다.

② 재료면 설정

리브의 재료가 스케치 기준으로 어느 방향으로 생성해야 할지를 선정한다. 방향 전환은 Flip ()으로 한다. 보통 기본방향으로 설정되는데, 리브 피쳐가 닫힌 영역을 채우도록 한다.

- [그림 6.21]과 같이 스케치 기준으로 기본방향으로만 닫힌 영역을 채우므로 반대 방향으로는 리브가 생성되지 않는다.

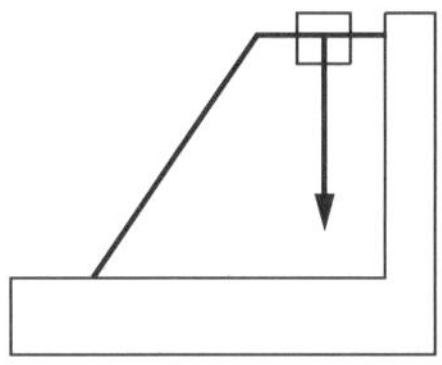

그림 6.21 리브 생성 기본방향

- [그림 6.22]와 같이 스케치 기준으로 양 방향 모두 닫힌 영역을 채우는 경우 방향을 선택할 수 있다.

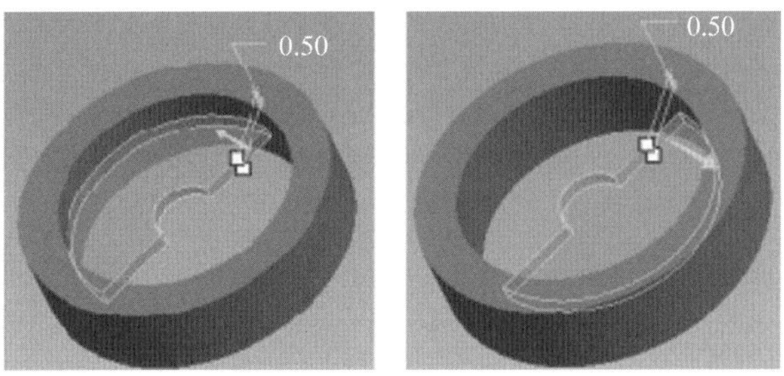

그림 6.22 리브 생성 방향의 선택

③ 리브 두께 설정

리브 피쳐의 두께는 스케치면에서 [그림 6.23]과 같이 Side1, Side2, 대칭, 3가지 옵션으로 두께 적용방향을 조절할 수 있다.

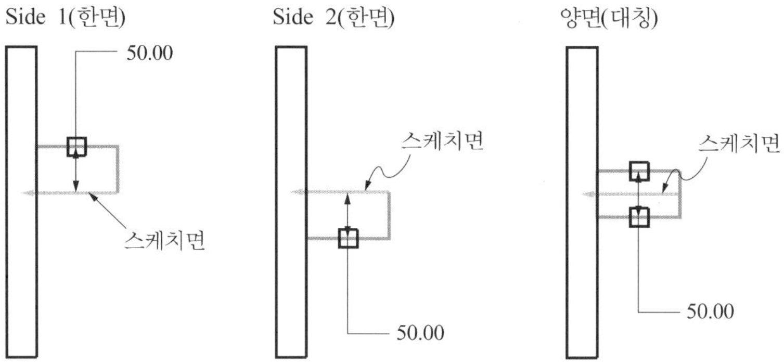

그림 6.23 리브 두께의 방향 설정

4) 리브 피쳐 수정

리브 피쳐는 패턴화, 수정, 경로 재정의 및 재정의를 비롯한 일반적인 피쳐 작업과 같은 방식으로 변경, 수정된다. 리브 피쳐의 스케치를 수정할 경우 슬라이드 업 패널 스케치 컬렉터에 입력된 스케치의 성격에 따라서 수정 작업에 약간의 차이가 있다.

① Edit(편집) 버튼

- 독립 단면(내부 스케치)을 사용하는 스케치 기반 피쳐에만 사용할 수 있다.
- 그래픽 창에서 MB3를 눌러 팝업 메뉴의 [Edit Internal Sketch(내부 스케치 편집)] 명령을 사용할 수도 있다.
- 스케쳐를 사용하여 독립 단면을 재정의할 수 있는 Sketch(스케치) 대화상자를 연다.

② Unlink(연결 해제) 버튼

- 종속 단면(외부 스케치)을 사용하는 리브 피쳐에만 사용할 수 있다.
- 종속 단면과 모 스케치 피쳐 간의 연관을 끊고 스케치 피쳐 참조가 새 독립 단면에 복사된다.

6.6 Draft (구배,)

이미 만들어진 면에 구배를 주는 피쳐로서 주형으로부터 주물을 분리하거나 테이퍼를 필요로 하는 사출과 캐스팅 제품에 적용된다. 드래프트 피쳐를 생성할 때 다음과 같은 몇 가지 주의할 점이 있다.

- 구배 각도는 −30°에서 +30° 사이의 각도를 적용할 수 있다.
- 원통이나 평면으로 형성된 서피스에만 구배를 적용할 수 있다.
- 모서리 경계를 따라 라운드가 있는 서피스는 구배를 줄 수 없다. 그러나 서피스를 먼저 구배한 다음 모서리를 라운드 할 수는 있다.

구배를 생성하기 위해서는 메뉴의 **Insert > Draft** 또는 피쳐 도구모음에서 Draft 버튼( )을 선택하면, [그림 6.24]와 같은 Draft 대시보드가 나타난다. References 탭을 선택하면, [그림 6.25]와 같은 슬라이드 업 패널이 나타난다. 이 슬라이드 다운 패널의 옵션은 아래에 설명한다.

1) Reference 슬라이드 업 패널

① Draft Surface(구배면) : 구배되는 모델의 서피스를 의미한다.

그림 6.24 Draft 대시보드

그림 6.25 References 슬라이드 업 패널

② Draft Hinges(구배 경첩)

- 서피스를 기울이는 기준이 되는 구배면의 선 또는 커브(중립 커브)를 의미한다.
- 평면 또는 구배면의 개별 커브 체인을 선택하여 정의된다.
- 평면을 선택하는 경우 구배면은 이 평면과 교차하는 부분을 기준으로 기울어지게 된다.

③ Pull Direction(잡아당기는 방향)

- 구배 각도를 측정하는 데 사용되는 방향(구배 방향)을 뜻하며, 대개 몰드의 추출 방향이다.
- 평면(이 경우 잡아당기는 방향은 평면에 수직), 직선 모서리, 데이텀 축 또는 좌표계 축을 선택하여 정의한다.

④ Draft Angle(구배 각도)

- 구배방향과 생성된 구배면 사이의 각도를 의미한다.
- 구배면이 분할되어 있을 때는 구배면의 각 측면에 대해 독립적인 각도의 정의가 가능하다.
- 구배 각도는 −30도와 +30도 사이의 범위 내에 있어야 한다.

2) Split 패널

분할 탭을 선택하면, [그림 6.26]과 같은 슬라이드 업 패널이 나타난다. 이 슬라이드 업 패널 내의 옵션은 다음과 같다.

① Split options(분할 옵션)

- No split(분할 없음) : 구배면을 분할하지 않고 서피스 전체가 구배 경첩을 기준으로 기울어지게 된다.

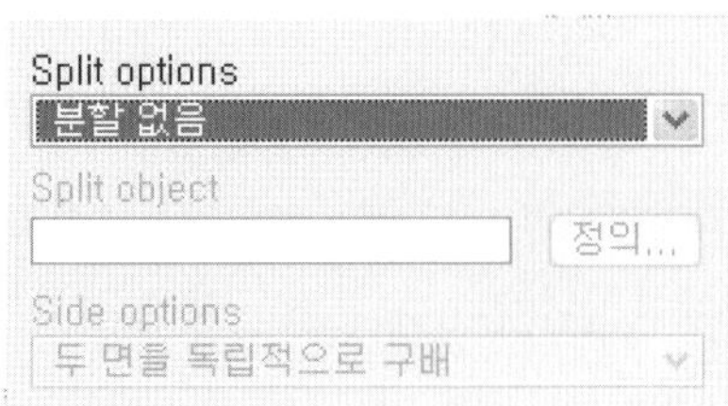

그림 6.26 Split 슬라이드 업 패널

- Split by draft hinge(구배 경첩에 의한 분할) : 구배 경첩을 따라 구배면을 분할한다.
- Split by split object(분할 개체에 의한 분할) : 퀼트 또는 스케치를 사용하여 구배면을 분할한다. 구배면에 놓여 있지 않은 스케치로 분할할 때는 스케치 평면에 수직한 방향으로 구배면에 투영된다. 이 옵션을 선택하면 Split object 컬렉터가 활성화되어 세부 내용을 지정해야 한다.

② Split object(개체 분할)

컬렉터 옆에 있는 [정의] 버튼을 사용하여 분할 커브를 스케치하거나 다음 중 하나를 선택할 수 있다.

- 서피스 퀼트 : 이 경우 분할 개체는 구배면과 이 퀼트의 교차 부분이 된다.
- 외부 스케치된 커브
- 정의(Define) : 구배면이나 다른 평면에 분할 커브를 스케치한다. 만약 스케치가 구배면에 놓여 있지 않은 경우 그 스케치는 스케치 평면에 수직한 방향으로 구배면에 투영된다.

③ Side options(방향 옵션)

- Draft sides independently(두 면을 독립적으로 구배) : 구배면의 각 측면에 대해 두 개의 독립된 구배 각도를 지정한다.
- Draft sides dependently(두 면을 의존적으로 구배) : 두 번째 측면이 반대방향으로 구배된 상태로 하나의 구배 각도를 지정한다. 이 옵션은 구배 경첩을 통해 구배면을 분할했거나 분할 구배에 경첩이 두 개인 경우에만 사용할 수 있다.
- Draft first side only(첫 면만 구배) : 서피스의 첫 번째 측면(분할 개체에서 잡아당기는 양의 방향으로 결정)만 구배하고 두 번째 측면은 중립 위치에 남겨 둔다. 경첩이 두 개인 분할 구배에서는 이 옵션을 사용할 수 없다.
- Draft second side only(두 번째 면만 구배) : 첫 번째 측면은 중립 위치에 남겨 두고 서피스의 두 번째 측면만 구배한다. 경첩이 두 개인 분할 구배에서는 이 옵션을 사용할 수 없다.

[그림 6.27]은 DTM1을 구배 경첩으로 하여 분할한 경우를 나타내는데, 각각에 대한 설명은 다음과 같다. 1번은 구배 이전의 부품 원본 상태이다. 2번은 DTM1 구배 경첩을 기준으로 위쪽 구배면과 아래쪽 구배면이 각각 다른 구배 각도로 구배된 [두 면을 독립적으로

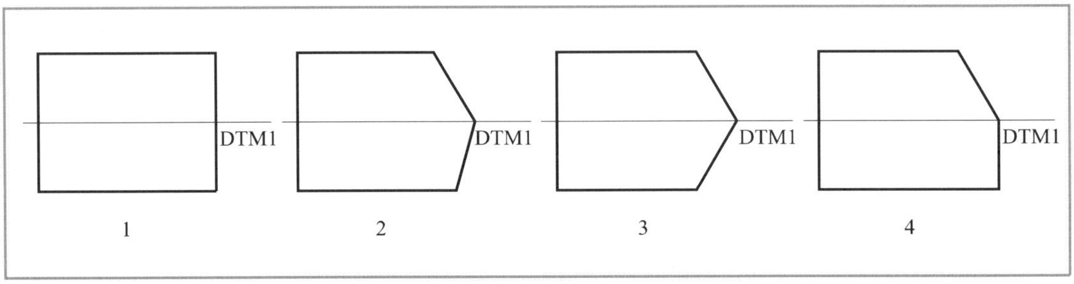

1. 원본 부품(구배 이전)
2. 두 면을 독립적으로 구배(Draft sides independently) 옵션 사용
3. 두 면을 의존적으로 구배(Draft sides dependently) 옵션 사용
4. 첫 면만 구배(Draft first side only) 옵션 사용

그림 6.27 구배 경첩으로 분할한 경우

구배(Draft sides independently)] 상태이다. 3번은 DTM1을 기준으로 방향만 반대방향으로 두 개의 구배면이 하나의 구배 각도로 구배된 [두 면을 의존적으로 구배(Draft sides dependently)]로 설정된 것이며 4번은 [첫 면만 구배(Draft first side only)] 또는 [두 번째 면만 구배(Draft second side only)] 상태이다. 첫 면과 두 번째 면의 구분은 위에서 언급한 것처럼 잡아당기는 양의 방향의 정의에 따라 달라진다.

CHAPTER 7

MIRROR & PATTERN

개요

여러 가지 피쳐를 생성하여 파트 모델링을 할 때, 동일한 크기와 형상의 피쳐가 여러 개 필요할 경우가 있다. 이럴 경우 매번 피쳐를 새롭게 만들지 않고, 만들어진 피쳐를 원본으로 하여 적절한 위치에 복사하여 사용할 수 있다. 이 장에서는 기준면에 대해 대칭으로 복사하는 Mirror와 일정 간격이나 방향으로 유형을 가지고 복사되는 Pattern에 대하여 알아본다.

7.1 Mirror (대칭복사,)

대칭복사 도구를 사용하면 평면 서피스를 기준으로 대칭복사 된 피쳐 및 형상의 복사본을 생성할 수 있다. 이 도구를 사용하면 단순한 부품을 좀 더 복잡한 디자인으로 대칭복사하여 작업 시간을 단축할 수 있다. 부품 형상 외에도 대칭복사 도구를 통해 대칭복사 평면을 기준으로 서피스, 커브, 패턴 및 데이텀 피쳐를 복사할 수 있다. 그러나 그룹 패턴이나 패턴의 패턴은 대칭복사 할 수 없다. 패턴은 다음 절에 소개된다. 대칭복사는 복사할 개체를 선택하고 메뉴의 Exit > Mirror 또는 Mirror 아이콘()을 이용하여 생성할 수 있다. 대칭복사 대시보드에서 사용할 수 있는 슬라이드 업 패널은 복사하기 위해 선택한 개체 유형과 개체를 선택한 방법에 따라 다르다. 선택한 개체 유형과 그에 따른 슬라이드 업 패널의 내용은 아래 세 가지 유형이 있다.

1) 피쳐 또는 피쳐 그룹을 대칭복사하는 경우(복사할 피쳐 선택 >)

부품 내의 특정 피쳐 또는 피쳐 그룹을 대칭복사하는 경우이다. [그림 7.1(a)]는 대칭복사할 단일 피쳐를 선택한 상태를 나타내며, [그림 7.1(b)]는 대칭복사 평면에 대해 대칭으로 복사된 결과의 상태를 나타낸다.

- References(참조) : Mirror plane(대칭복사 평면) 참조를 변경한다.

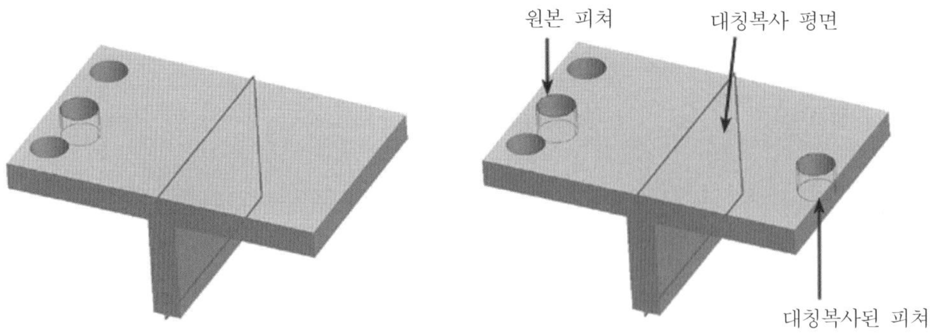

(a) 대칭복사할 단일 피쳐의 선택　　(b) 대칭복사된 피쳐

그림 7.1 피쳐의 대칭복사

- Options(옵션) : Copy as dependent(종속으로 복사) 옵션의 체크 표시를 지우면 대칭복사 피쳐의 치수를 원본 항목에 독립되게 만든다.
- Properties(특성) : Properties 슬라이드 업 패널에서는 다음 작업을 수행할 수 있다.
  - Pro/ENGINEER 브라우저에서 대칭복사 피쳐에 대한 정보를 본다.
  - 피쳐 이름을 바꾼다.

2) 형상을 대칭복사하는 경우(형상(Geometry)/데이텀을 선택 >)

데이텀, 퀼트 및 서피스와 같은 형상 항목을 대칭복사 할 수 있다

- References(참조) : References 슬라이드 업 패널에서는 다음 작업을 수행할 수 있다.
  - Mirror items(대칭복사 항목) 참조를 변경
  - Mirror plane(대칭복사 평면) 참조를 변경
- Options(옵션) : Hide original geometry(원래 형상 감추기) 옵션이 선택되어 있으면 대칭복사 피쳐가 완성될 때 대칭복사 된 새 형상만 표시되고 원본 형상은 숨겨진다.
- Properties(특성) : Properties 슬라이드 업 패널에서는 다음 작업을 수행할 수 있다.
  - Pro/ENGINEER 브라우저에서 대칭복사 피쳐에 대한 정보를 본다.
  - 피쳐 이름을 바꾼다.

3) 부품 내의 모든 형상을 대칭복사 하는 경우(모델 트리의 부품 명 클릭 >)

이 작업은 부품의 형상 전체를 대칭으로 복사하는 경우이다. [그림 7.2(a)]는 복사하기 전 원래의 부품 형상을 나타내고, [그림 7.2(b)]는 부품 전체를 대칭복사 한 결과이다.

- References(참조) : References 슬라이드 업 패널에서는 다음 작업을 수행할 수 있다.
  - Mirror items(대칭복사 항목) 참조를 변경
  - Mirror plane(대칭복사 평면) 참조를 변경
- Properties(특성) : Properties 슬라이드 업 패널에서는 다음 작업을 수행할 수 있다.
  - Pro/ENGINEER 브라우저에서 대칭복사 피쳐에 대한 정보를 본다.

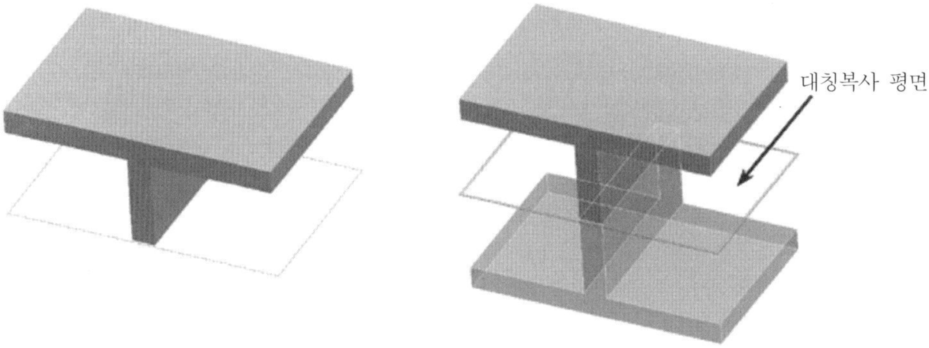

(a) 원래의 부품 (b) 모든 형상을 대칭복사한 결과

그림 7.2 모든 형상을 대칭복사

- 피쳐 이름을 바꾼다.

> **TIP** 이 작업에는 옵션(Options) 슬라이드 업 패널을 사용할 수 없다.

팝업 메뉴 : 그래픽 창에서 MB3 버튼을 클릭

- Mirror Items(대칭복사 항목) 컬렉터 – 대칭복사 할 항목을 선택하거나 재정의할 수 있으며 부품, 서피스, 축, 데이텀 커브를 선택할 수 있다.
- Mirror Plane(대칭복사 평면) 컬렉터 – 대칭복사 항목을 복사하기 위한 기준으로 사용할 대칭복사 평면을 선택하거나 재정의 한다.

7.2 Pattern (패턴,)

Pattern이란 하나의 원본 피쳐를 기준으로 여러 개의 피쳐를 복사하여 특정 유형을 가지도록 배치하는 방법(Edit > Pattern, 피쳐 선택 후 , 피쳐 선택 후 MB3 팝업 메뉴에서 Pattern)이다. 메뉴에서 Edit > Pattern을 선택하거나, 패턴 원본은 선택한 후 Pattern 아이콘() 또는 MB3를 눌러 팝업 메뉴에서 [Pattern]을 선택하여 생성할 수 있다. 피처를 패턴화 하여 얻은 결과는 '피쳐 패턴'이라 하고, 이 피쳐 패턴을 패턴화하여 얻은 결과는 피쳐 패턴의 패턴이다. 그룹 패턴이나 피쳐 패턴의 패턴은 패턴화 할 수 없다.

- 패턴 헤더 : 패턴화 하려고 선택한 피쳐로서, 패턴화한 후에는 패턴 리더라 부른다.
- 패턴 멤버 : 패턴으로 생성된 복사본들로서, 인스턴스라고도 한다.

패턴을 복사, 대칭복사 및 이동하려면 패턴 멤버 대신 패턴 헤더를 선택해야 한다. 방향, 축 또는 채우기 패턴 및 커브 패턴 같은 변환 패턴은 대칭복사 할 수 있지만, 그룹 패턴이나 패턴의 패턴은 대칭복사 할 수 없다. 패턴 헤더 대신 패턴 멤버를 선택하면 대칭복사(Mirror)와 복사(Copy) 도구를 사용할 수 없다. 커브 패턴과 변환 패턴에는 이동 또는 회전 변환을 적용할 수도 있다. 또한 단일 피쳐만 패턴화 할 수 있는데, 여러 피쳐를 패턴화 하려면 "로컬 그룹"을 생성한 다음 이 그룹을 패턴해야 한다. 그룹 패턴을 생성한 후에는 인스턴스를 그룹 해제하여 개별적으로 수정할 수 있다.

피쳐 패턴이 치수 패턴이나 테이블 패턴이면 단축 메뉴의 Unpattern(패턴 취소)를 사용하여 개별적으로 패턴 멤버를 수정할 수 있다. [그림 7.3]과 같이 피쳐 패턴의 패턴을 패턴 취소하면 결과는 피쳐 패턴 세트가 되며, 피쳐 패턴의 패턴을 삭제하면 결과는 피쳐 패턴이 된다. 패턴을 사용하면 다음과 같은 이점이 있다.

- 피쳐를 복사할 때는 패턴을 생성하는 것이 가장 빠르다.
- 패턴은 파라메트릭하게 제어되므로 인스턴스 수, 인스턴스 사이의 간격, 원래 피쳐의 치수와 같은 패턴 매개변수를 변경하여 패턴을 수정할 수 있다.
- 패턴을 수정하는 것이 개별 피쳐를 수정하는 것보다 효과적이다. 패턴에서 원래 피쳐의 치수를 변경하면 전체 패턴이 자동으로 업데이트된다.
- 개별 피쳐에서 작업하는 것보다 하나의 패턴에 포함된 여러 피쳐에서 작업하는 것이 더 쉽고 효과적이다. 예를 들어, 손쉽게 패턴을 억제(Suppress)하거나 레이어에 패턴을 추가할 수 있다.

패턴 유형은 아래와 같이 여러 방법이 있으며, 유형에 따라 패턴 생성방법이 다르다.

- Dimension(치수) : 구동 치수를 사용하고 패턴의 변경 증가를 지정하여 패턴을 제어한다. 치수 패턴은 단 방향 및 양 방향으로 가능하다.
- Direction(방향) : 방향을 지정하고 드래그 핸들을 사용하여 패턴 확장의 방향 및 증가 폭을 설정하여 자유형 패턴을 생성한다.

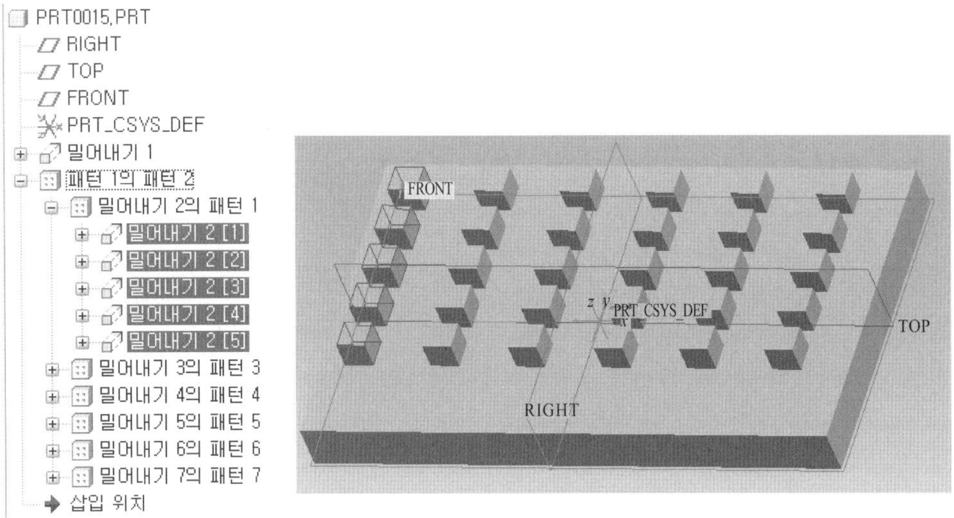

(a) "피쳐 패턴(밀어내기 2)의 패턴" 상태

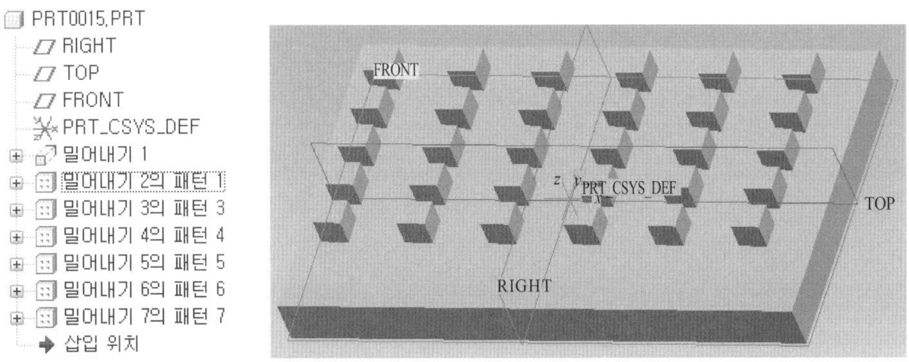

(b) "피쳐 패턴의 패턴"의 패턴 취소(Unpattern)

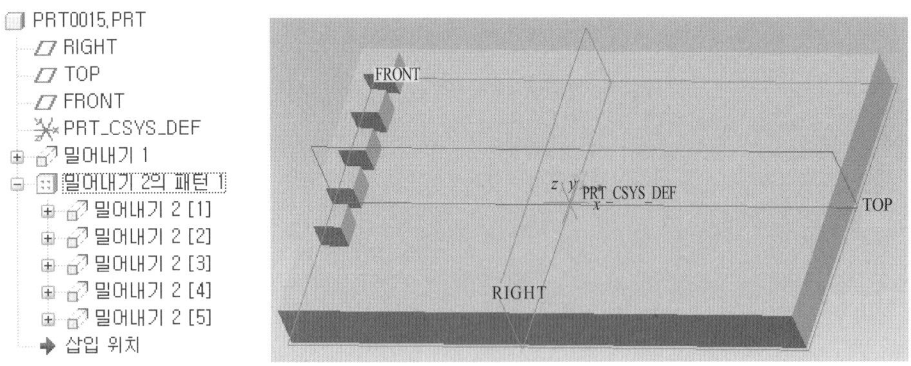

(c) "피쳐 패턴의 패턴"의 패턴 삭제(Delete pattern)

그림 7.3 "피쳐 패턴의 패턴"의 취소–삭제 작업의 차이점

- Axis(축) : 드래그 핸들로 패턴의 각도 및 레디얼 증가를 설정하여 자유형 레디얼 패턴을 생성한다. 패턴을 스파이럴로 드래그 할 수 있다.
- Table(테이블) : 패턴 테이블을 사용하고 모든 패턴 인스턴스에 대한 치수값을 지정하여 패턴을 제어한다.
- Reference(참조) : 다른 패턴을 참조하여 패턴을 제어한다.
- Fill(채우기) : 선택한 격자선에 따라 인스턴스로 영역을 채워 패턴을 제어한다.
- Curve(커브) : 패턴 멤버들 간의 거리를 지정하거나 커브를 따라 패턴 멤버 수를 지정하여 패턴을 제어한다.

패턴 도구를 활성화하기 위해서, 메뉴에서 **Edit > Pattern**을 선택하면 [그림 7.4]와 같은 패턴 대시보드가 활성화된다. 대시보드에 있는 옵션들과 도구들은 사용자가 생성할 패턴의 종류에 연관되어 있다. 대시보드에서 Pro/ENGINEER에서 생성될 수 있는 패턴은 7가지이다. 그것은 앞서 소개한 패턴 유형인 치수, 방향, 축, 테이블, 참조, 채우기, 그리고 커브 패턴이다. Pattern 대시보드에 있는 드롭다운 리스트에는, 치수 옵션이 기본으로 선택되어 있다. 주요 패턴 유형에 대한 소개는 다음과 같다.

1) Dimension Pattern(치수 패턴)

패턴이 될 원본 피쳐(패턴 헤더)에 이미 존재하고 있는 치수가 패턴 생성에 사용된다. 이 패턴은 한 방향 또는 두 방향으로 생성되어질 수 있는데, 이를 생성하는 방법은 다음과 같다.

① 대시보드에 패턴 유형이 Dimension(치수)으로 설정되어 있다.

② [그림 7.5]와 같이 첫 번째 방향으로 패턴화 하기 위한 치수 컬렉터가 활성화되면 첫 번째 방향을 위한 치수를 선택한다. 그래픽 창에 처음의 치수값으로 치수 증가분이 지정되어 있는 콤보 상자가 열리면 치수 증가값을 입력한다.

- 치수 증가값을 지정한 후에는 그래픽 창에서 값을 수정할 수 없으므로 값을 수정하

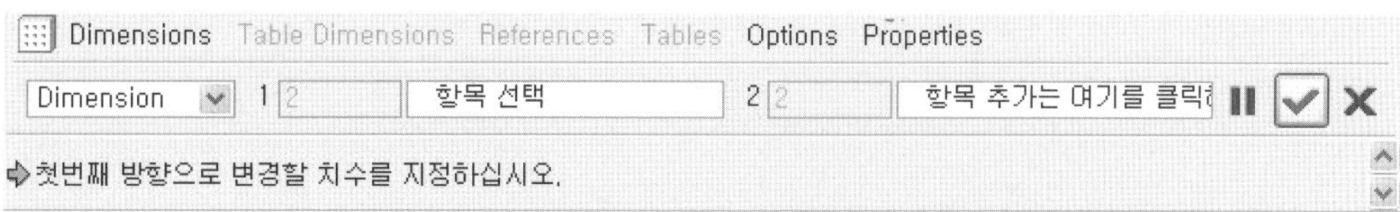

그림 7.4 패턴도구의 대시보드

려면 [그림 7.5]의 Dimensions 슬라이드 업 패널을 사용해야 한다.

- Ctrl 키를 누른 채로 첫 번째 방향으로 패턴화할 치수를 추가 선택할 수 있다. 선택한 각각의 치수에 대해 증가분을 지정한다.

③ 이름표 1과 첫 번째 방향으로 패턴화할 치수의 컬렉터 사이에 있는 대화상자 표시줄의 텍스트 상자에 패턴 리더를 포함한 첫 번째 방향의 패턴 멤버 수를 입력한다.

④ 양 방향 패턴을 생성하려면 두 번째 방향으로 패턴화할 치수의 컬렉터를 클릭하여 활성화시키고 치수를 선택한다. 치수 증가값을 입력한 뒤 이름표 2와 두 번째 방향으로 패턴화 할 치수의 컬렉터 사이에 있는 텍스트 상자에 패턴 리더를 포함한 두 번째 방향의 패턴 멤버 수를 입력한다.

- Ctrl 키를 누른 채로 두 번째 방향으로 패턴화할 치수를 추가 선택할 수 있다. 선택한 각각의 치수에 대해 증가분을 지정한다.

⑤ 대화상자 표시줄에서 ✔을 클릭하여 패턴 생성을 종료한다.

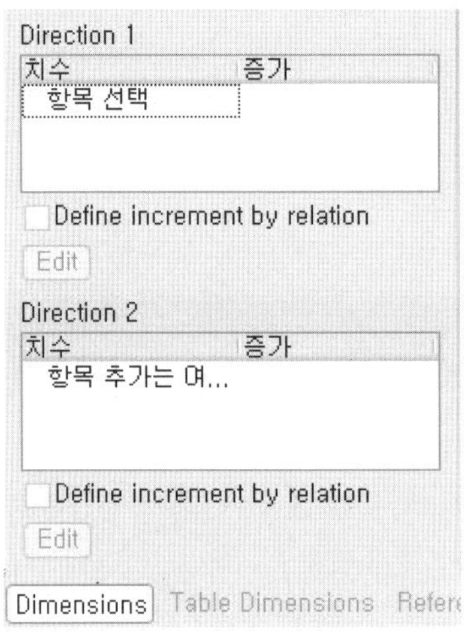

그림 7.5 치수 패턴의 슬라이드 업 패널

치수 패턴 생성 시 주의할 점

1. Dimension Pattern을 염두에 두고 피쳐를 만들 때는 pattern 해 나갈 방향의 위치 치수가 있어야 하므로 패턴 리더 피쳐를 생성할 때 Alignment를 사용해 치수를 생략하는 일이 없도록 해야 한다.
2. 치수의 증가는 Reference와의 방향과 같은 쪽이 +, 반대방향은 −를 붙인다.
3. 하나의 피쳐를 Pattern 할 때 양 방향으로 각각 n개와 m개를 생성시키면 결과적으로는 n×m Matrix와 같이 총 n×m개의 패턴 멤버가 만들어진다.
4. Sketch 피쳐를 원본으로 Radial 타입의 Dimension Pattern을 할 경우는 위치 치수로서 각도 치수가 있어야 하므로, 원본 sketch 피쳐를 만들 때 각도값을 가지는 DATUM 면을 만들어서 원본 피쳐의 Reference로 사용해야 한다.
5. Pattern을 삭제할 때는 Delete를 쓰면 Original Feature (패턴 리더)까지 지워지므로 대신 Feature −〉 Del Pattern 명령을 쓴다. 이때는 패턴 리더는 사라지지 않는다.

2) Direction Pattern(방향 패턴)

Direction Pattern은 지정된 방향으로 패턴을 생성하고자 할 때 사용된다. 방향은 모서리, 면, 선형 곡선을 선택함으로써 지정된다. 이 패턴은 패턴이 될 피쳐(패턴 리더)의 치수가 사용되지 않는다는 점에서 치수 패턴과 차이가 있으며, 이를 위해 정의할 항목들은 다음 과 같다.

- 간격 : 각 배치 핸들을 드래그 하여 간격을 조정하거나 대시보드의 텍스트 상자에 증가 값을 입력한다.
- 각 방향의 패턴 멤버 수 : 대시보드 텍스트 상자에 멤버 수를 입력하거나 그래픽 창에서 더블 클릭하여 멤버 수를 편집한다.
- 피쳐 치수 : 대시보드의 Dimension 슬라이드 업 패널을 사용하여 패턴화 된 피쳐의 치수를 변경할 수 있다. 예를 들어 구멍 지름이나 깊이를 변경할 수 있다.
- 패턴 멤버 생략하기 : 패턴 멤버를 생략하려면 해당 패턴 멤버를 나타내는 검은색 점을 클릭하여 검은색 점이 흰색으로 바뀌게 한다. 멤버를 복원하려면 흰색 점을 클릭하여 다시 검은색으로 변경한다.
- 패턴 멤버 방향 : 패턴의 방향을 변경하려면 배치 핸들을 반대방향으로 드래그하거나, 을 클릭하거나, 대시보드 텍스트 상자에 증가값을 음수로 입력한다.

[그림 7.6]과 같은 Direction Pattern을 생성하는 방법은 다음과 같다.

① 패턴 유형 드롭 다운 목록에서 Direction을 선택하면 대시보드의 레이아웃이 변경된다.

② 활성화된 첫 번째 방향의 컬렉터에 다음 중 하나를 방향 참조로 선택하면 선택한 방향으로 검정색 점으로 표시된 두 개 멤버의 기본 패턴 생성을 미리보게된다.

- 직선 모서리
- 평면 또는 평면 서피스
- 선형 커브
- 좌표계 축
- 데이텀 축

③ 첫 번째 방향의 패턴 멤버 수를 입력한다.

④ 패턴 멤버 간의 거리 : 배치 핸들을 드래그 하거나 증가 텍스트 상자에 패턴 멤버 간의 거리를 입력한다.

⑤ 다른 방향으로 패턴 멤버를 추가하려면 두 번째 방향 컬렉터를 클릭하여 활성화한 후 두 번째 방향 참조를 선택한다. 그래픽 창에서 MB3 버튼을 클릭하고 팝업 메뉴에서 방향 2 참조 컬렉터를 선택하여 활성화할 수도 있다.

⑥ 이름표 2 상자에 두 번째 방향의 패턴 멤버 수를 입력한다.

⑦ 두 번째 방향의 배치 핸들을 드래그하거나 증가값을 입력하여 두 번째 방향의 멤버 간 거리를 조정한다.

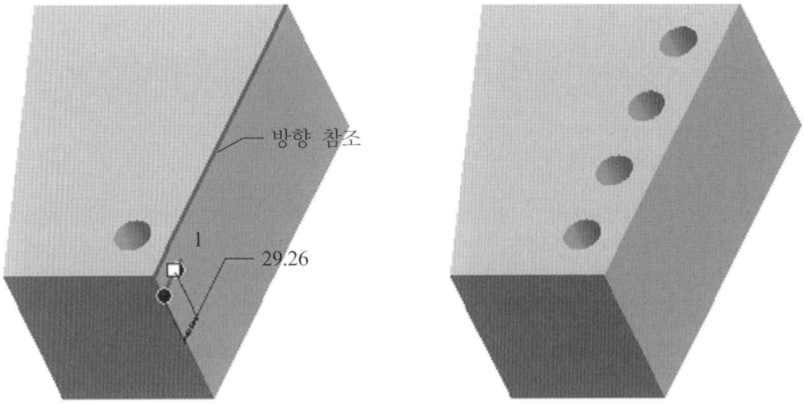

그림 7.6 방향 패턴의 예

⑧ 패턴의 방향을 반대로 바꾸려면 각 방향에 대해 을 클릭하거나 음수 증가값을 입력한다.

⑨ 대화상자 표시줄에서 을 클릭하여 패턴 생성을 종료한다.

3) Axis Pattern(축 패턴)

선택한 축을 중심으로 피쳐를 회전시켜 패턴을 생성하는 방법으로 다음 두 방향으로 멤버를 배치할 수 있다.

- **각도(첫 번째)방향** : 패턴 멤버가 축을 중심으로 시계 반대방향의 동일한 간격으로 회전하여 배치된다.
- **레디얼(두 번째) 방향** : 패턴 멤버가 레디얼(반지름이 증가/축소) 방향으로 추가된다.

축 패턴을 생성할 때 정의할 수 있는 항목들은 다음과 같다.

- **각도 방향의 간격** : 각도 방향으로 배치 핸들을 드래그하거나 대시보드의 텍스트 상자에 증가값을 입력한다.
- **레디얼 방향의 간격** : 레디얼 방향으로 배치 핸들을 드래그하거나 대시보드의 텍스트 상자에 증가값을 입력한다.
- **각 방향의 패턴 멤버 수** : 대시보드 텍스트 상자에 멤버 수를 입력하거나 그래픽 창에서 두 번 클릭하여 멤버 수를 편집한다.
- **멤버의 각도 범위** : 대시보드 텍스트 상자에 각도 범위를 입력하면 멤버 수에 맞게 등간격으로 멤버가 배치된다.
- **피쳐 치수** : Dimension 슬라이드 업 패널을 사용하여 패턴화된 피쳐의 치수를 변경할 수 있다. 이를 이용하면 구멍 지름이나 깊이를 변경할 수 있다(팁 : 레이디얼 배치 치수를 변경하여 스파이럴 패턴을 생성할 수 있다).
- **패턴 멤버 생략하기** : 패턴 멤버를 나타내는 검은색 점을 클릭하여 검은색 점이 흰색으로 바뀌면 해당 위치에 멤버가 생략되고, 흰색 점을 다시 클릭하면 다시 복원된다.
- **패턴 멤버 방향** : 패턴의 방향을 변경하려면 배치 핸들을 반대방향으로 드래그하거나, 을 클릭하거나, 대시보드 텍스트 상자에 증가값을 음수로 입력한다.

[그림 7.7]과 같은 Axis Pattern을 생성하는 방법은 다음과 같다.

① 패턴 유형 드롭다운 목록에서 축(Axis)을 선택하면 대시보드의 레이아웃이 변경된다.

② 패턴 중심이 될 데이텀 축을 선택하거나 데이텀 축을 생성하면 각도방향으로 기본 2개의 멤버가 생성된다.

③ 대시보드에 있는 텍스트 상자에 수를 입력하여 각도방향의 패턴 멤버 수를 지정한다.

④ 각도를 지정하여 패턴 멤버를 배치한다.

- 각도를 입력한다.
- 을 클릭하고 텍스트 상자에 각도 범위를 입력/선택하여 모든 패턴 멤버가 입력된 각도 범위 안에서 등간격으로 배치한다.

⑤ 레디얼(두 번째)방향으로 패턴 멤버를 추가하려면 이름표 2 텍스트 상자에 멤버 수를 입력한다.

⑥ 레디얼방향으로 멤버를 배치하려면 텍스트 상자에 멤버 간의 거리 입력한다.

⑦ 패턴의 방향을 반대로 바꾸려면 각 방향에 대해 을 클릭하거나 음수 증가값을 입력한다.

⑧ 패턴 멤버를 레이디얼 방향에 수직한 방향으로 배치하려면 을 클릭한다.

⑨ 대화상자 표시줄에서 을 클릭하여 패턴 생성을 종료한다.

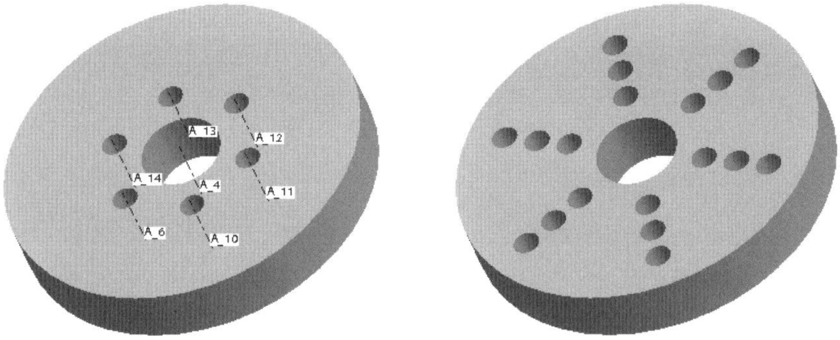

(a) 축(A_4) 기준 각도방향 패턴　　(b) 각도-레이디얼 양 방향 패턴

그림 7.7 축 패턴

4) Reference Pattern(참조 패턴)

다른 패턴을 참조하여 피쳐를 패턴화 하는 방법으로 [그림 7.8]과 같이 선택한 피쳐는 다른 패턴화 된 피쳐를 참조해야 한다. 선택한 피쳐가 라운드 또는 모따기와 같이 다른 방식으로 패턴화할 수 없는 유형인 경우에 이 피쳐의 참조 패턴이 생성되고, 선택한 피쳐가 동축 구멍과 같이 개별적으로 패턴화 될 수 없는 경우 기본 패턴 유형이 참조(Reference)로 설정되어 있는 패턴 대시보드가 열린다. 패턴 리더는 ◉ 으로, 패턴 멤버는 ● 으로 표기된다. 멤버를 제외하려면 다른 패턴과 같이 해당되는 검은색 점을 클릭하여 점을 흰색(○)으로 변경한다.

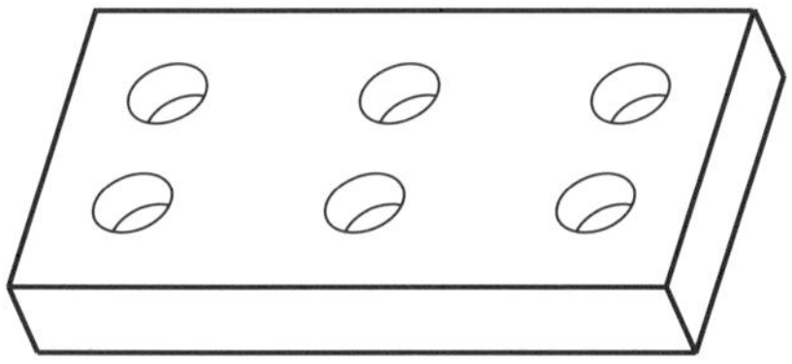

(a) 구멍이 패턴으로 생성된 부품

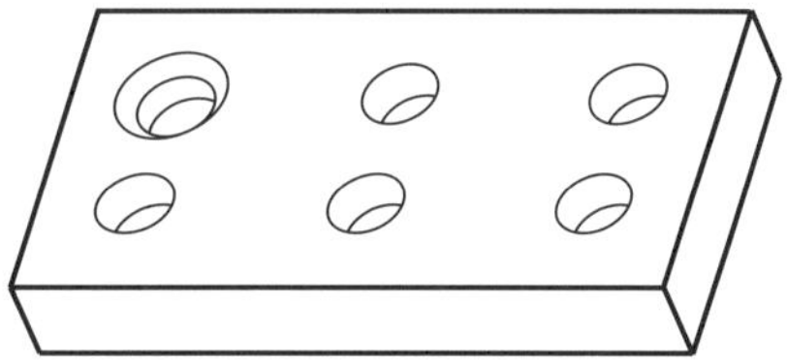

(b) 패턴 헤더 구멍 모서리에 모따기 피쳐를 생성

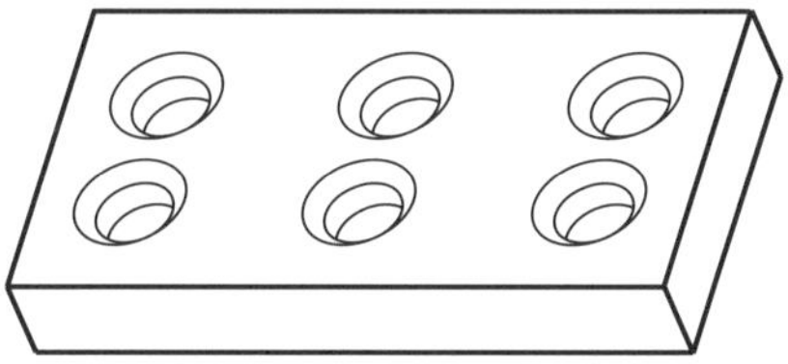

(c) 모따기 피쳐를 Reference 패턴한 결과

그림 7.8 참조 패턴

CHAPTER

ASSEMBLY 8

개요

지금까지 앞 장에서 부품의 세부적인 형상을 완성하기 위해 부품을 구성하고 있는 여러 피쳐의 생성방법을 알아보았다. 여러 피쳐들이 서로 상관관계를 가지도록 적절한 위치에 생성하여 여러 개의 부품을 완성하였다면, 이제 실제 부품을 조립하듯이 이 부품들을 조립하여 하나의 완성품을 구현할 수 있는 어셈블리 기능에 대하여 알아보도록 한다.

조립체는 [그림 8.1]과 같이 여러 개의 구성품이 모여서 이루어지는 것으로, 각 구성품이 상대 구성품에 대한 몇 가지의 위치 구속을 통해 그래픽 창에 3차원으로 배치된다. 구성품은 파트 또는 서브 어셈블리가 될 수 있다.

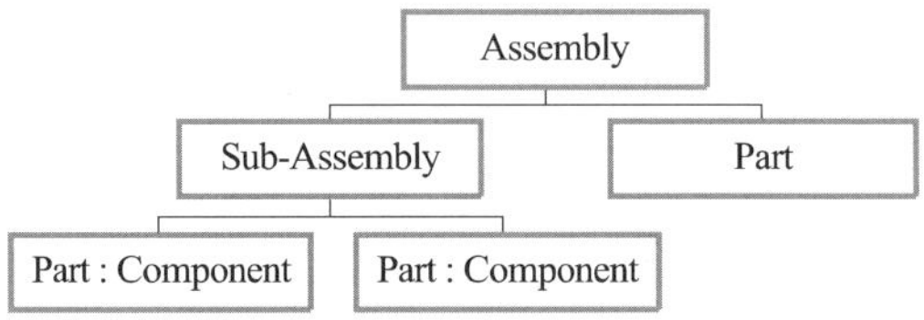

그림 8.1 조립체의 구성

8.1 새 파일 시작하기

어셈블리 모드를 시작하기 위해서는, 상단 메뉴의 File > New 버튼을 선택하면 [그림 8.2]와 같은 새로 만들기 대화상자가 나타난다. Type 영역에서 Assembly 버튼을 선택하고 Sub-type 영역에서 Design 버튼을 선택한다. 파일명은 asm0001, asm0002, … 순서로 부

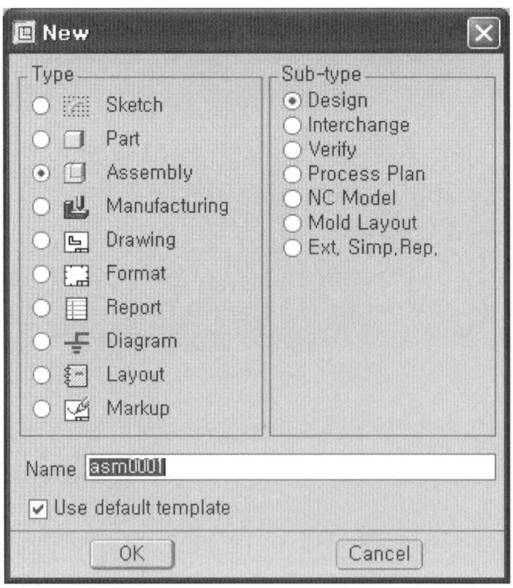

그림 8.2 Assembly 모드 선택하기

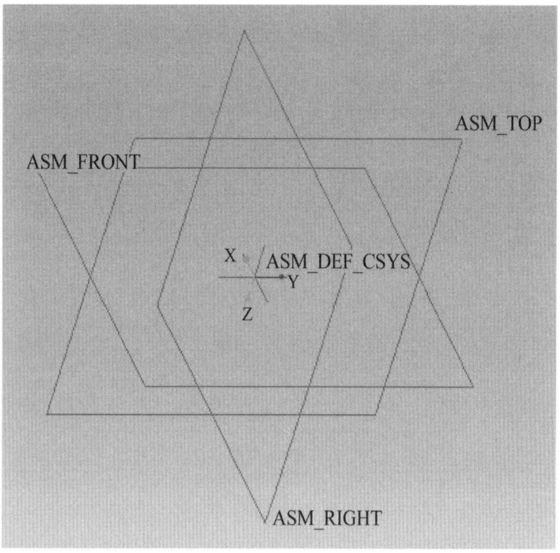

그림 8.3 Assembly의 시작 화면

여되며 파일명을 따로 지정할 수 있다. 새 파일을 열면 [그림 8.3]과 같이 그래픽 창에 기본 Datum 평면 ASM_FRONT, ASM_RIGHT, ASM_TOP 3개와 좌표계가 주어진다.

8.2 구성품 불러오기(상향식 설계)

이 방법은 Part 모드에서 독립적으로 만들어져서 .prt 파일로 저장된 부품들이나 이미 몇 개의 Part 파일이 미리 어셈블리되어 있는 Sub-Assembly 파일을 구성품으로 불러들여 상위 어셈블리를 생성하는 방법이다. 일단 조립할 모든 부품들이 만들어져 있다면, 사용자는 새로운 어셈블리 파일(.asm)을 생성한 다음 Assembly 모드에서 사용 가능한 구속 조건들을 사용하여 그 부품들을 조립한다. 어셈블리 파일은 오직 구성품들의 조립과 관련된 정보들만 가지고 있기 때문에 어셈블리 파일의 크기는 작으며, 따라서 적은 디스크 공간을 차지한다. 그러나 파일 관리를 할 때 주의할 점은 어셈블리 파일에 속한 구성품 파일은 어셈블리 파일과 함께 이동이나 저장되어야 어셈블리 파일을 관리할 때 에러를 예방할 수 있다.

Assembly 모드에 첫 번째 구성품을 추가할 때, 이 구성품의 세 개의 기본 데이텀 평면들은 Assembly 모드의 기본 데이텀 평면들과 동일한 방향에 위치한다. 어셈블리에 구성품을 추가하는 방법은 다음과 같다.

① Insert > Component > Assemble or (Add Component) 버튼을 클릭하여 구성품을 불러온다.

② 그래픽 창에 컴포넌트가 선택된 상태로 Component Placement(컴포넌트 배치) 대시보드가 나타난다.

③ : 컴포넌트를 별도의 창에 표시하기 위해 새로운 창이 열린다.

: 컴포넌트를 그래픽 창에 표시하며, 기본값으로 선택되어 있다.

④ 구속 세트 유형을 선택하고 구속에 대한 상세한 옵션을 선택한다. 구속이 완전 구속이 될 때 까지 자동으로 새구속이 활성화된다. 컴포넌트의 현재 상태는 Placement Status(배치 상태) 영역에 나타나는데, 완전 구속이 되어야 구속이 완료된 것이다.

⑤ 사용자 정의 세트의 구속을 선택하고 편집할 수 있다. Flip 옵션을 사용하여 Mate(면맞춤)/Align(정렬)을 전환하거나, 오프셋값을 수정, 시스템 가정을 허용하거나 허용하지 않을 수 있다.

⑥ 구속을 선택하고 MB3 버튼을 클릭하여 팝업 메뉴에서 [Delete]를 선택하여 정의된 구속을 삭제할 수 있다.

8.3 구속방법

조립을 위한 구속 조건을 배치 구속이라고도 한다. Pro/ENGINEER에서는 다음과 같은 다양한 구속 조건을 이용하여 조립체를 구성할 수 있다.

① Mate(면 맞춤) : [그림 8.4]와 같이 두 면의 법선벡터를 마주보게 한다.

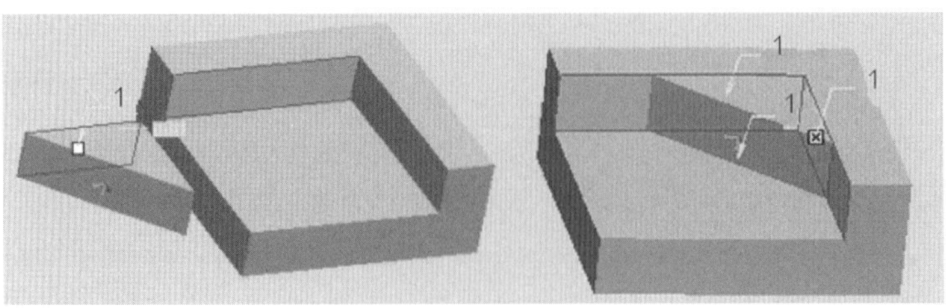

그림 8.4 Mate 구속 조건

② Align(정렬) : [그림 8.5]와 같이 두 면의 법선벡터를 같은 방향으로 보게 하거나, 두 축을 같은 위치로 정렬시킨다.

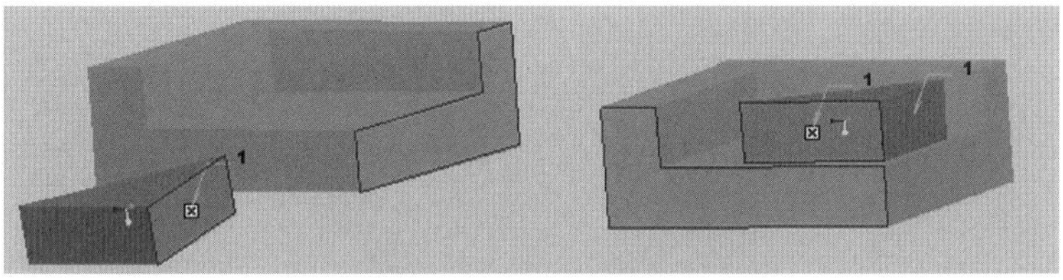

그림 8.5 Align 구속 조건

③ Default(기본) : [그림 8.6]과 같이 어셈블리 기본 좌표계에 대해 구성품의 기본 좌표계를 정렬시킨다.

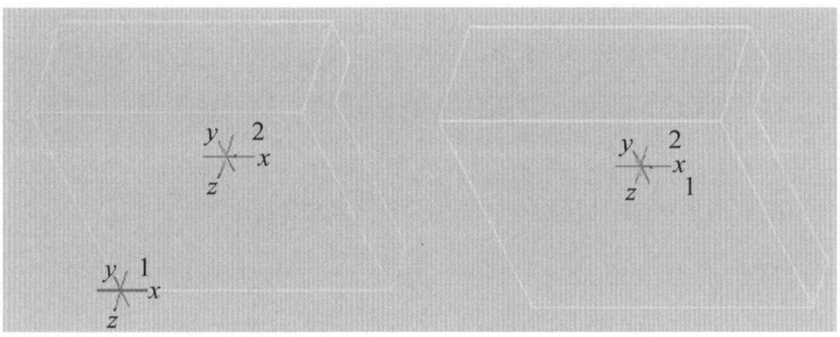

1 부품 좌표계, 2 어셈블리 좌표계

(a) Default 구속 이전 (b) Default 구속 이후

그림 8.6 Default 구속 조건

④ Fix(고정) : 이동되거나 패키지 된 구성품의 현재 위치를 고정시킨다.

⑤ Coord Sys : [그림 8.7]과 같이 구성품의 좌표계를 Assembly 좌표계와 함께 정렬시킨다.

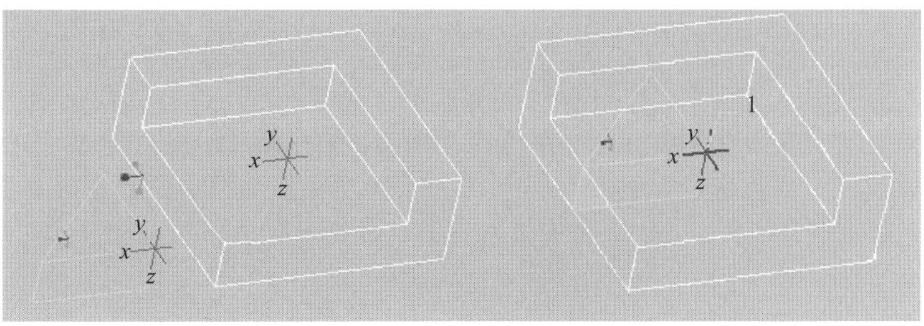

그림 8.7 Coord Sys 구속 조건

⑥ Tangent : [그림 8.8]과 같이 두 면을 접하게 한다.

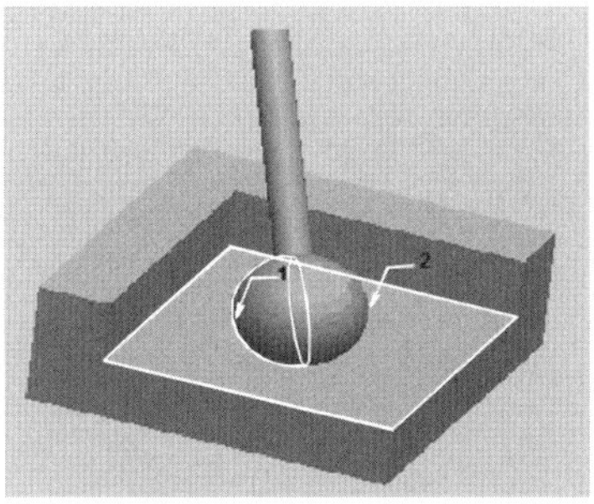

1 탄젠트, 2 원추 서피스

그림 8.8 Tangent 구속 조건

⑦ Pnt On Line : [그림 8.9]와 같이 모서리, 축, 점이 있는 데이텀 커브 등의 접촉을 제어한다.

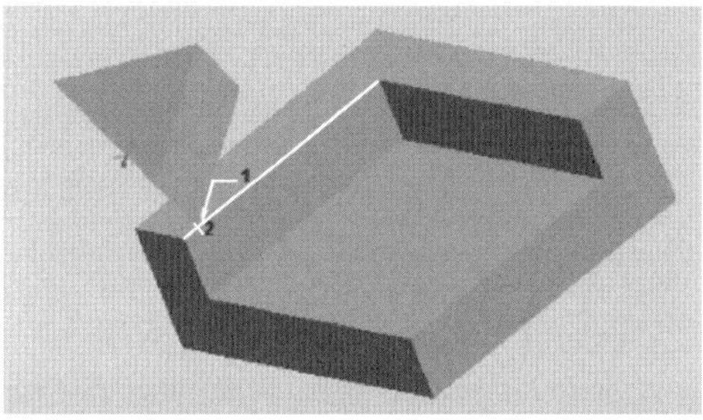

1 선 위의 점, 2 모서리

그림 8.9 Pnt On Line 구속 조건

⑧ Pnt On Srf : [그림 8.10]과 같이 점이 있는 면의 접촉을 제어한다.

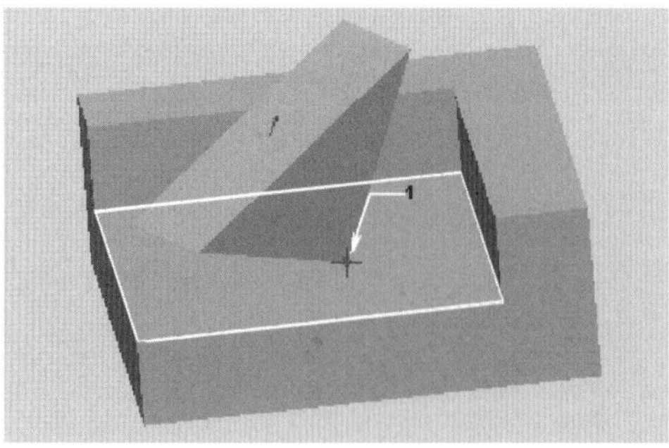

그림 8.10 Pnt On Srf 구속 조건

⑨ Edge On Srf : [그림 8.11]과 같이 평면 모서리가 있는 서피스의 접촉을 제어한다.

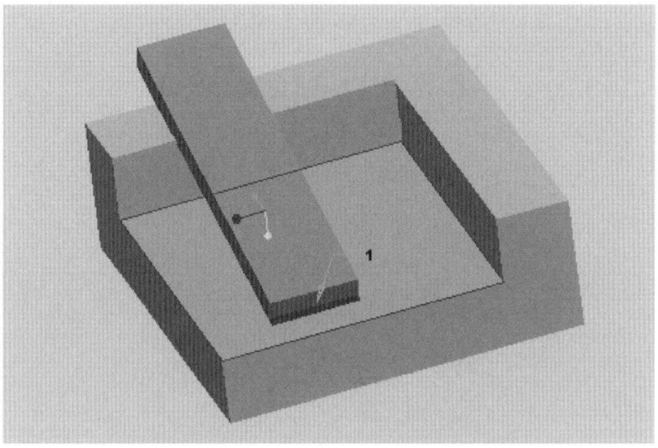

그림 8.11 Edge On Srf 구속 조건

⑩ Coincident : 선택된 두 기준을 같은 위치에 정렬시킨다.

⑪ Offset : 선택된 두 기준을 일정거리 떨어지게 한다.

⑫ Oriented : 선택된 두 기준에 특정 위치를 지정하지 않고 방향만 맞춘다.

8.4 구성품 생성하기(하향식 설계)

이미 생성되어 있는 구성품을 구속 조건으로 조립하는 것 외에 구성품을 다른 파트에서 불러오거나, 만들어내어 조립체에 소속시키는 방법이다.

① Insert > Component > Create 또는 (New Component) 버튼을 클릭하여 구성품 생성을 시작한다.

② [그림 8.12]와 같이 Component Create 창이 뜨면 생성할 구성품의 Type을 지정한다. 보통은 Part나 Subassembly가 될 것이며, Sub-type은 Solid를 선택한다. 파일명을 정하고 [OK] 버튼을 클릭한다.

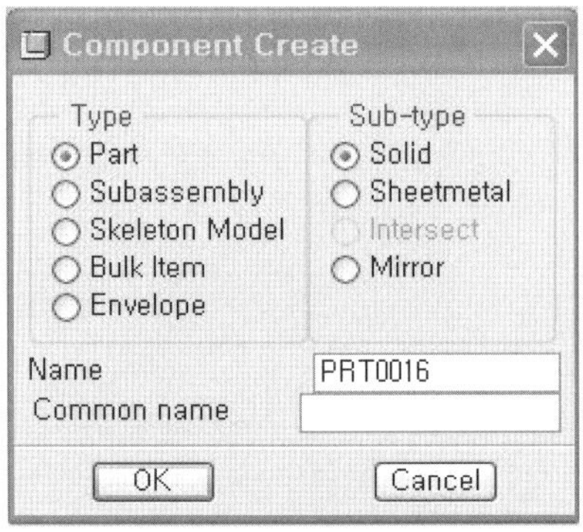

그림 8.12 구성품 생성 창

③ [그림 8.13]의 Creation Option 창을 통해 생성방법과 위치 지정방법을 선택한다.

- Copy From Existing : 모델의 복사를 생성하고 어셈블리에 구속 조건으로 위치시킨다.
- Locate Default Datums : 컴포넌트를 생성하고 자동적으로 선택된 참조에 어셈블시킨다.
- Empty : 초기 형상 없이 컴포넌트 생성한다.
- Create features : 기존 어셈블리 참조를 사용하여 새로운 부품의 피처를 생성한다.

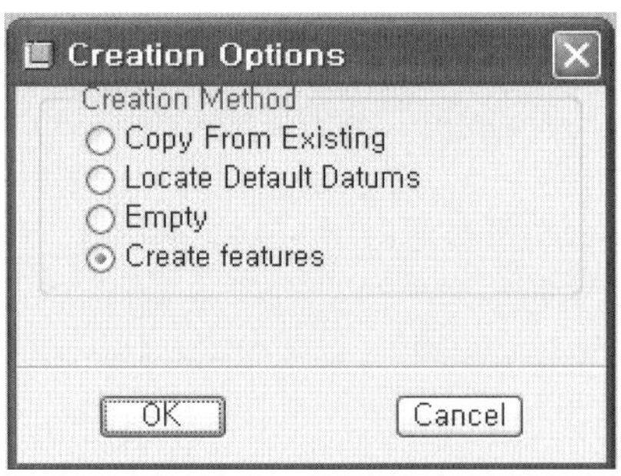

그림 8.13 Creation Options

8.5 구성품 수정하기

1) 조립 상태 위치 구속 수정

모델 트리에서 구성품을 선택한 후 MB3 버튼을 눌러 [Edit definition] 명령을 선택하면 구성품의 위치 구속 조건을 부여했던 대시보드가 다시 활성화되어 구속 조건을 수정할 수 있다.

2) 구성품의 속성, 형상 등의 수정

모델 트리에서 구성품을 선택하고 MB3 버튼을 눌러 [Activate] 버튼을 클릭하면 구성부품 활성화되면서 부품을 구성하고 있는 여러 피쳐 단위 수정이 가능하게 된다. 수정 후에는 Edit > Regenerate 또는 Edit > Custom Regenerate를 눌러주어 수정한 내용이 반영되도록 한다. 구성품 활성화 모드에서 다시 어셈블리 모드로 복귀하려면 모델 트리의 어셈블리 파일을 선택하고 MB3 버튼을 눌러 [Activate]를 선택하면 어셈블리 모드로 복귀한다. 또한 어셈블리의 모델트리에서 구성품을 선택하고 MB3 버튼을 눌러 [Open] 버튼을 클릭하면 구성품이 새로운 창에 열린다. 여기서 구성품을 수정하고 저장하면 Pro/ENGNEER의 연관성을 가지는 특징에 의하여 어셈블리 파일이나 드로잉 파일에도 수정 내용이 함께 반영된다.

CHAPTER

예 제 9

개요

이 장에서는 지금까지 살펴본 여러 가지 주요 기능을 복합적으로 사용하여 비교적 간단한 부품의 파트 파일과 드로잉 파일을 생성해 본다. 파트 파일 시작으로부터 단위 변환과 여러 피쳐의 생성작업을 하고 필요한 데이텀도 생성한다. 또한 완성된 3D 부품을 이용하여 드로잉에 여러 종류의 뷰를 생성하고 치수 표기와 노트 기입 등의 과정을 수행한다.

1. 새 파트 파일을 시작한다.

① [그림 9.1]과 같이 파일 생성 창에서 파일명은 "ROD"로 입력한다.

그림 9.1 새 파트 파일 생성

2. 밀어내기 피쳐 1을 [그림 9.2]와 같이 생성한다.

① 스케치면은 Front 데이텀 평면으로 지정한다.

② 스케치 위치는 원의 중심이 좌표계 원점에 위치되도록 스케치하여, [그림 9.2]와 같이

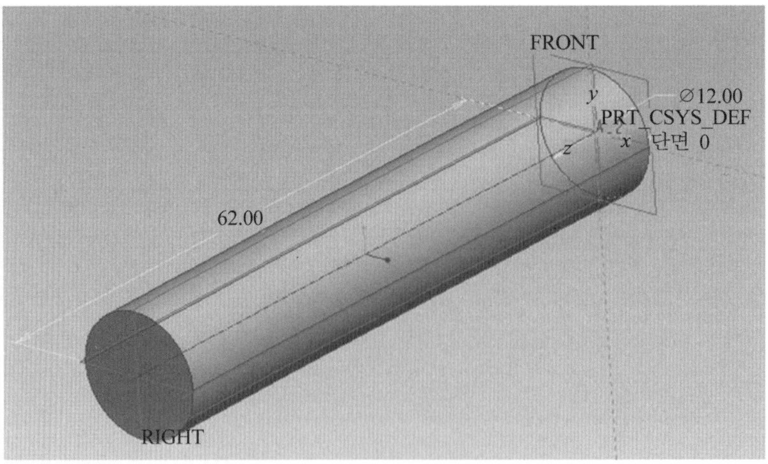

그림 9.2 밀어내기 피쳐 1 생성

Front 데이텀 평면의 위치에서 원 단면의 중심에 좌표계의 원점이 위치되도록 유도한다.

③ 원의 지름 치수는 ∅12.0으로 스케치한다.

④ 스케치에서 빠져나와 대시보드에서 밀어내기 방향성 지정은 Front면의 양의 방향으로 지정하고, 밀어내기 치수는 62.0으로 입력하거나 배치 핸들을 드래그하여 [그림 9.2] 같이 생성한다.

3. 밀어내기 피처 2를 [그림 9.3]과 같이 생성한다.

① 스케치면은 Front 데이텀 평면으로 지정한다.

② 스케치 위치는 첫 피처의 (원의)중심과 동심을 맞춘다.

③ [그림 9.4]와 같이 중심에서 8.5 위 수직 Ref 선 위에 Axis Point를 찍어둔다(Sketch > Axis Point).

④ 대칭복사 또는 대칭구속을 이용해서 호를 그리면 편리하다.

⑤ 첫 번째 피처와 같은 방향으로 두께 8.0으로 밀어낸다. 밀어내기 1과 밀어내기 2가 두께 8.0만큼 겹치게 된다.

⑥ Axis Point 찍었던 곳에 축이 생성됨을 확인한다. 다음 단계 작업에서 이 축에 동심을 맞추어 밀어내기 피처를 추가할 예정이다.

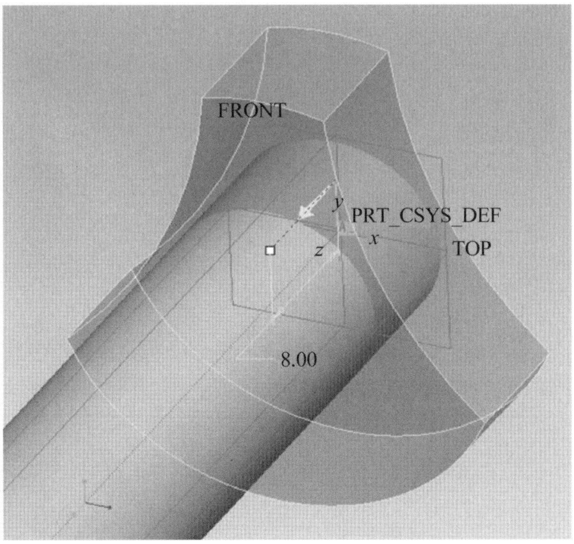

그림 9.3 밀어내기 피처 2 추가

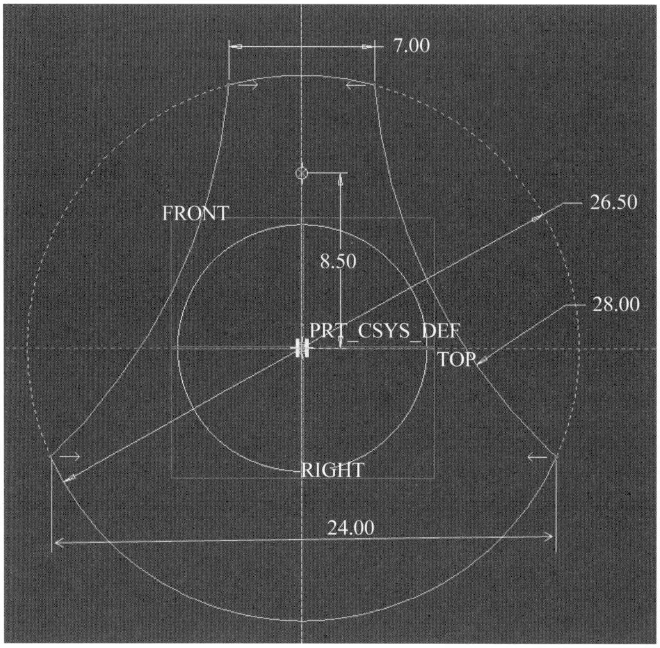

그림 9.4 밀어내기 피쳐 2의 스케치

4. 밀어내기 피쳐 3을 [그림 9.5]와 같이 생성한다.

① Front 데이텀 평면 또는 밀어내기 2의 뒷면을 스케치면으로 지정한다.

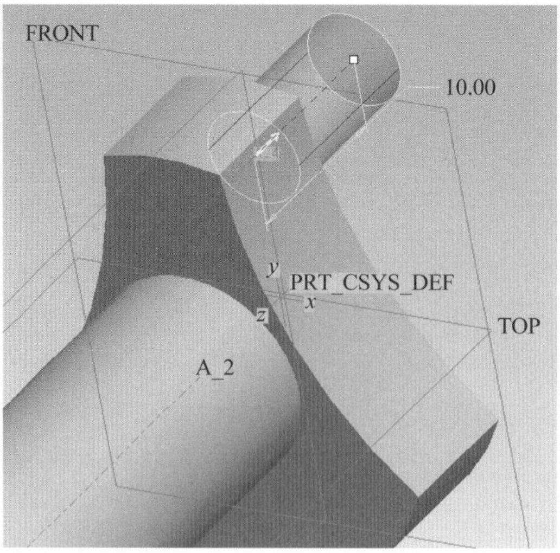

그림 9.5 밀어내기 피쳐 3 생성

② 앞 단계의 밀어내기 피쳐 2를 생성할 때 Axis Pront를 통해 만들어 놓은 축에 동심을 맞추어 ϕ5.5 원을 스케치한다.

③ 스케치에서 빠져나와 대시보드를 이용하거나 배치 핸들을 드래그하여 Front 면의 음의 방향으로 밀어내기 10.0 한다.

5. 회전 피쳐 4를 이용해 [그림 9.6]과 같이 Cut을 생성한다.

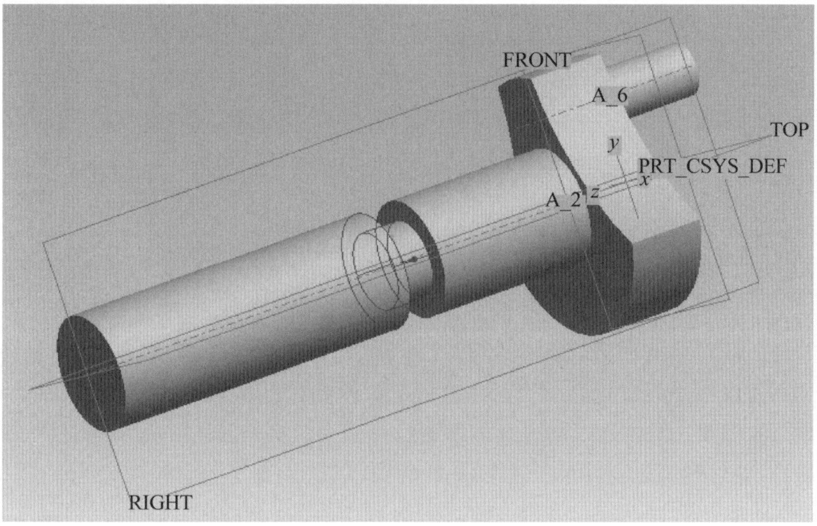

그림 9.6 회전 피쳐 4를 이용한 Cut 생성

① Revolve 도구를 시작한다.

② 스케치 평면은 Top 데이텀 평면으로 지정한다.

③ Use Edge 기능을 사용해서 밀어내기 1 피쳐의 윤곽선에 Align 되도록 스케치한 직사각형과 회전축을(Center Line) 스케치한다. 치수는 [그림 9.7]을 참조한다.

④ 스케치에서 빠져나와 대시보드에 360도 회전 각도를 입력한다.

⑤ Cut 아이콘을 클릭한 후 재료를 제거할 방향은 둥근 띠 안쪽으로 향하도록 화살표 방향을 지정하여 완료한다.

TIP

완성된 회전 피쳐 4를 선택한 후 MB3의 [Edit Definition]을 클릭하여 대시보드에서 Filip버튼으로 재료 제거할 방향을 반대로 지정하여 완성하면, 둥근띠는 남고 다른 부분이 모두 없어지게 됨을 볼 수 있다. 따라서, 재료 제거 방향성 지정이 큰 의미가 있음을 알 수 있다.

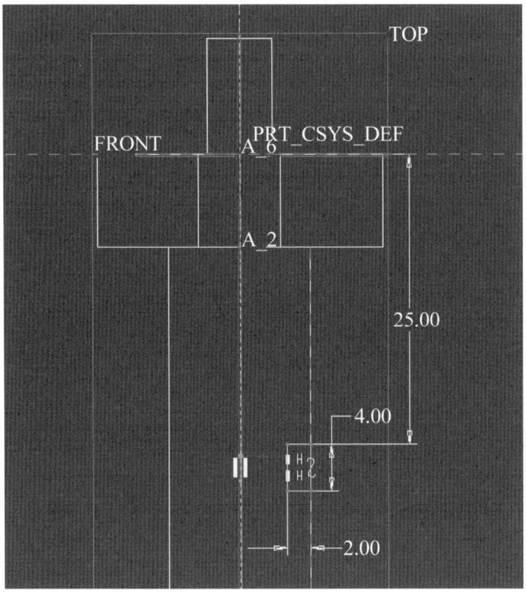

그림 9.7 회전 피쳐 4의 스케치

6. 밀어내기 피쳐 5를 이용해 [그림 9.10]과 같이 Cut을 생성한다.

① 밀어내기 도구를 시작한다.

② 스케치 평면은 [그림 9.8]과 같이 밀어내기 1의 끝 원형 단면을 지정한다.

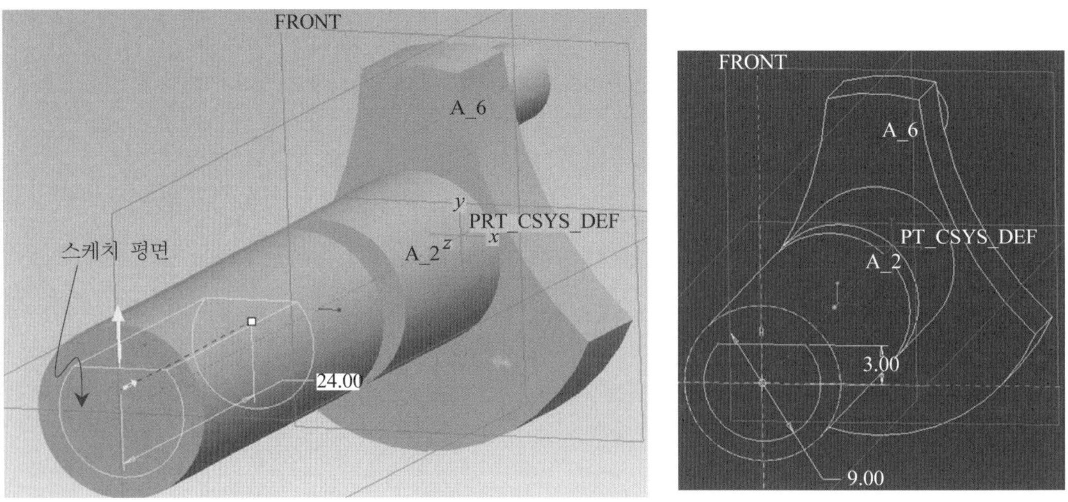

그림 9.8 밀어내기 피쳐 5의 스케치 위치

③ Reference 평면은 Top 데이텀 평면의 방향을 [위]로 지정하거나 Right 데이텀 평면의 방향을 [오른쪽]으로 지정한다.

④ [그림 9.9]와 같이 밀어내기 1의 원형 윤곽에 대해 ϕ9.0으로 동심원을 그리고 위쪽은 중심에서 3.0 오프셋된 수평 직선을 그려 스케치 형상을 Trim 또는 Dynamic Trim으로 마무리한다.

⑤ 밀어내기 방향은 밀어내기 1 피쳐와 겹치는 방향으로 24.0 만큼 진행되도록 설정한다.

⑥ Cut 버튼을 클릭하고 재료 제거방향을 지정하는 화살표는 스케치 윤곽 외부방향으로 향하게 하여 [그림 9.10]과 같이 완성한다.

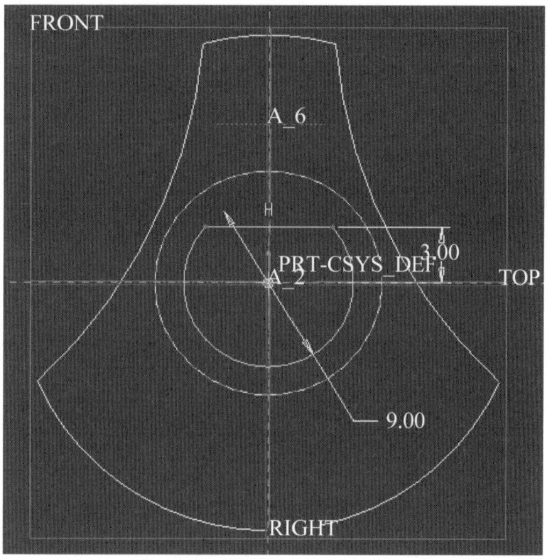

그림 9.9 밀어내기 피쳐 5의 스케치

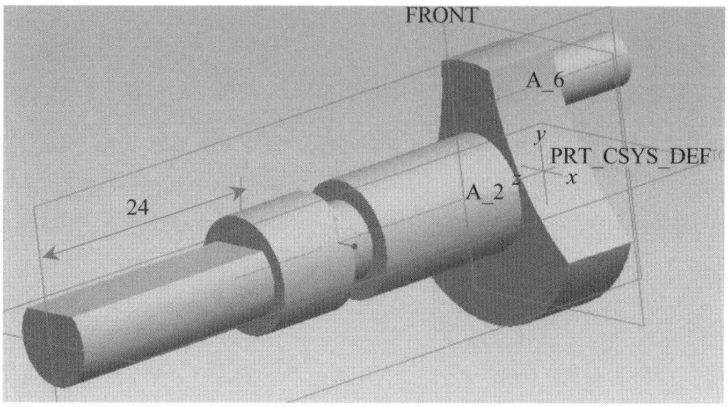

그림 9.10 밀어내기 피쳐 5를 이용한 Cut 생성

7. 데이텀 평면 1(DTM1)을 생성한다.

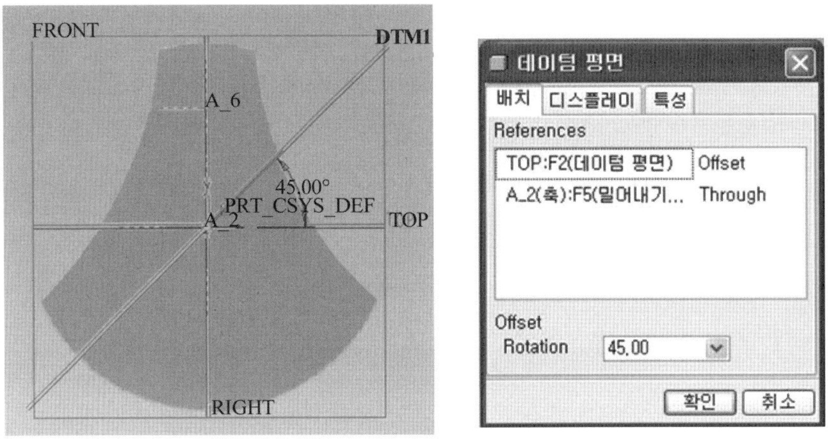

그림 9.11 데이텀 평면(DTM1) 생성하기

① 다음 피쳐의 스케치 평면으로 사용하기 위해 [그림 9.11]과 같이 TOP 데이텀 평면에 대해 45° 기울어진 데이텀 평면을 생성한다.

② 밀어내기 1 피쳐의 중심축(A_2)을 통과하고, TOP 데이텀에 45도 Offset Angle을 가진 데이텀면(DTM1)을 정의한다.

8. DTM1을 스케치면으로 하는 밀어내기 피쳐 6으로 [그림 9.12]와 같이 Cut을 생성한다.

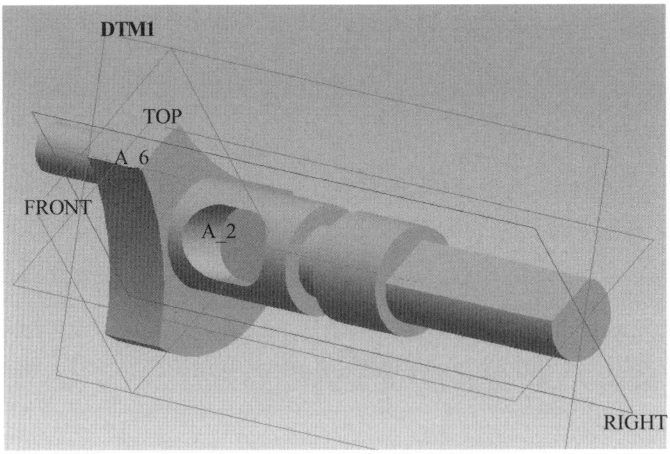

그림 9.12 밀어내기 피쳐 6을 이용한 Cut 생성

① 밀어내기 도구를 시작한다.

② 스케치 평면은 DTM1으로 지정하고, Reference면은 Front면이 [오른쪽]으로 향하도록 지정한다.

③ 스케치의 Reference는 [그림 9.13]을 참조하여 원통의 중심축(A_2)을 가로 Ref, Front 면을 세로 Ref로 지정한다.

④ 자세한 형상과 치수는 [그림 9.13]을 참조하며, 구속 조건 탄젠트(T), 동일 반지름 (R1), Colinear(원호의 중심점을 가로 Ref에 Align)를 사용하여 스케치하면 편리하다.

⑤ 대시보드에서 밀어내기 방향은 [그림 9.12]를 참조하여 Filip 버튼을 이용하거나 배치 핸들을 드래그하는 방법을 이용하여 Spec To에서 [전체 통과(Thru All)]로 밀어내기 한다.

⑥ Cut 아이콘을 클릭하고 재료 제거방향을 나타내는 화살표는 스케치 윤곽 안쪽으로 향하도록 한다.

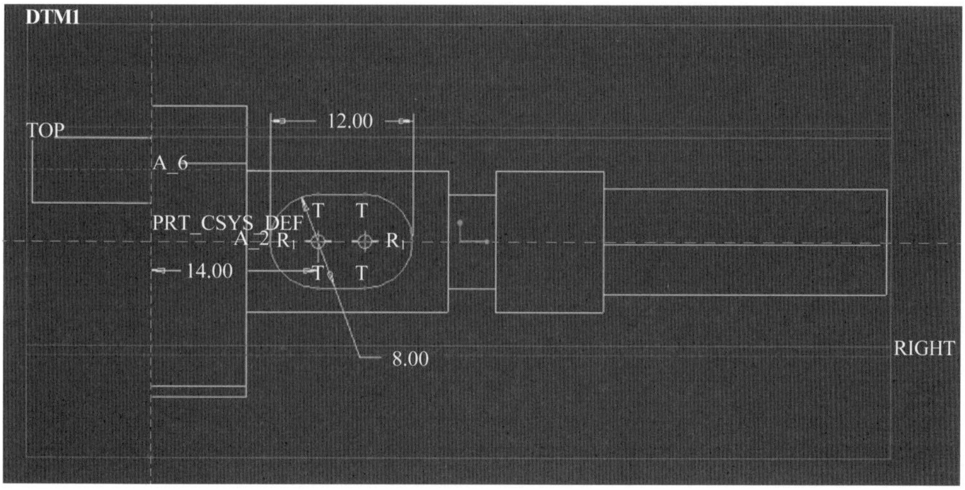

그림 9.13 밀어내기 피쳐 6의 스케치

9. 모따기 피쳐를 [그림 9.14]와 같이 생성한다.

① 모따기 도구를 시작한다.

② [그림 9.14]와 같이 모서리 2개를 셋 1에 구성한다(한 셋에 2개 이상 모서리를 선택할 때는 Ctrl 키를 누르고 선택한다).

③ 모따기 치수 유형은 DxD로 선택하고 치수 텍스트 창에 0.5를 입력한다.

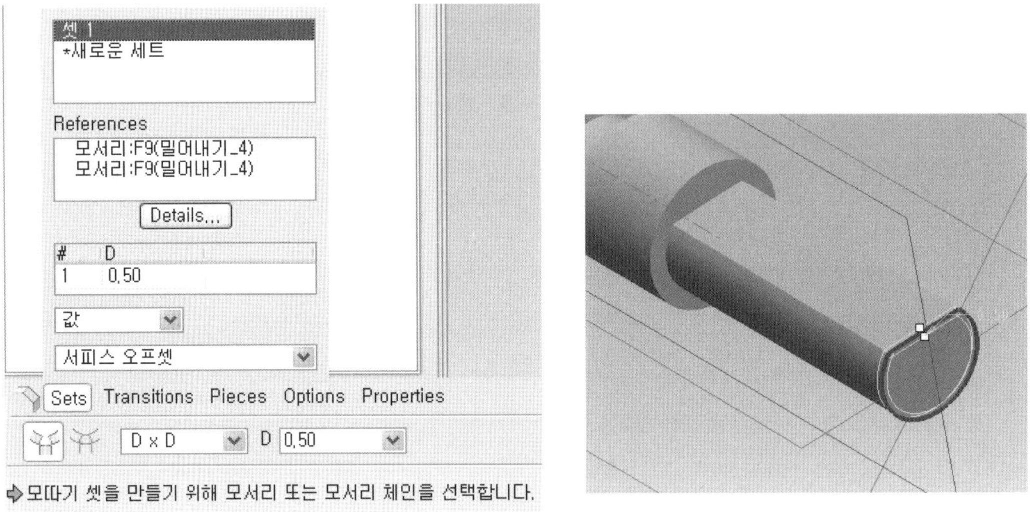

그림 9.14 모따기 피쳐 생성

10. 라운드 피쳐를 [그림 9.15]와 같이 생성한다.

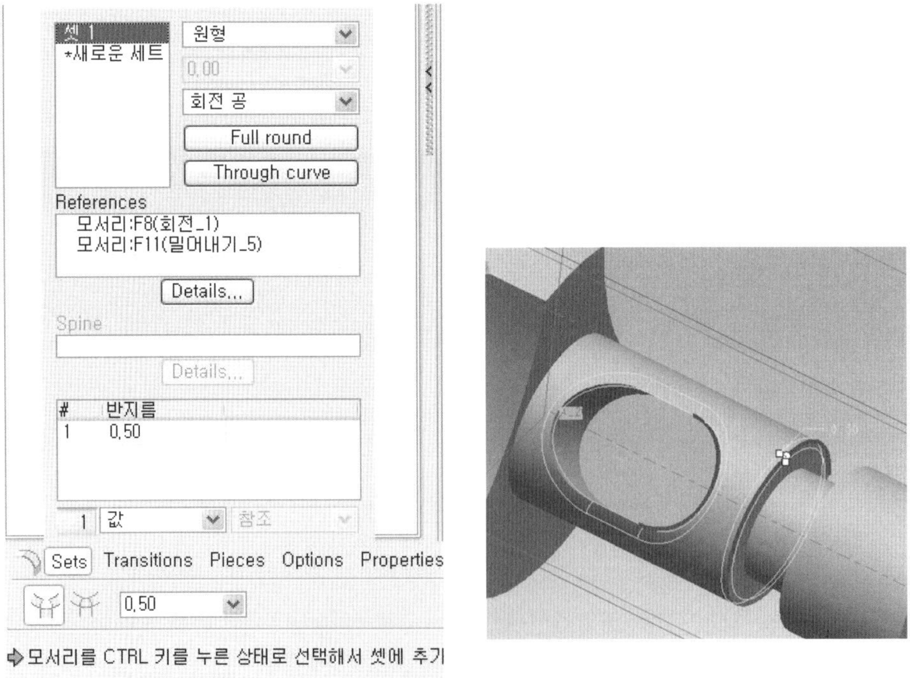

그림 9.15 라운드 피쳐 생성

① 라운드 도구를 시작한다.

② [그림 9.15]와 같이 셋 1에 모서리 2개를 구성한다(한 셋에 2개 이상 모서리를 선택할 때는 Ctrl 키를 누르고 선택한다).

③ 라운드 치수는 0.5로 입력한다.

11. 파트 파일을 저장한다.

[그림 9.16]과 같이 완성된 파트 파일(ROD.PRT)을 마지막으로 저장한다(File > Save 또는 Ctrl + S). 만약 처음 파트 파일을 시작할 때 파일명을 ROD로 명명하지 않았다면 Ctrl + S 키로 저장하면(Save) 파일명 변경은 불가능하고, 처음 파일을 시작할 때 지정되었던 Default 파일명으로만(prt0001) 저장된다. 이때는 Default 파일명 그대로 File > Save를 이용하여 먼저 저장한 후 File > Rename을 이용하여 "prt0001"을 "ROD"로 이름을 변경한다.

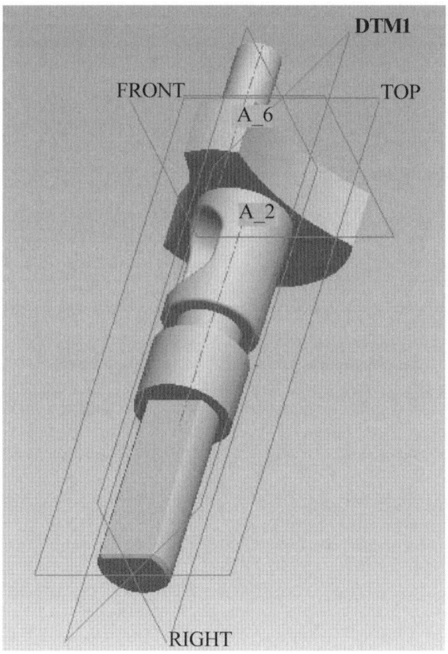

그림 9.16 완성된 파트 파일

12. 파트의 단위 변경하기

Edit > Setup > Units를 선택하면 나타나는 [그림 9.17]의 단위 관리자에서 Inch/lbm/S

단위로 되어 있는 설정을 mm/N/S 단위로 바꿀 때 mm/N/S 선택 후 [Set] 버튼을 클릭하고, 변환 옵션 중 [1inch becomes 1mm]를 선택하여 변경하고 파트 파일을 다시 한 번 저장한다.

그림 9.17 단위 관리자

13. 작성한 파트모델을 기반으로 도면을 생성한다.

① File > New를 클릭하고 [그림 9.18]과 같이 Type에서 Drawing을 선택 후 도면의 파일명을 "ROD"로 명명한다.

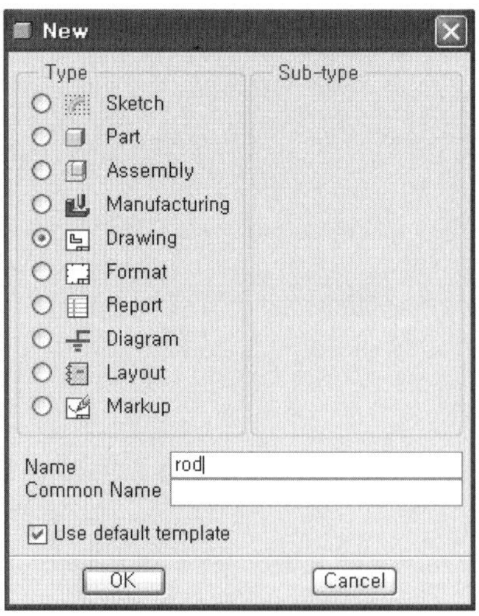

그림 9.18 새 도면 파일 생성

② [그림 9.19]와 같이 드로잉 설정은 Default model은 [Browse] 버튼을 이용하여 ROD. PRT를 찾아서 연결하고, 표제란 포맷을 사용할 것이므로 [Empty with format]을 선택하고 [Browse] 버튼을 눌러 formats 폴더 내의 c.frm 파일을 선택하면 [그림 9.20]과 같은 포맷 파일이 드로잉에 불러오기 된다.

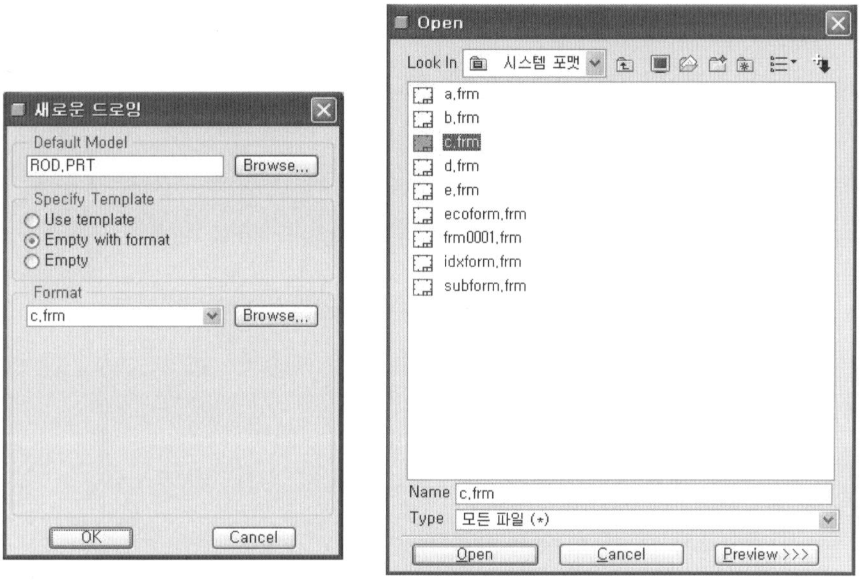

그림 9.19 드로잉 설정

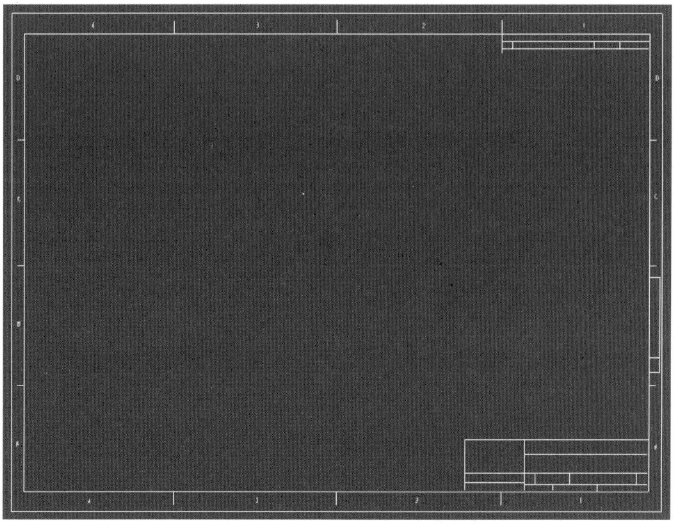

그림 9.20 포맷 파일

14. General(일반 뷰)로 정면도를 우선 생성한다.

① Insert > Drawing View > General 또는 MB3 팝업 메뉴의 [일반 뷰 삽입]을 선택한다.

② 드로잉 뷰에 대한 중심점을 선택하라는 메시지가 나타나면 정면도를 위치시킬 곳을 화면상에서 클릭하면 [그림 9.21]과 같은 창이 나타난다.

③ View Type(뷰 유형) 카테고리에서 View name은 수정할 수 있으며, 뷰 타입은 General로 이미 설정되어 있어 변경할 수 없다.

④ 3차원으로 화면에 배열되는 형상을 Model View Name을 이용하여 [FRONT]를 선택하여 [그림 9.22]와 같이 정면으로 배치시킨다(다른 방법을 사용하여 뷰를 원하는 방향으로 배치하고자 할 때는 본 교재 5장의 General View 내용을 참조).

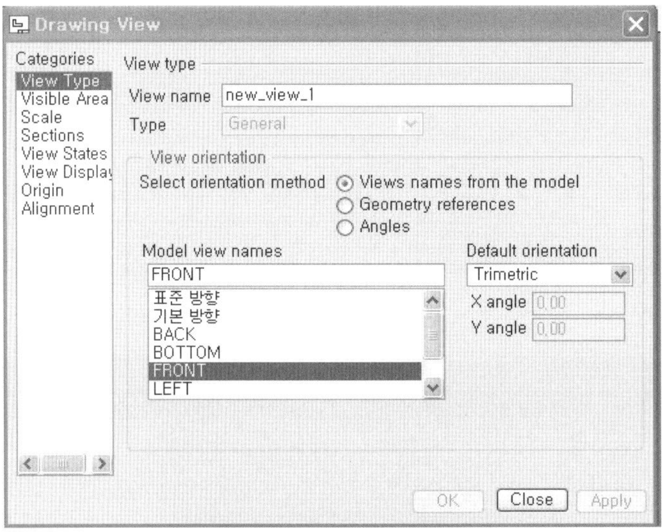

그림 9.21 View Type 설정

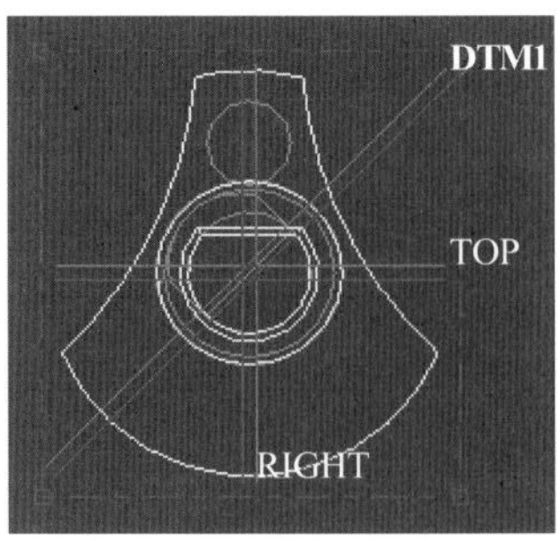

그림 9.22 정면 배치

⑤ Visible Area(가시 영역)은 [그림 9.23]과 같이 [Full View]로 설정하여 모델 전체가 뷰에 나타나도록 한다.

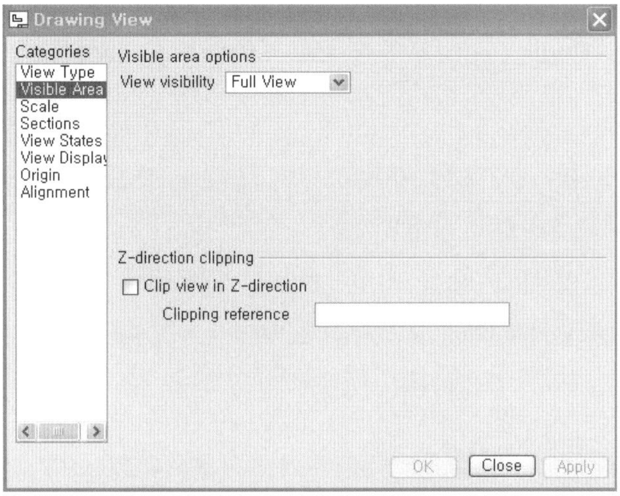

그림 9.23 Visible Area 설정

⑥ Scale(배율)은 그래픽 창 하단에 Sclae값을 더블 클릭하여 1.0이던 기본값을 2.0으로 조절하였다. 이 작업은 Drawing View 세팅이 완료된 후 어느 때나 수정하여도 관계없다.

⑦ View Display(가시 영역)에서 [그림 9.24]와 같이 Hidden line(은선)이 나타나도록 선택한다.

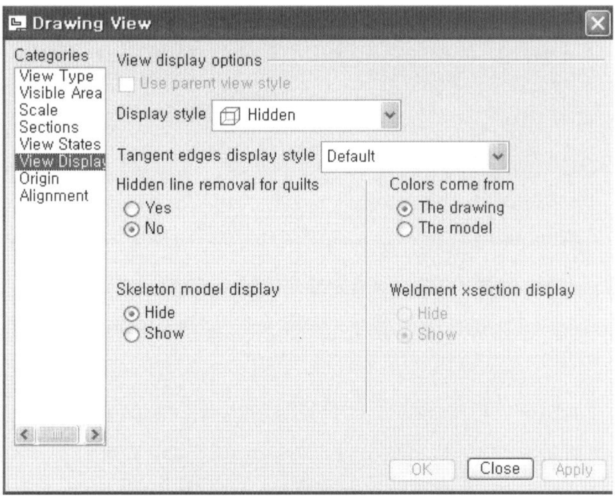

그림 9.24 View Display 설정

⑧ 카테고리 설정 후 [Apply] 버튼을 누르면 화면에 반영되어 나타나고, [OK] 버튼을 눌러 완료한다.

15. 정면도에 대한 Projection(투영 뷰)로 좌측면도를 생성한다.

① Insert > Drawing View > Projection을 선택하고 정면도 좌측 여백을 클릭하거나 정면도를 먼저 선택한 후 MB3 팝업 메뉴의 [투영뷰 삽입] 선택 후 삽입 위치를 화면상에 클릭하면 좌측면도가 삽입된다.

② 생성된 좌측면도의 뷰를 더블 클릭하거나 뷰를 선택한 후 MB3 팝업 메뉴의 [Properties]를 클릭하면 Drawing View 설정 창이 나타난다.

③ View Type은 [그림 9.25]와 같이 설정되어 있으며, 뷰 이름은 변경할 수 있다.

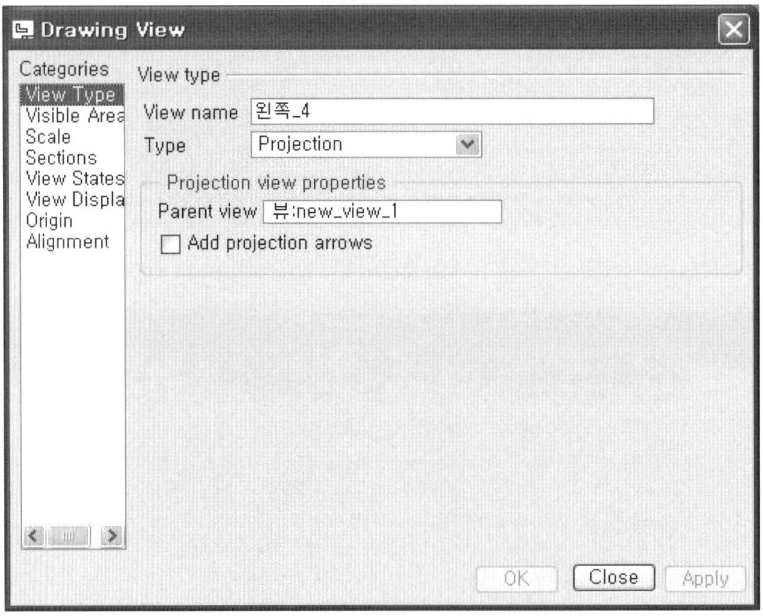

그림 9.25 좌측면도의 View Type 설정

④ Visible Area는 [그림 9.26]과 같이 [Full View]로 모델 전체를 좌측면도에 나타내도록 한다.

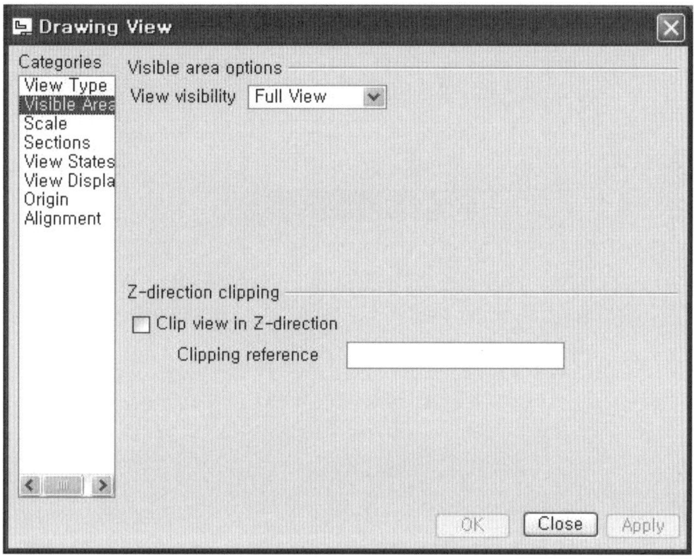

그림 9.26 좌측면도의 Visible Area 설정

⑤ Scale은 [그림 9.27]과 같이 Projection(투영)으로 생성된 뷰는 단독으로 변경할 수 없다.

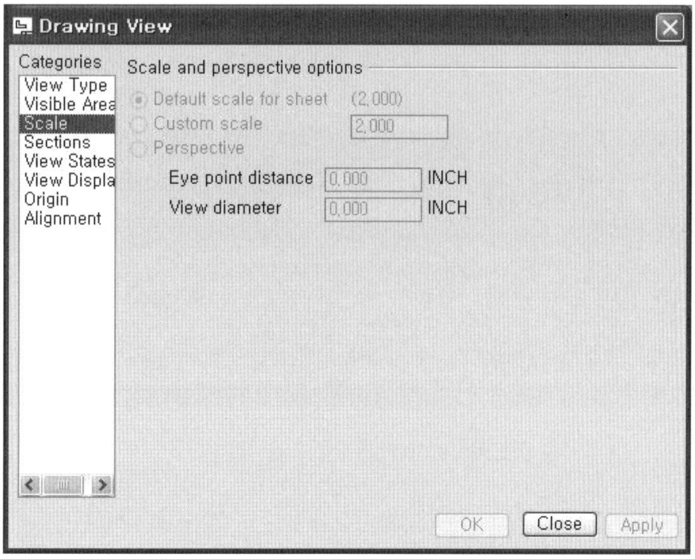

그림 9.27 좌측면도의 Scale 설정

⑥ View Display는 [그림 9.28]과 같이 Hidden line(은선)이 표현되도록 한다.

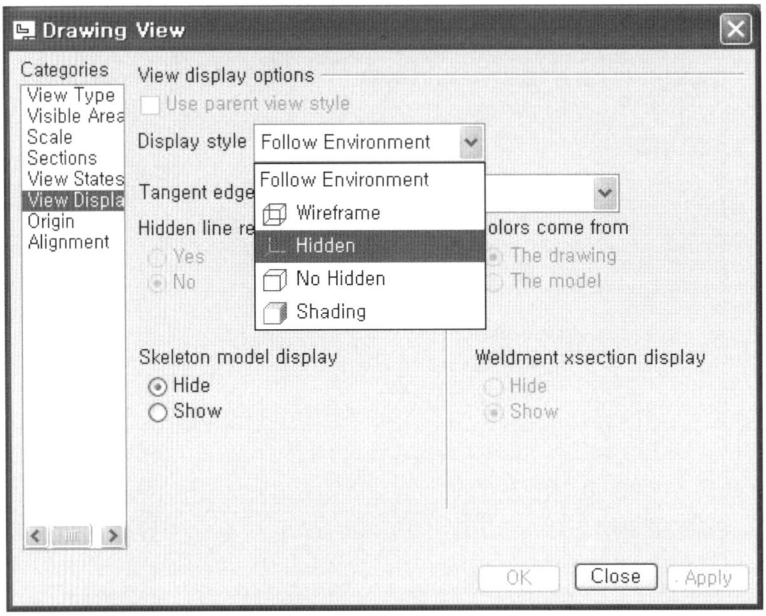

그림 9.28 좌측면도의 View Display 설정

⑦ 각 카테고리 설정을 지정하고 [Apply] 버튼을 누르면 화면에 반영되어 나타난다. [그림 9.29]와 같이 정면도 좌측에 은선이 표현되어 좌측면도가 생성되었다. 수정 사항이 더 이상 없으면 [OK] 버튼을 눌러 좌측면도의 Drawing View 설정을 완료한다.

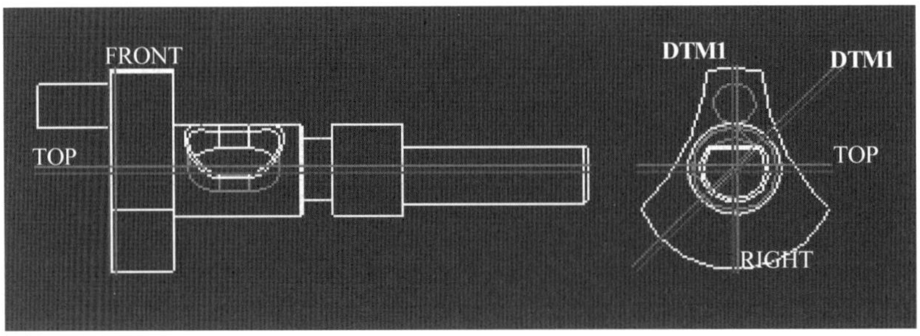

그림 9.29 좌측면도와 정면도

16. Auxiliary 뷰(보조) 생성을 위한 데이텀 평면을 생성한다.

① Drawing 모델 트리에서 파트 파일명 'ROD.PRT'를 클릭하고 MB3 버튼을 눌러 [Open]을 클릭하면 파트 파일이 새 창에서 열린다(파트 파일이 다른 창에 이미 열려 있다면 창을 활성화시켜서 작업한다. Ctrl + A).

② 파트 파일이 열리면 [그림 9.30]과 같이 CUT 피처의 중심을 통과하는 데이텀 평면을 생성한다. 밀어내기 피처 1의 중심축을 통과하고 DTM1에 수직인 새로운 DTM2를 생성한다.

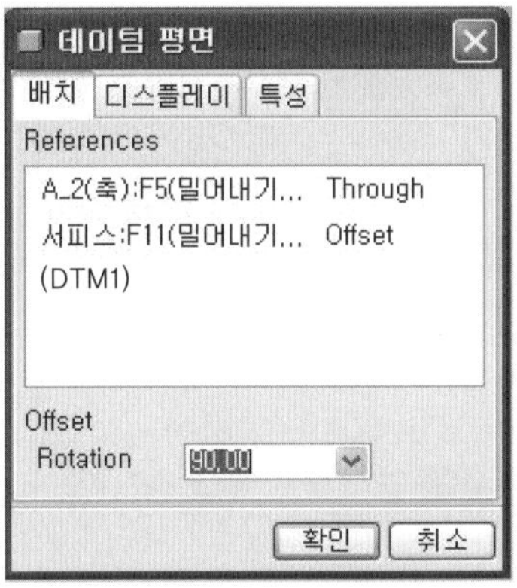

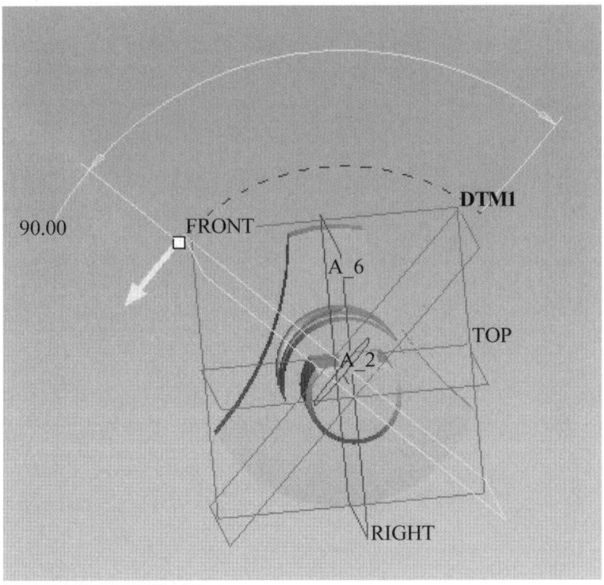

그림 9.30 데이텀 평면 DTM2 생성

③ 뷰 생성 도중에 데이텀 평면을 생성할 수 있으나, 파트와 드로잉이 서로 연관성을 가지므로 익숙한 생성방법인 파트 파일에서의 생성법을 선택하여 미리 데이텀 평면을 생성하였다. 드로잉 파일을 활성화시켜 보면 [그림 9.31]과 같이 정면도에서 생성된 DTM2를 확인할 수 있다.

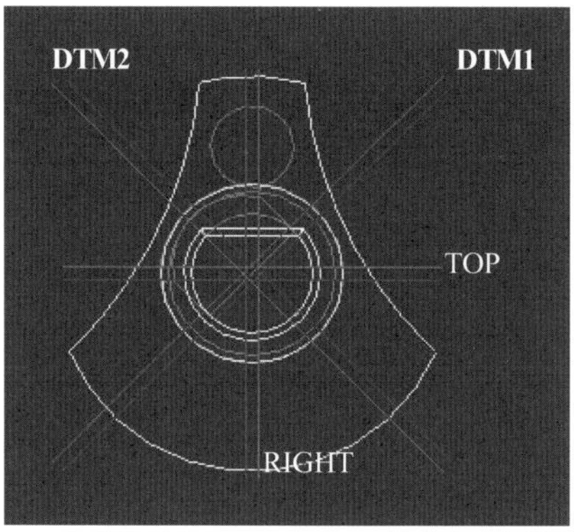

그림 9.31 드로잉에 나타난 생성된 데이텀 평면(DTM2)

17. Auxiliary 뷰(보조)를 생성하고 Cut 부분에 Cross Section을 표현한다.

① Insert > Drawing View > Auxiliary를 선택한다.

② 메시지 창에 아래와 같은 메시지가 나타나면 이미 생성해 둔 DTM2를 정면도에서 클릭한다.

◆모서리 또는 축, 또는 데이텀 평면, 기본 뷰의 전면을 선택하십시오.

③ 정면도를 클릭하면 아래 메시지와 함께, 노란색 박스가 마우스를 따라 움직인다. 보조 뷰를 위치시킬 지점을 [그림 9.32]와 같은 배치로 화면에서 클릭하면 뷰가 생성된다.

◆드로잉 뷰에 대한 중심점을 선택하십시오.

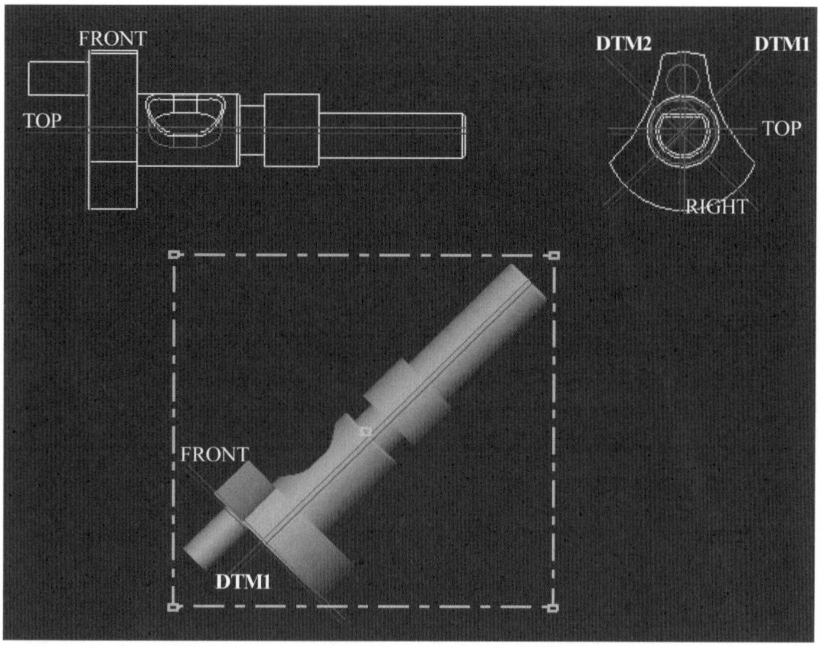

그림 9.32 보조 뷰 생성

④ 생성된 보조 뷰가 붉은색 테두리로 둘러싸여 활성화 상태이면 MB3의 [Properties]를 선택하면 Drawing View 창이 뜬다. View Type은 [그림 9.33]과 같이 설정된 상태이다.

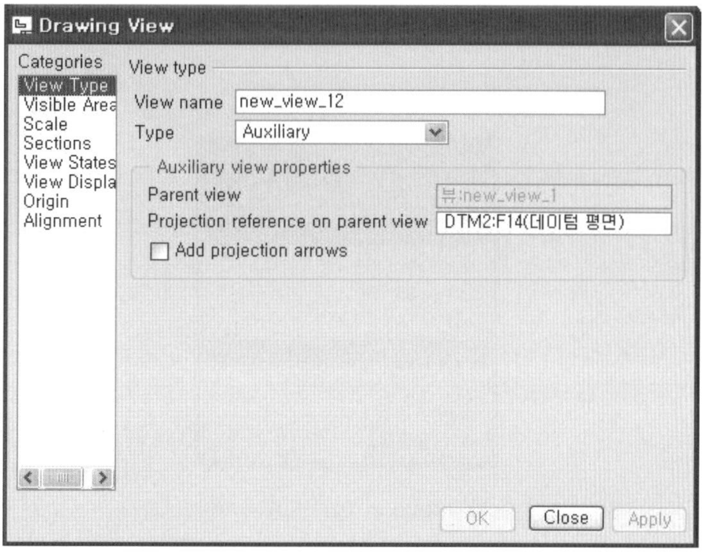

그림 9.33 보조 뷰의 View Type 설정

⑤ 보조 뷰에 DTM2 기준으로 단면 뷰를 생성하기 위해 [그림 9.34]와 같이 Section 카테고리를 선택하여 [2D cross-section]을 선택하고 ➕을 클릭한다.

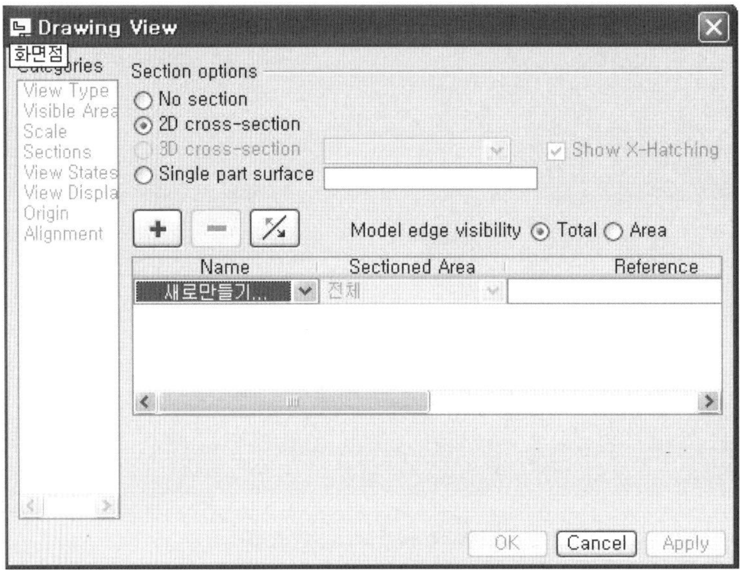

그림 9.34 보조 뷰의 Section 설정

⑥ Section 이름의 [새로만들기]를 선택하여 [그림 9.35]와 같은 메뉴관리자가 나타나며, 선택한 기준면에 대해 단면을 생성하기 위해 [Planar(평면)], [Single(단일)]을 선택하고 [Done(완료)]를 선택한다.

그림 9.35 Section 이름만들기 메뉴관리자

⑦ 생성할 절단면 이름을 정의한다. 보통 알파벳 순서 또는 단면의 특징을 나타내는 이름으로 명명한다. “A”를 입력한다.

⑧ 절단면을 생성할 기준 면을 정의한다. 이미 여기에 사용할 DTM2를 파트 파일에서 생성해 두었으므로 [그림 9.36]의 평면 셋업 메뉴의 [Plane(평면)] 선택 상태에서 DTM2를 화면에서 선택한다. 만약 미리 사용할 데이텀 평면을 준비하지 않았다면 [Make Datum(데이텀 만들기)]를 선택하여 즉시 생성하여 사용할 수 있다.

그림 9.36 평면 셋업

⑨ 정면도에서 DTM2를 클릭했다면 Drawing View 창의 [Apply] 버튼을 클릭하면 [그림 9.37]과 같이 화면에 DTM2를 기준으로 A-A 이름을 가진 절단면이 보조 뷰에 적용되는 것을 확인할 수 있다. 절단면 부위에는 해칭으로 표현되어 나타난다.

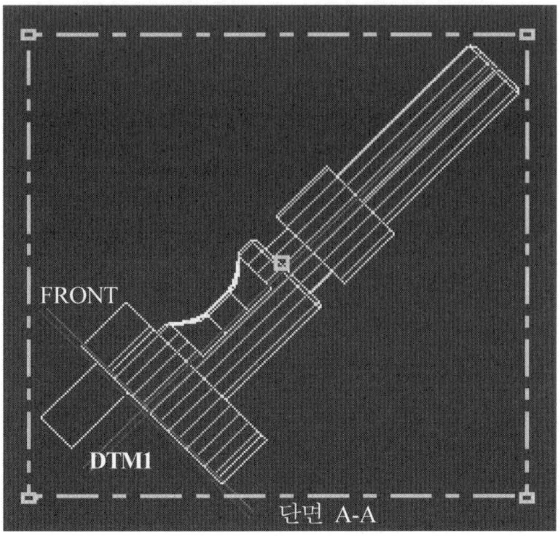

그림 9.37 보조 뷰에 단면 뷰 적용

⑩ 보조 뷰의 Drawing View 창의 스크롤바를 우측으로 이동하여 [그림 9.38(a)]와 같이 Arrow Display의 빈칸을 클릭하여 활성화하면 메시지 창에 [그림 9.38(b)]와 같은 메시지가 나타나고, 그에 대해 보조 뷰에 대한 모 뷰인 정면도를 클릭하고 [Apply] 버튼을 클릭하면 [그림 9.38(b)]에서 선택한 뷰인 정면도에 [그림 9.38(c)]와 같이 절단면의 위치를 나타내는 화살표가 디스플레이된다.

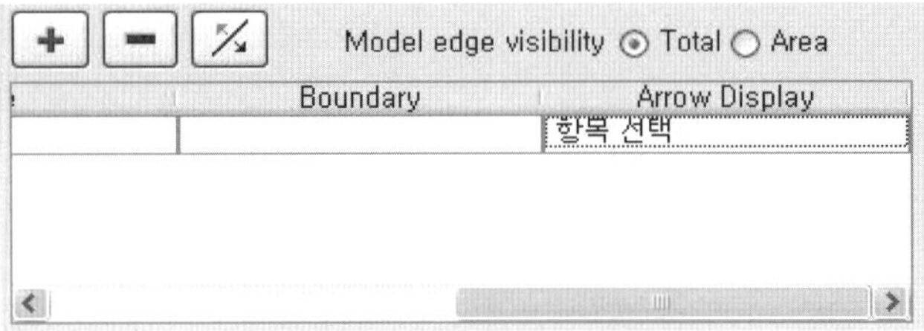

(a)

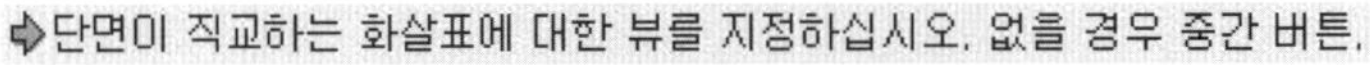

(b)

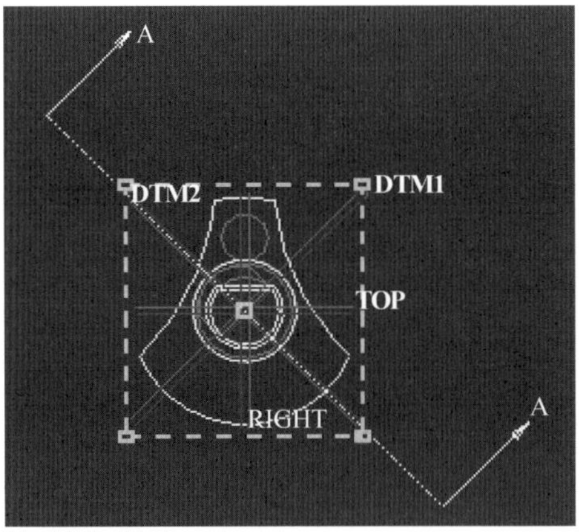

(c)

그림 9.38 단면 뷰의 모 뷰에 화살표 디스플레이

⑪ [그림 9.37]에서 보듯이 보조 뷰의 절단면을 표현하는 해칭의 각도는 기본적으로 45° 로 나타난다. 그러나 해칭선과 모델의 윤곽선이 유사한 각도일 때는 해칭선의 기울기와 간격을 수정하여 윤곽선과 구분되도록 한다.

⑫ 보조 뷰의 해칭선 위에 마우스를 올리면 하늘색으로 반전되며 선택 상태가 될 때, 더

블 클릭하거나 선택한 후 MB3의 [Properties]를 선택하면 [그림 9.39]와 같은 해칭 수정을 위한 메뉴관리자가 나타난다.

⑬ 해칭 선의 간격은 [그림 9.39(a)]와 같이 [Hatching(해칭)]-[Spacing(간격)]을 선택하면 아래로 연장되는 MODIFY MODE 메뉴에서 Half, Double, Value로 간격을 조절한다.

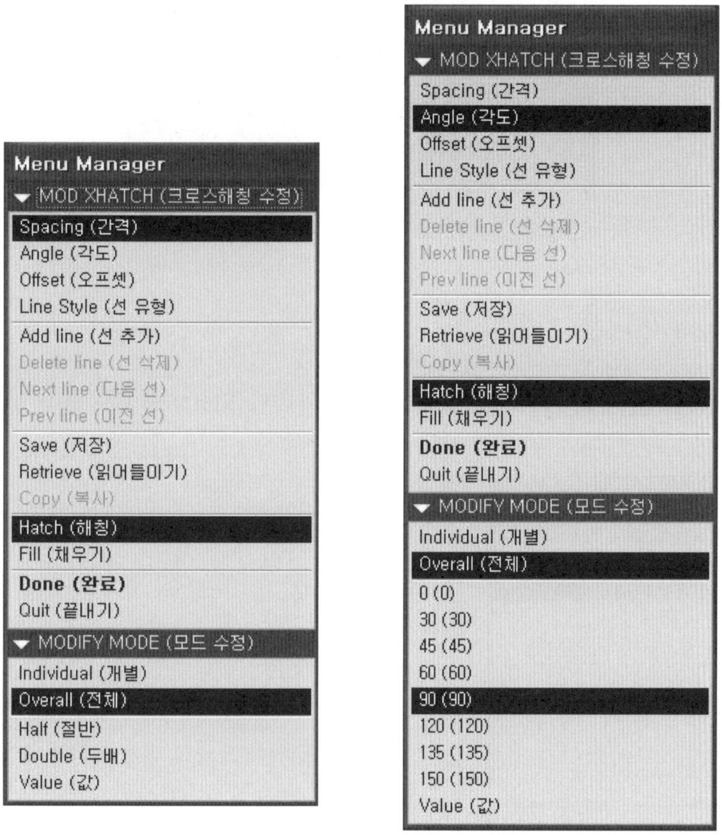

(a) (b)

그림 9.39 크로스 해칭의 수정 매뉴 관리자

⑭ 해칭 선의 각도는 [그림 9.39(b)]와 같이 [Hatching(해칭)]-[Angle(각도)]를 선택하여 MODIFY MODE 메뉴에서 0~150도까지 선택하거나 [Value]로 직접 각도값을 조절하여 윤곽선과 구분되도록 [그림 9.40]과 같이 수정한 후 [Done(완료)]을 선택한다(해칭이 아닌 채우기(Fill)를 선택하면 단면이 색채우기로 표현된다).

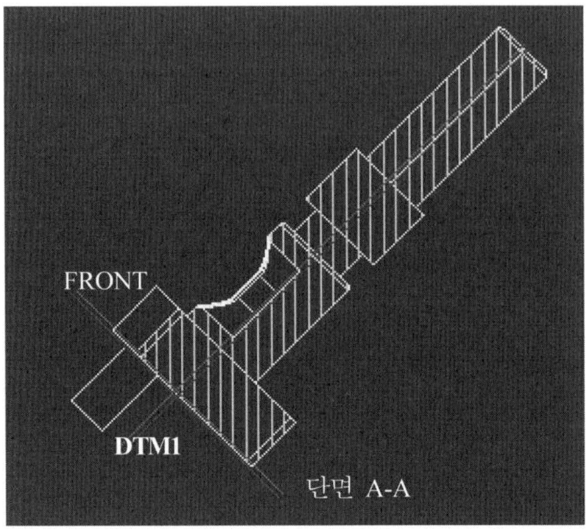

그림 9.40 크로스 해칭의 간격, 각도 수정

18. Dimension(치수)을 기입한다.

① View > Show and Erase 선택하면 [그림 9.41]의 Show/Erase 창이 나타난다. [Show]

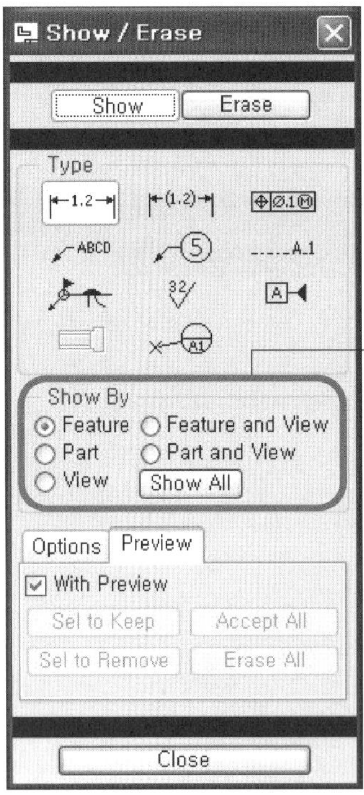

- Feature(피쳐) : 드로잉의 특정 피쳐에 대한 치수를 표시
- Part(부품) : 드로잉의 특정 부품에 대한 치수를 표시
- View(뷰) : 특정 드로잉 뷰 내의 피쳐 및 부품에 대한 치수를 모두 표시
- Feature and View(피쳐와 뷰) : 여러 뷰에 나타나는 한 피쳐에 대한 치수를 사용자가 선택한 하나의 뷰에 표시 (ex) 여러 투영 뷰에 나타나는 치수에 대한 피쳐가 있으면 피쳐와 뷰(Feature and View)를 사용하여 피쳐를 표시할 뷰에서 피쳐를 선택할 수 있다.
- Part and View(부품과 뷰) : 여러 뷰에 나타나는 하나의 부품에 대한 치수를 사용자가 선택한 하나의 뷰에 표시
- Show All(전체 보기) : 드로잉 내의 모든 치수를 표시

그림 9.41 치수 기입을 위한 Show/Erase 창

버튼 선택, [치수] 버튼을 선택하고 여러 Show By(보기 순서) 방법 중 한 가지를 선택하여 적절한 피쳐, 부품 또는 뷰를 선택하여 치수를 표시한다. 선택을 마치고자 할 때는 마우스 중간 버튼(MB2)을 클릭한다. 여러 개의 항목을 선택할 때는 Ctrl 키를 누르고 선택한다.

TIP

치수를 표시하는 동안 드로잉에서 항목이 겹쳐서 선택하기가 힘들 경우 Show/Erase 도구를 일시 정지한 다음 드로잉 항목을 이동하면 보거나 지울 항목을 정확하게 찾아 선택할 수 있다. 드로잉에서 MB3 버튼을 클릭하고 [Show/Erase 도구 Pause Show and Erase(일시 정지)]를 클릭한 다음 필요에 따라 뷰 내에서 드로잉 항목을 이동한다. Show/Erase 프로세스를 계속하려면 다시 MB3 버튼을 클릭하고 [Resume Show and Erase(보기와 지우기 다시 시작)]을 클릭한다.

② 미리보기로 표시된 치수 중 일부를 [그림 9.42]와 같이 Preview(미리보기) 탭에 있는 다음 옵션을 사용하여 표시하지 않을 수도 있다.

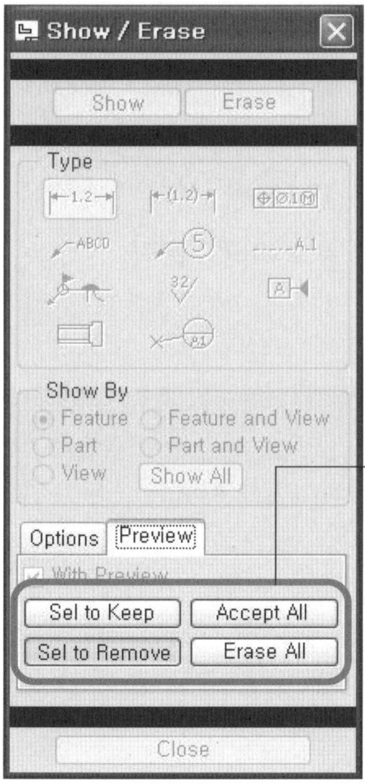

- Sel to Keep(유지 선택) : 드로잉에 표시할 개별 치수를 선택(선택하지 않은 치수는 모두 지워짐)
- Sel to Remove(제거 선택) : 드로잉에서 제거할 치수를 선택(선택하지 않은 치수는 모두 드로잉에 유지)
- Accept All(전체 적용) : 미리보기로 표시된 모든 치수를 그대로 유지
- Erase All(전체 지우기) : 미리보기로 표시된 모든 치수를 지움

그림 9.42 Preview를 이용한 치수 선택

③ 기입된 치수를 지우고자 할 때는 Erase 탭을 통해 지우고자 하는 치수를 선택하여 지운다.

④ 치수를 모두 기입하지 못했다면 Show/Erase를 반복하여 추가 기입한다.

⑤ Show/Erase를 통해 기입되지 않은 치수는 직접 기입한다.
Insert > Dimension > New References를 선택하여 ATTACH TYPE(첨부 유형) 메뉴관리자가 나타나면 아래 옵션 중 하나를 선택하여 치수 기입을 위한 선택방법을 선택한다.

- On Entity(엔티티 위) : 일반 치수를 생성하는 규칙에 따라 선택 점에 있는 엔티티에 치수를 첨부
- Midpoint(중점) : 선택한 엔티티의 중점에 치수를 첨부
- Center(중심) : 원형 모서리 중심에 치수를 첨부
  - 원형 모서리는 원 형상(구멍, 라운드, 커브, 서피스 등)과 원형 도면 요소를 포함하며, 비원형 엔티티를 선택하면 On Entity에서처럼 엔티티에 치수를 첨부
- Intersect(교차) : 선택한 두 엔티티의 가장 가까운 교차점에 치수를 첨부
- Make Line(선 그리기) : 모델 뷰 방향의 현재 X축 및 Y축을 참조
- 호 길이의 제어 치수를 생성 : 호의 끝과 중간을 선택 〉 ARC DIM TYPE 〉 Arc Length를 선택

19. 항목을 다른 뷰로 이동한다.

기입한 치수, 노트 등의 항목 중 다른 뷰로 이동하기를 원하는 항목을 선택하고 Edit > Move Item to View를 선택한 뒤 옮기고자 하는 뷰를 선택하면, 항목이 선택된 뷰로 이동한다(**항목 선택** > MB3**의** Move Item to View(**항목을 뷰로 이동**) **클릭**).

[그림 9.43]에서는 좌측면도의 치수 24를 보조 뷰로 이동한 예를 나타내었다.

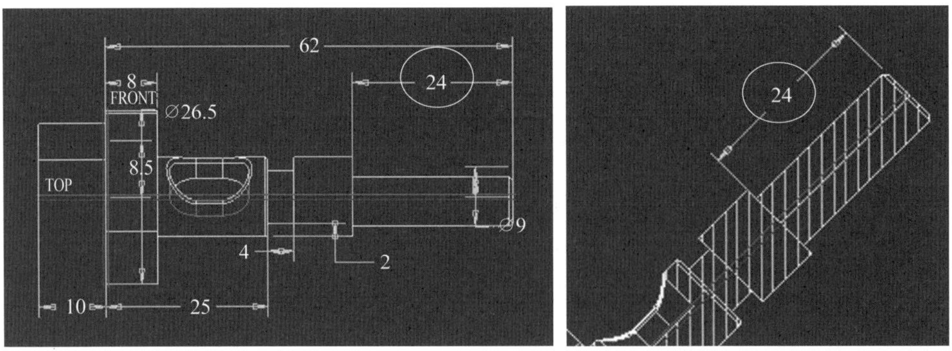

그림 9.43 좌측면도의 치수를 보조 뷰로 이동(항목을 뷰로 이동)

20. 뷰의 위치를 이동한다.

드로잉에 삽입된 각 뷰들의 위치는 이동되지 않도록 기본적으로 잠겨져 있다. 뷰의 위치를 이동하고자 할 때는 MB3 클릭하여 팝업 메뉴의 [Lock View Movement]를 선택하여 체크를 해제하면 마우스로 뷰의 위치가 조절된다.

21. 치수를 정리한다.

기입된 치수들을 일정 간격으로 나열시킨다. 치수들을 선택하고 MB3의 [Clean up Dimension]을 선택하거나 Edit > Clean up > Dimensions를 선택하고 치수들을 선택한 후 Offset, Increment값을 조절하고 [Apply] 버튼을 클릭하면 화면에 치수가 정리되는 것이 미리보기 된다. 간격값이 넓거나 좁으면 값을 조절하고 [Apply] 버튼을 클릭하기를 반복한다. 아래 [그림 9.44]의 (a)에서 (b) 상태로 몇 개의 선형 치수들이 일정 간격으로 정리된 것을 볼 수 있다.

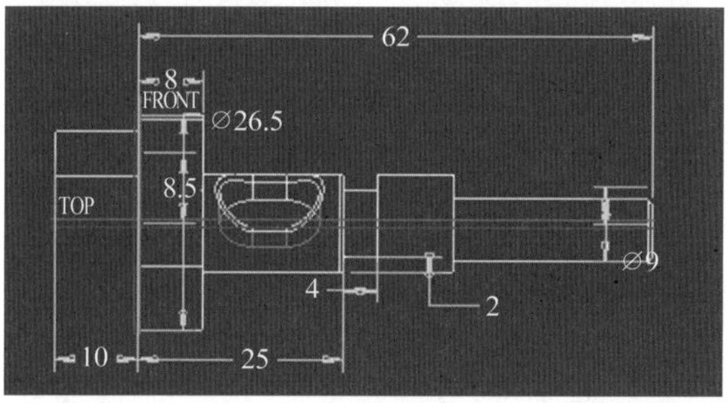

(a)

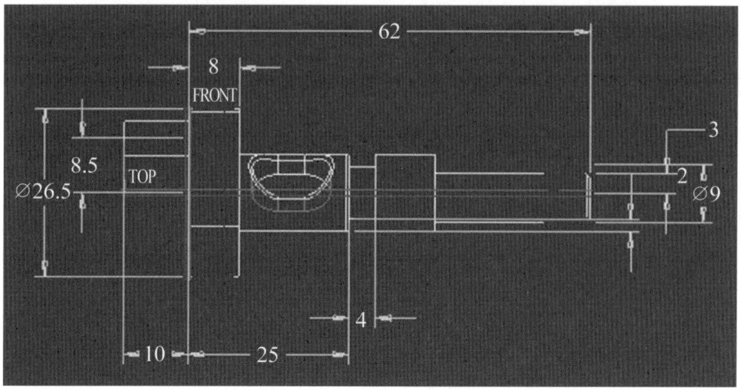

(b)

그림 9.44 치수 정리

22. 치수들을 기준 치수의 위치로 정렬한다.

여러 치수들을 기준 치수의 위치에 대하여 정렬한다. 예를 들어 [그림 9.45]의 (a)에서 홈의 폭치수 4의 위치에 맞추어 25, 10 치수를 같은 위치로 정렬하려면 기준 치수 4를 먼저 선택하고 Ctrl 키를 눌러 25와 10을 선택한 후 Edit > Align Dimensions를 선택한다. 또는 MB3의 [Align Dimensions] 단축 메뉴를 선택하면 [그림 9.45]의 (b)와 같이 치수들이 4의 위치에 정렬된다.

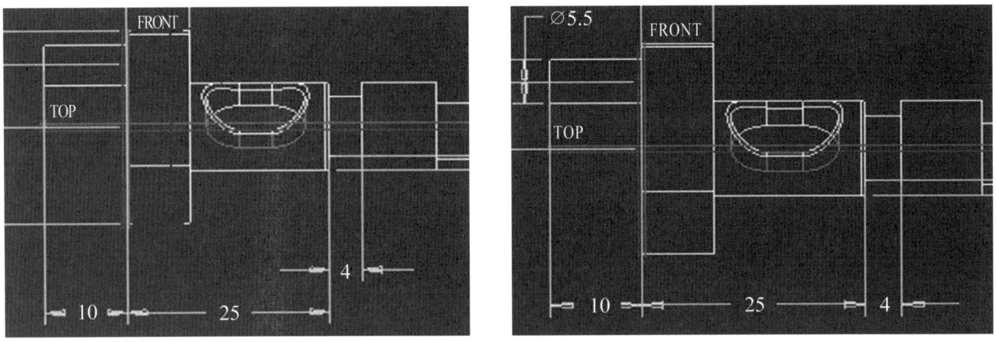

(a) (b)

그림 9.45 치수 정렬

23. Detail(상세) 뷰 생성하기

회전 도구를 이용하여 폭 4로 홈을 만들어 둔 부분의 상세 뷰를 작성하고자 한다. 확대한 원 위치를 좌측면도에 표시를 하고 드로잉 하단에 확대된 상세 뷰를 배치하고자 한다.

① Insert > Drawing View > Detail을 선택하여 중심점을 선택하라는 아래 메시지가 나타나면 [그림 9.46]과 같이 좌측면도의 홈 부분의 선을 클릭한다. X 표시가 나타나고, 스플라인을 스케치하라는 메시지도 나타난다.

> ➜기존 뷰상의 상세에 대한 중심점을 선택하십시오.
>
> ➜다른 스플라인과 교차하지 않게 아웃라인을 정의하는 스플라인을 스케치하십시오.

② [그림 9.46]과 같이 선택한 중심점(X)을 둘러싸는 스플라인을 그린다. 그리는 스플라인 영역 내부를 상세 뷰로 확대하여 표현하게 된다. 스플라인을 완료하려면 MB2을 클릭한다.

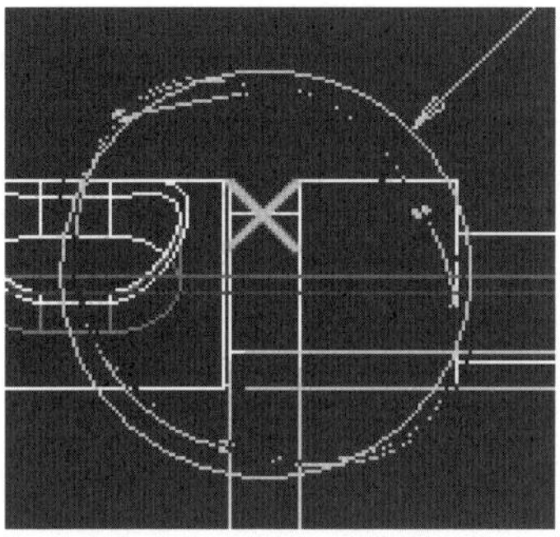

그림 9.46 상세 뷰 영역 정의

③ 상세 뷰를 위치시킬 지점을 정의하기 위해 아래와 같은 메시지가 나타나면, 드로잉상에 상세 뷰를 기입할 위치를 마우스로 클릭한다. 드로잉의 우측 하단에 클릭하여 위치시킨다. [그림 9.47(a)]와 같이 모 뷰인 좌측면도에는 상세 뷰의 이름과 정의 영역이 표시되고, 지정한 위치에 [그림 9.47(b)]와 같이 뷰 이름과 배율이 표기된 상세 뷰가 생성된다.

➡드로잉 뷰에 대한 중심점을 선택하십시오.

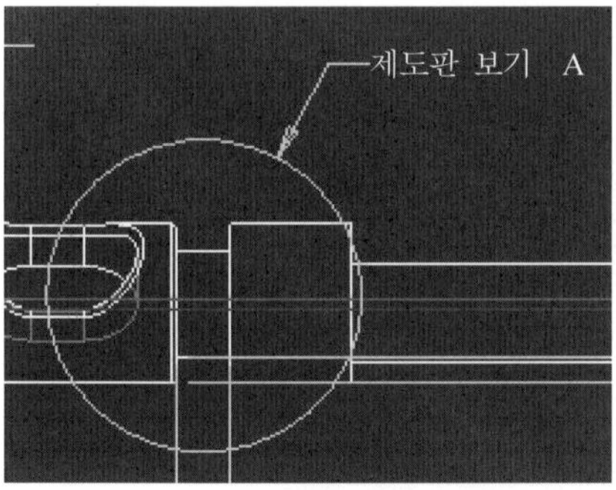

(a) 좌측면도(상세 뷰의 모 뷰)

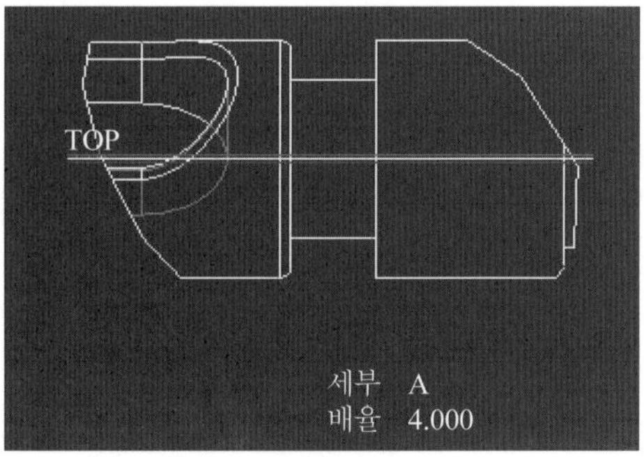

(b) 상세 뷰

그림 9.47 생성된 상세 뷰와 모 뷰

④ [그림 9.48]과 같이 상세 뷰의 Properties 창을 열면 View Type 카테고리에서 View 이름을 수정할 수 있을 뿐만 아니라, Detailed view properties의 각 항을 통해 이미 지정한 상세 뷰의 기준점과 스플라인 경계를 재정의할 수 있고, 모 뷰에 디스플레이 되는 테두리 형식을 원이나 타원 등으로 변경할 수 있다.

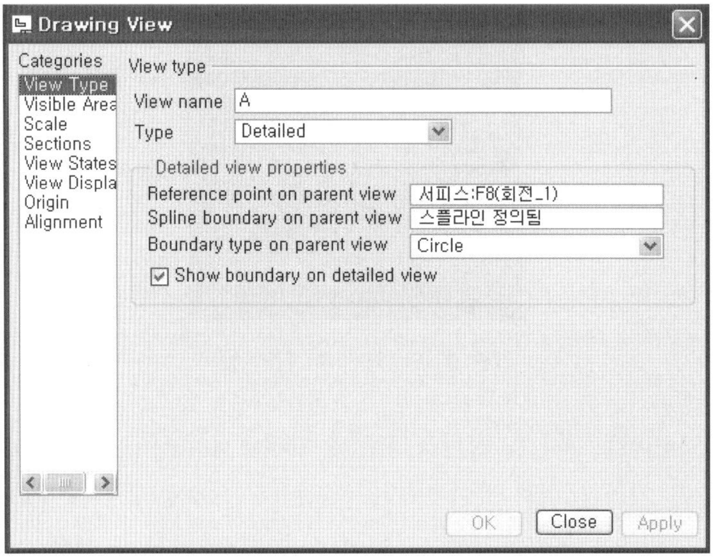

그림 9.48 상세 뷰의 View Type 설정 창

⑤ 상세 뷰의 배율은 Scale 카테고리에서 수정하거나, 상세 뷰의 뷰 이름과 함께 디스플레이 되는 배율값을 더블 클릭하여 수정할 수 있다.

⑥ 상세 뷰에 치수를 표기한다. [항목을 뷰로 이동(Move Item to View)] 등을 이용하여 다른 뷰에 있던 치수를 옮겨온다. [그림 9.49]와 같이 ϕ12 치수는 Insert > Dimension > New Reference를 이용하여 두 직선 엔티티 사이의 치수를 직접 기입한다. 이 두 직선 사이의 치수는 형상의 특선상 지름값이지만 두 직선 사이의 거리 치수로 기입되었으므로 [그림 9.50]과 같이 치수 12의 Properties 창의 Dimension Text 탭에서 [Text Symbol] 버튼을 이용하여 ϕ 기호를 삽입한다.

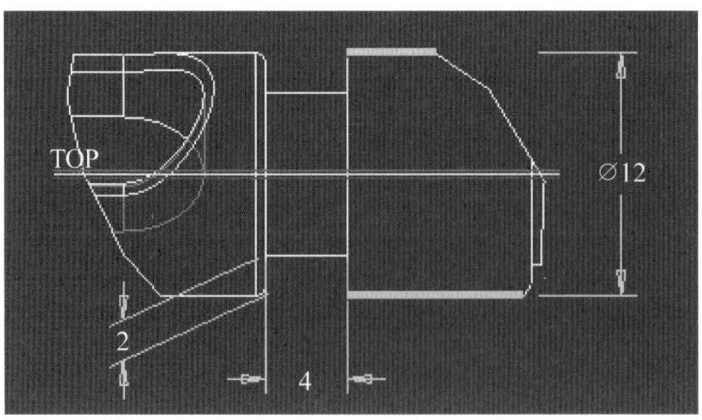

그림 9.49 직선 엔티티 사이 치수에 지름 치수 표기

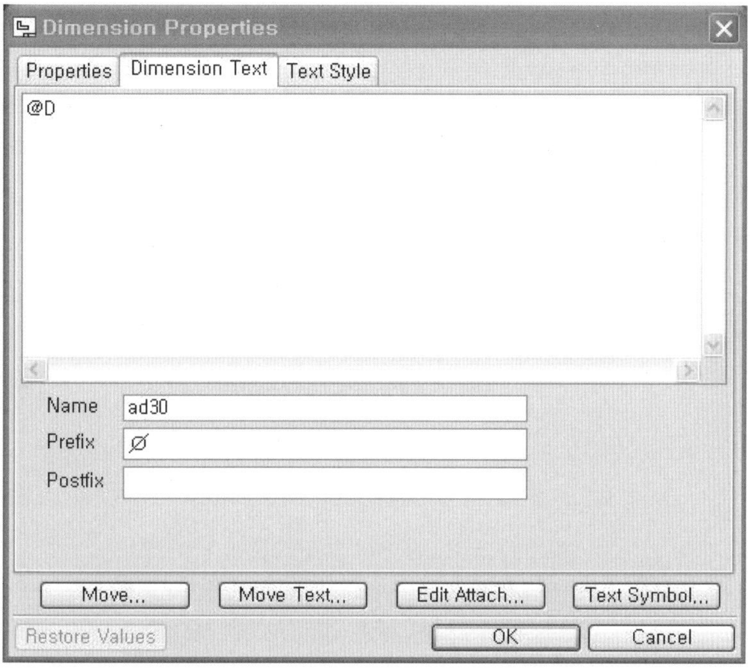

그림 9.50 치수에 Dimension Text 추가

24. Partial(부분) 뷰를 생성해 본다.

새로운 보조 뷰를 하나 생성하고, 이 뷰를 Full View(전체)가 아닌 부분만 나타내는 Partial View로 표현하고자 한다. 방법은 Detail View와 유사하지만, Partial뷰는 따로 배율 지정을 할 수 없어서 확대나 축소를 할 수 없고 도면의 기본 배율을 따른다.

① DTM1을 정면으로 바라본 보조 뷰를 생성하기 위해 Insert > Drawing View > Auxiliary를 선택하고 정면도의 DTM1을 선택한다.

② 보조 뷰를 위치시킬 곳은 정면도 좌측 위 지점을 화면상에 클릭한다.

③ 생성된 뷰의 Properties 창을 열어 View Display 카테고리에서 Hidden을 선택하고 [Apply] 버튼을 눌러 윤곽선이 은선 처리되어 나타나도록 한다.

④ [그림 9.51]과 같이 보조 뷰의 Drawing View 창의 View Type 카테고리에서 View name을 "B"로 고치고, [Add projection arrows]에 체크하고 [Apply] 버튼을 클릭하면 [그림 9.52]와 같이 모 뷰인 정면도에 화살표가 디스플레이된다.

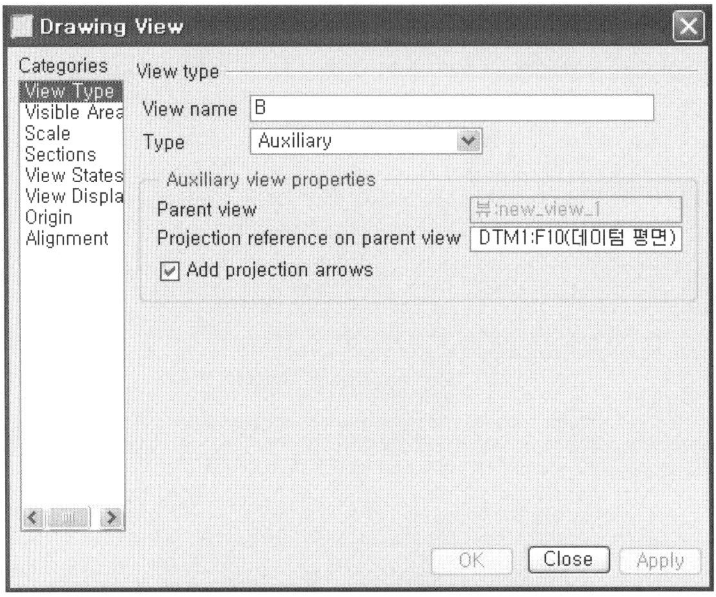

그림 9.51 보조 뷰의 View Type 설정

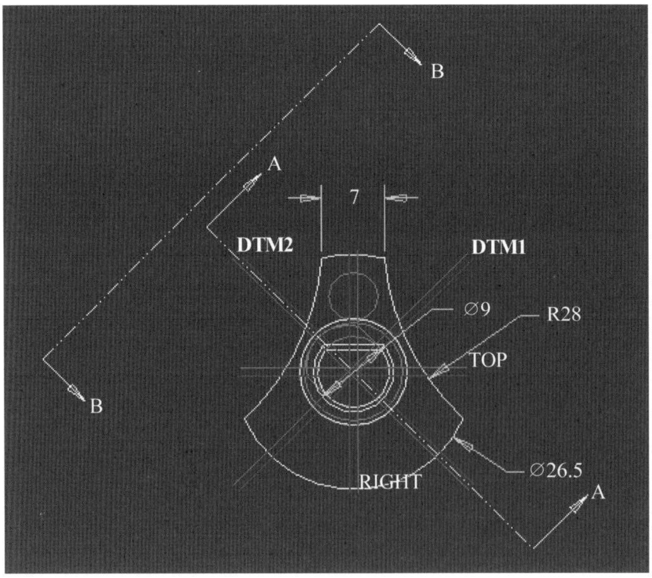

그림 9.52 보조 뷰의 모 뷰에 화살표 보이기

⑤ 보조 뷰를 부분만 표현하기 위해 Visible Area 카테고리에서 Full View를 [Partial View]로 변경하고, [Reference point on geometry]에 [그림 9.53]과 같이 보조 뷰에서 부분만 표현할 중심점을 클릭한다.

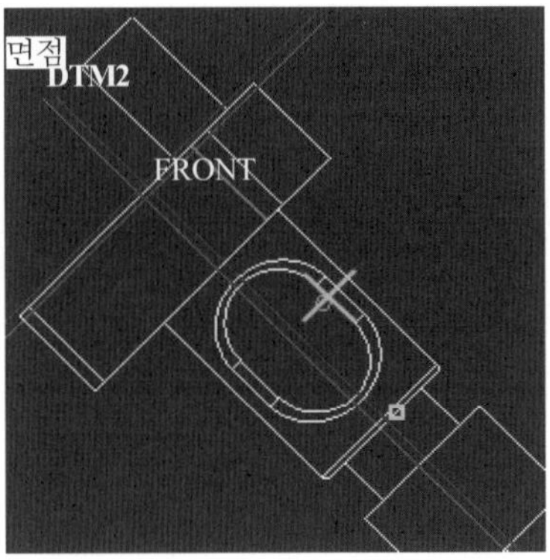

그림 9.53 부분 뷰 위치 선정

⑥ [그림 9.54]와 같이 중심점을 둘러싸는 스플라인을 그리고, 스플라인 스케치를 종료하려면 MB2를 클릭한다. 정의를 완료하면 [그림 9.55]와 같이 Drawing View 설정 창의 Visible Area 카테고리의 내용이 입력된다. 각 항목을 수정하려면 입력 창을 클릭하고 입력값들을 재정의 할 수 있다.

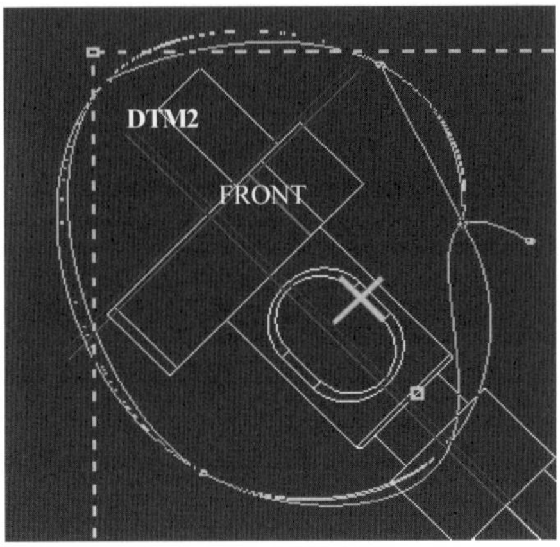

그림 9.54 부분 뷰 영역 정의

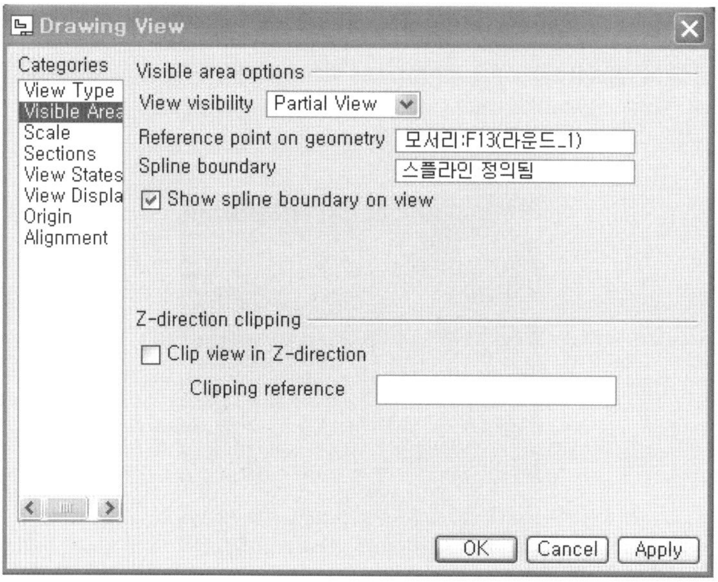

그림 9.55 보조 뷰의 부분 뷰 표현을 위한 Visible Area 설정 창

⑦ [Apply] 버튼을 클릭하면 보조 뷰가 [그림 9.56]과 같이 Visible Area에서 정의한 일부분만 드로잉에 표현된다.

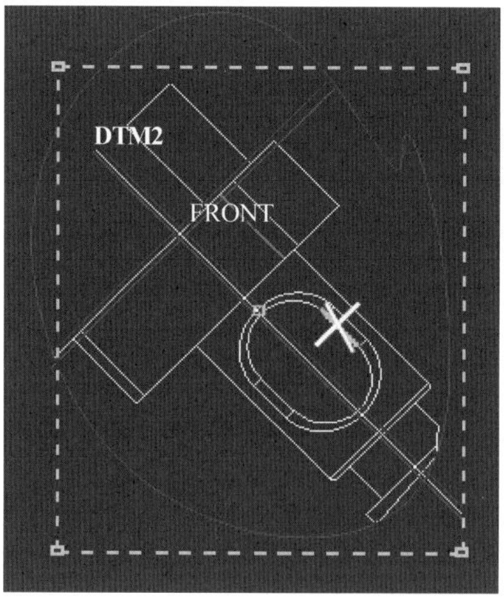

그림 9.56 부분 뷰 표현

⑧ 뷰에 Show/Erase 또는 Insert > Dimension을 이용하여 [그림 9.57]과 같이 치수를 기입한다.

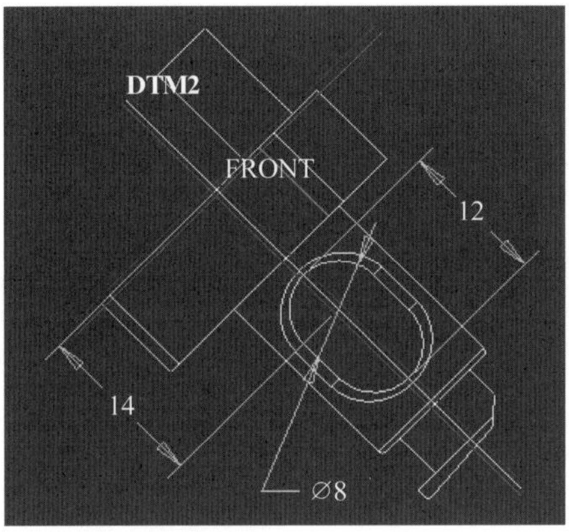

그림 9.57 치수 기입

⑨ 라운드 치수를 NOTE를 이용해서 TEXT로 기입한다. Insert > Note를 선택하고 [그림 9.58]의 메뉴관리자에서와 같이 설정한 후 [Make Note]를 클릭한다.

그림 9.58 노트 유형 설정

⑩ [그림 9.58]에서 [With Leader(지시선 사용)]을 선택하였으므로, [그림 9.59(a)]의 메뉴 관리자에서 지시선의 유형을 설정한 후, 지시선을 첨부할 엔티티를 [그림 9.59(b)]와 같이 선택하고 [Done]을 클릭한다.

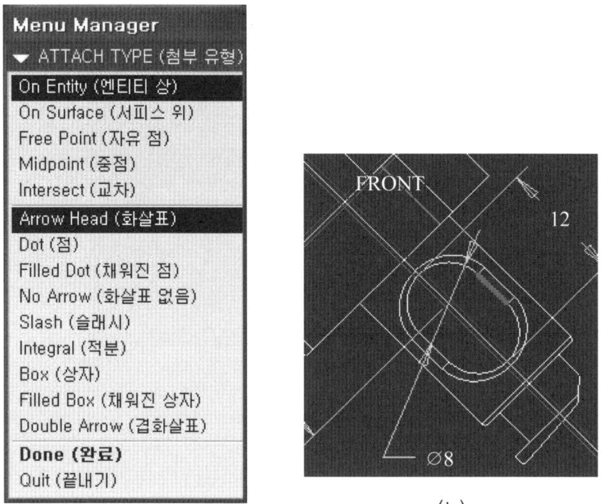

(b)

(a)

그림 9.59 지시선 첨부 유형 설정

⑪ Note를 기입할 위치를 화면상에 클릭하고 노트 입력 창의 [Text Symbol] 버튼을 사용하여 주석을 입력한다. “R0.5”를 입력하고 [Enter] 키를 누르면 새 입력 창이 나타난다. 추가 내용을 입력하거나 입력 내용이 더 이상 없다면 빈 프롬프트 상태로 [Enter] 키를 눌러 노트 입력을 마무리하면 [그림 9.60]과 같이 치수가 입력된다.

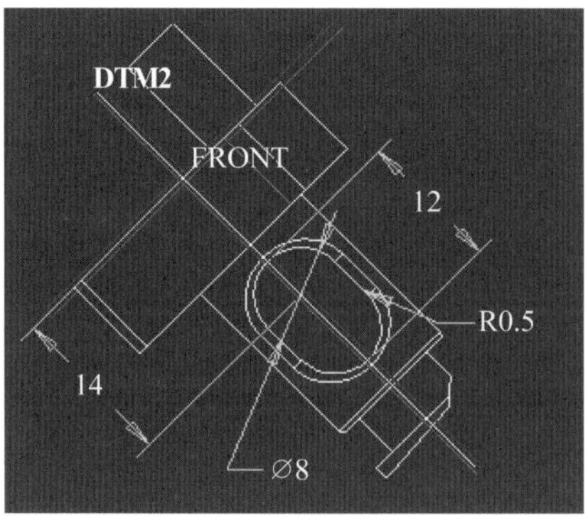

그림 9.60 노트를 이용한 치수 입력

25. 표제란에 도면의 모델명과 작성자, 작성 일자를 기입한다.

c.frm을 적용하여 시작한 도면이므로 이 포맷을 변경하고자 하면 c.frm 파일을 오픈하여 선을 추가하거나 삭제하면 현재 도면에 변경된 포맷이 덧씌워진다.

① Insert > Note를 선택하고 메뉴관리자에서 [No Leader(지시선 없음)]을 선택한 후 [Make Note]를 클릭한다. 모델명을 기입할 란에 마우스를 클릭하고 "ROD"를 입력하고, 반복하여 [그림 9.61]과 같이 소속기관도 기입해 본다.

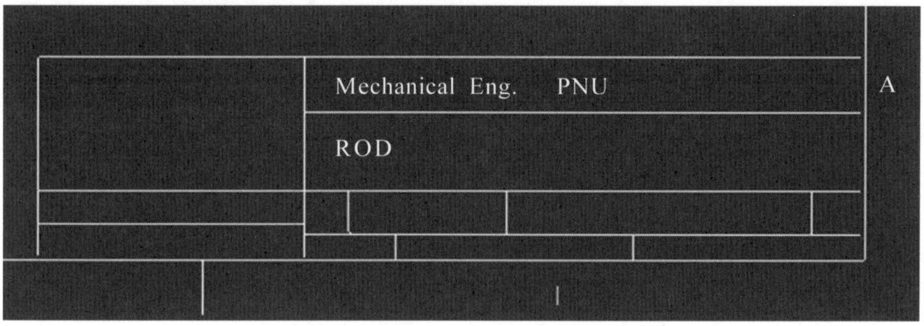

그림 9.61 표제란 작성

② 모델명 기입란 아래 칸에 4개의 칸이 있었으나 칸을 2개로 변경하고자 하면 c.frm 포맷 파일을 열어서 세로선을 삭제하고 C.frm을 저장한다. 이때, 소속기관이나 공통적으로 사용하는 표제란 내용이 있다면 포맷 파일에서 NOTE를 기입하여 그 자체로 포맷 파일을 저장하여 사용하는 것이 편리하다. 변경된 포맷 파일을 저장하고 작업 중인 드로잉 파일을 활성화시키면 변경된 포맷이 적용된다. 표제 란을 [그림 9.62]와 같이 작성해 본다.

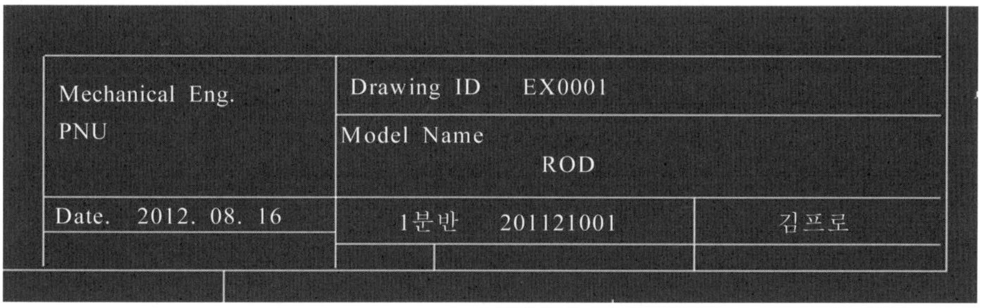

그림 9.62 완성된 표제란

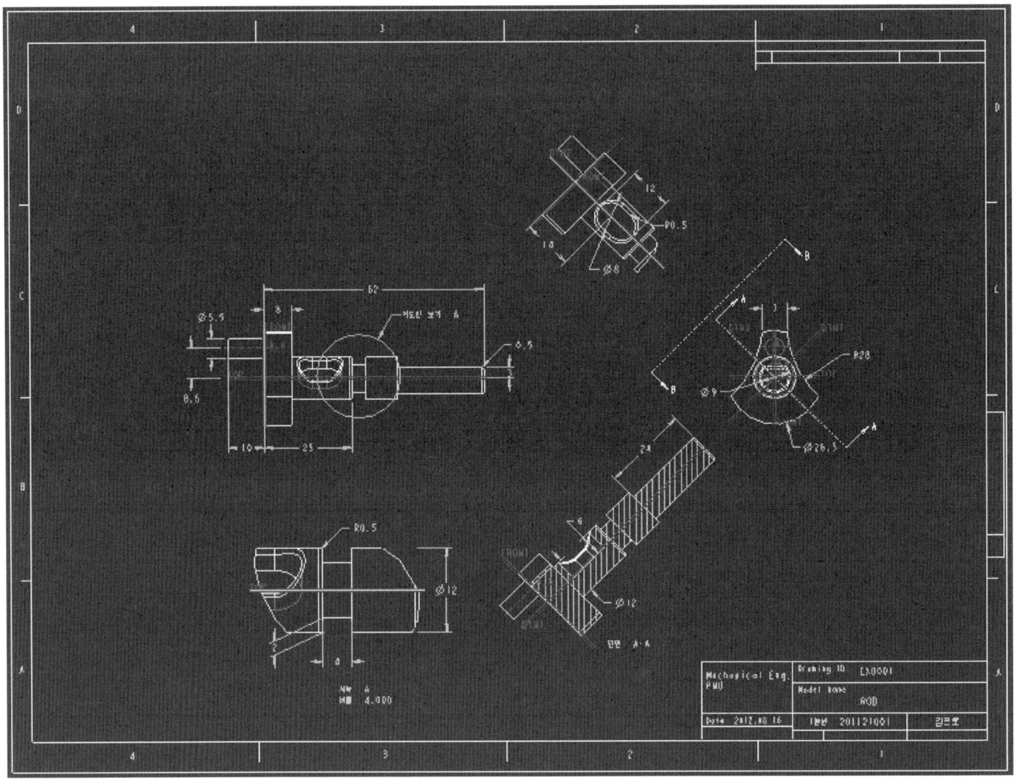
R0.5
Ø12
Ø8
R28
Ø9
단면 A-A
Mechanical Eng.
PNU
Drawing ID
Model Name
ROD

그림 9.63 완성된 도면

참고문헌

1. 배원병, 정융호, 조진래, 그래픽스이론 및 솔리드 모델링, 청문각, 1998.

2. PTC 기술지원부, Pro/ENGINEER WildFire 3.0 Help, 2009.

3. 엄정섭, 3차원 CAD/CAM/CAE를 위한 Pro/ENGINEER WildFire 2.0, 성안당, 2006.

부록

개요

지금까지 연습한 여러 방법을 이용하여 다음 부품들을 모델링 해 보도록 한다. 합리적인 모델링 방법을 사용하여 시도해 보도록 한다.

연습 1 밀어내기 도구(Extrude)를 이용하여 모델링하라.

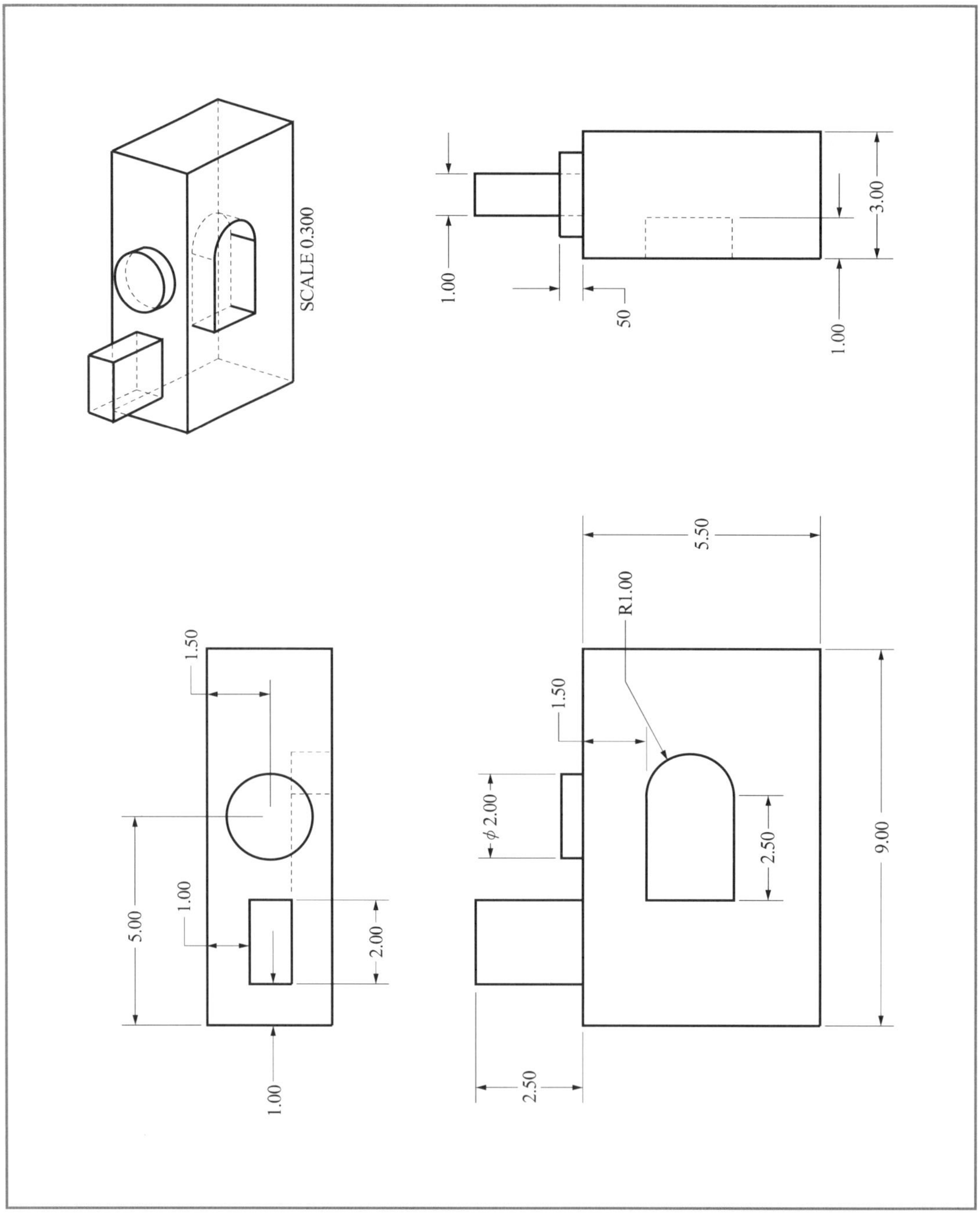

연습 2

회전 도구(Revolve) 또는 밀어내기 도구(Extrude), 구멍 도구(Hole), 모따기 도구(Chamfer)를 이용하여 모델링하라.

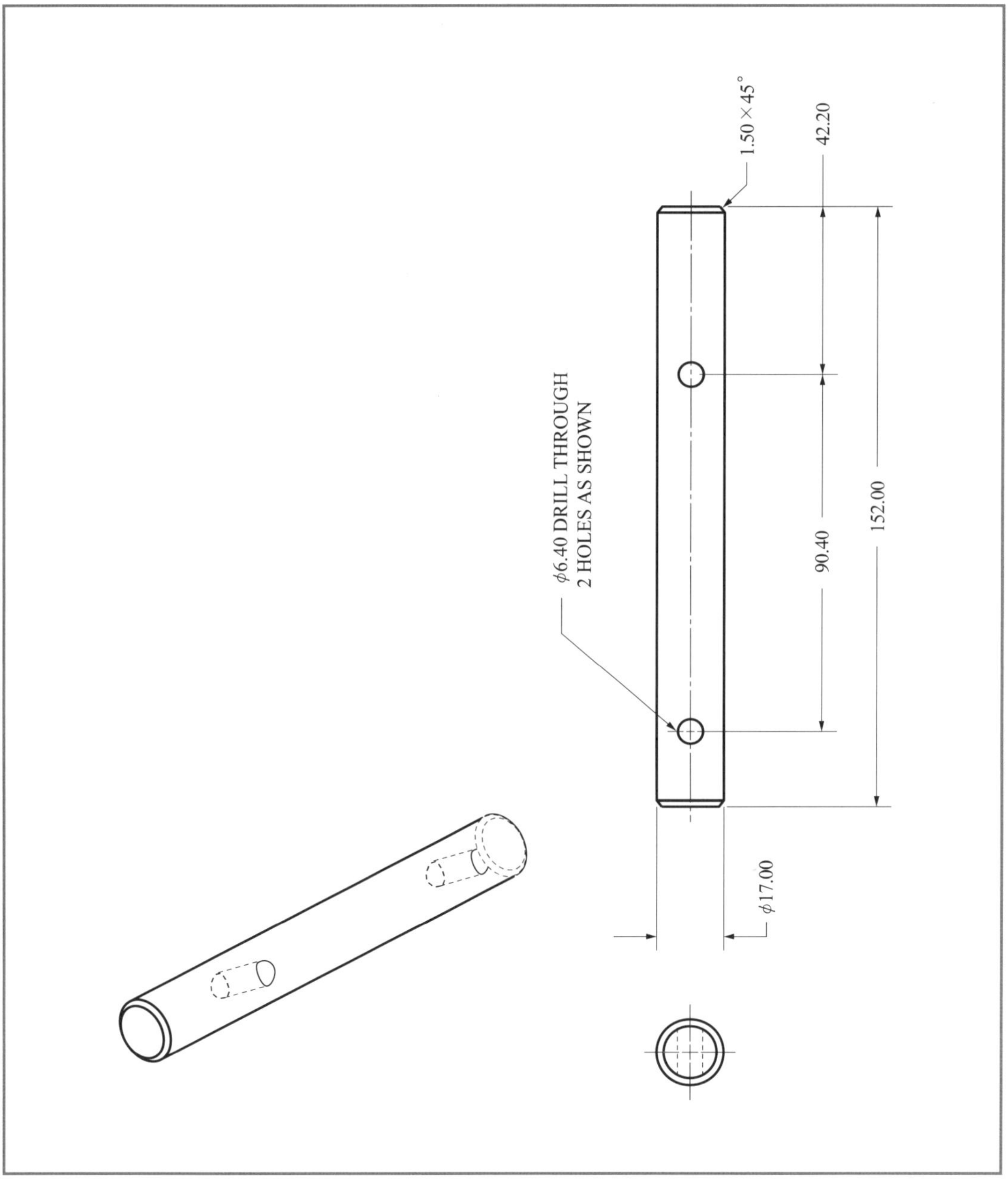

연습 3 밀어내기 도구(Extrude), 컷(Cut), 스케치 강화 등을 이용하여 모델링하라.

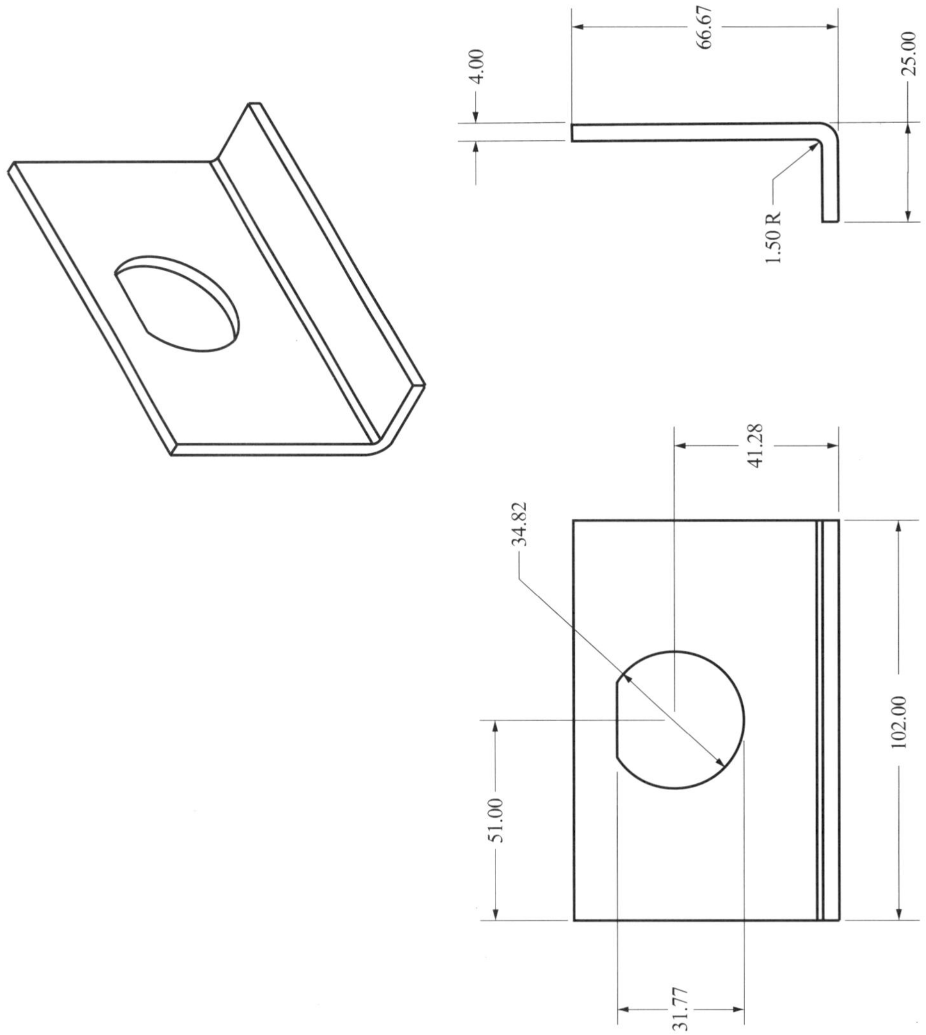

연습 4 회전 도구(Revolve), 컷(Cut), 구멍 도구(Hole) 등을 이용하여 모델링하라.

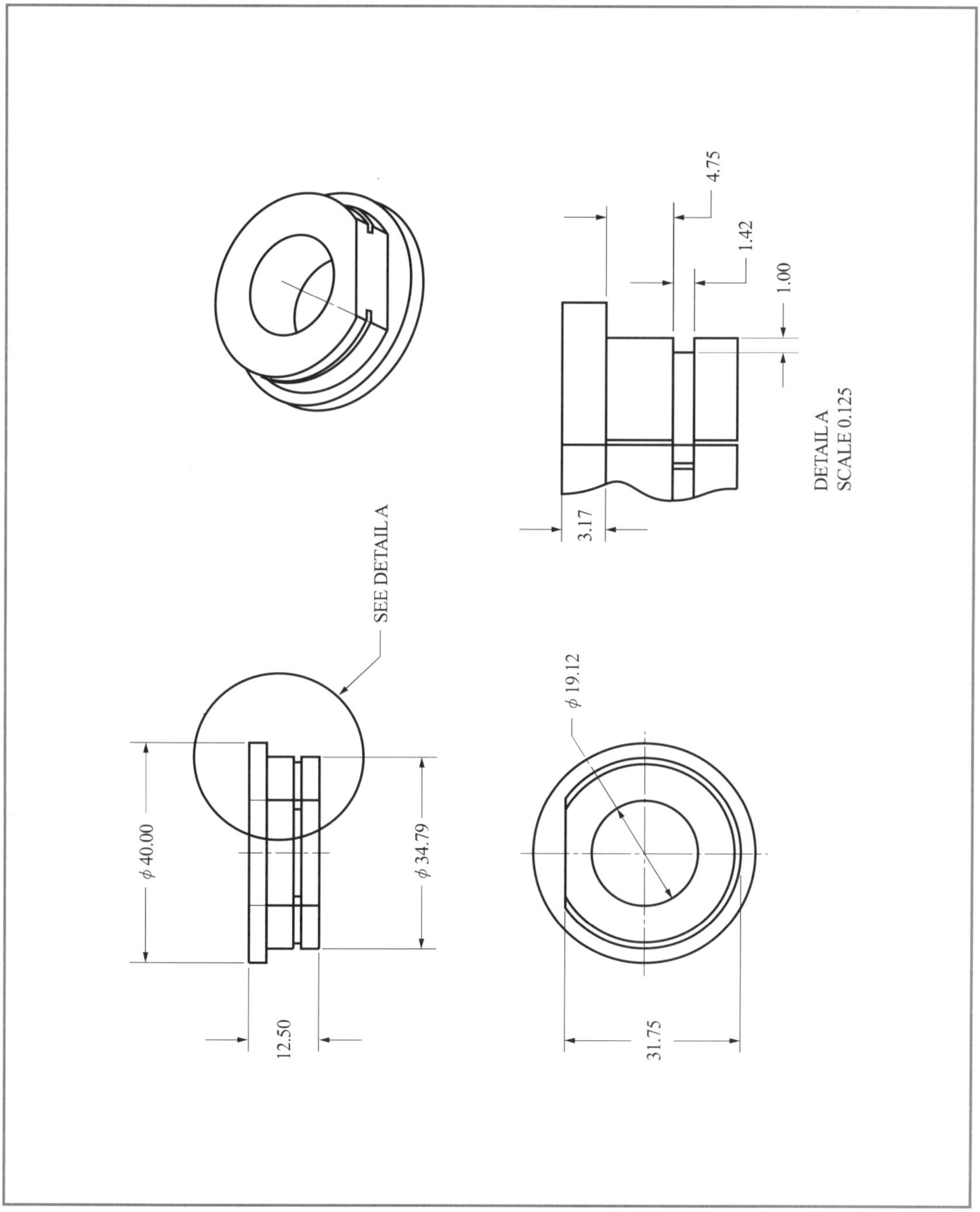

연습 5 밀어내기 도구(Extrude), 라운드 도구(Round) 등을 이용하여 모델링하라.

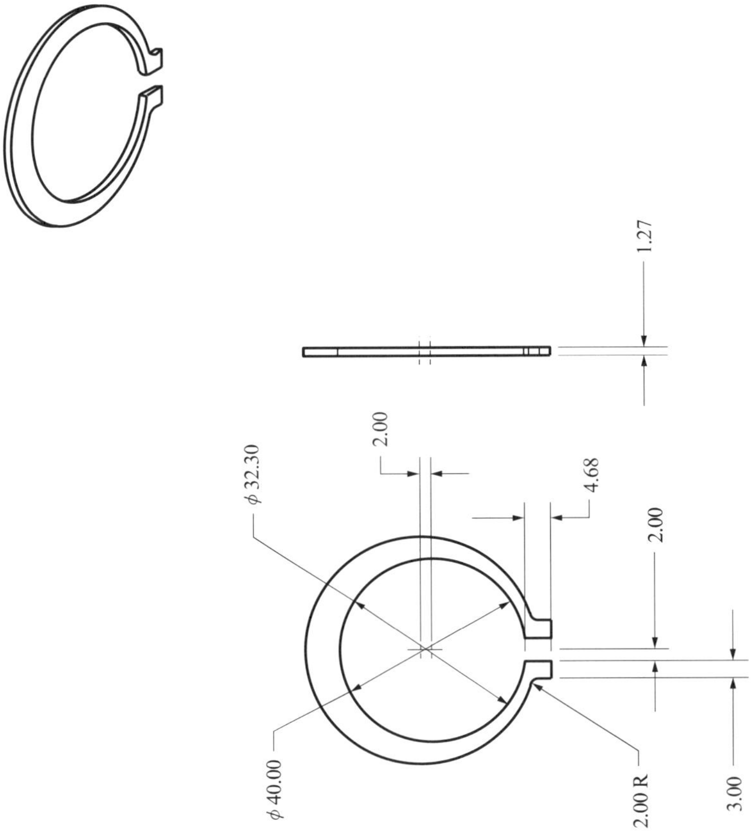

연습 6 구멍 도구(Hole)와 축 점(Axis Point), 밀어내기 도구(Extrude)를 이용하여 모델링하라.

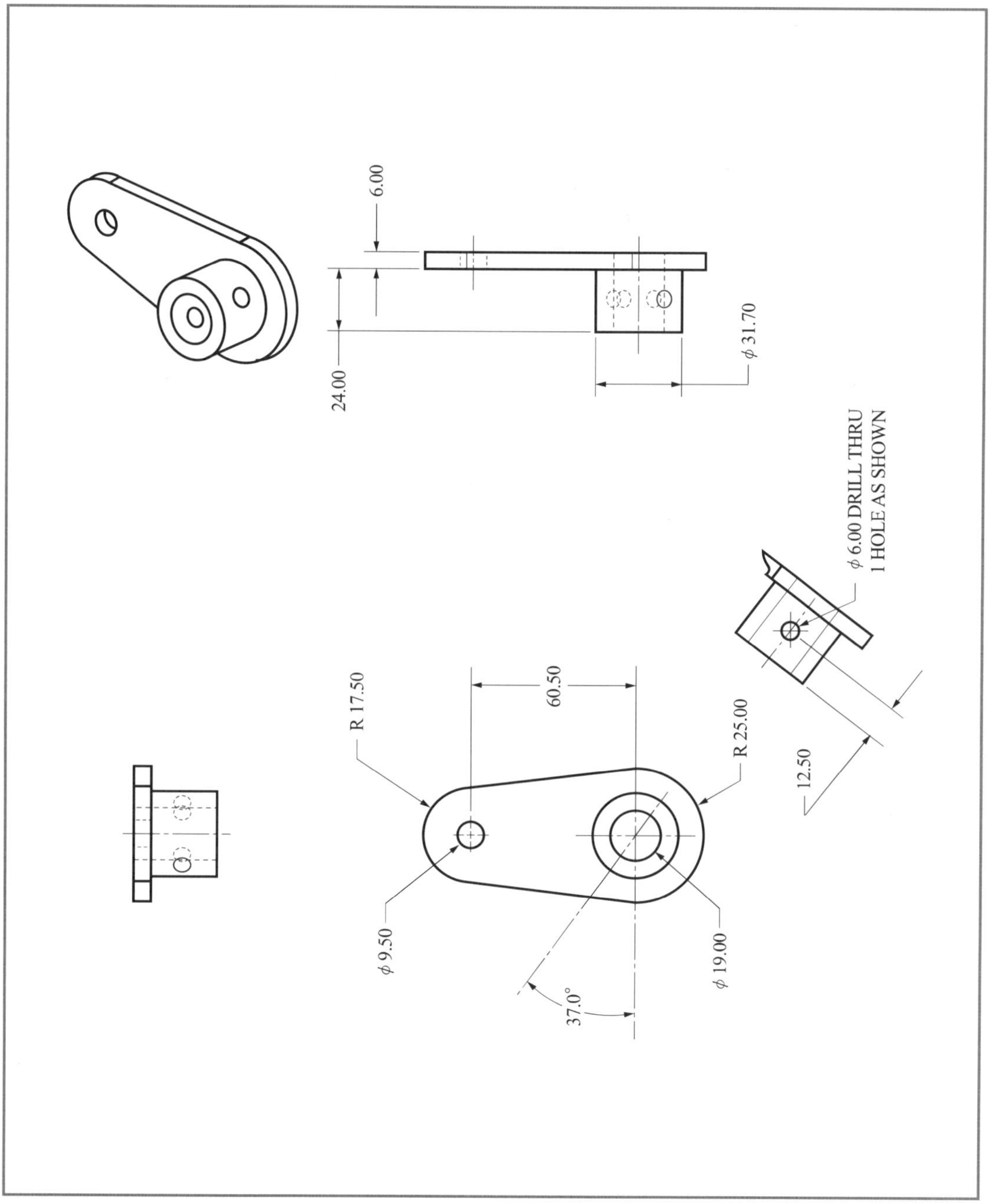

연습 7 밀어내기 도구(Extrude), 컷(Cut), 구멍 도구(Hole) 등을 이용하여 모델링하라.

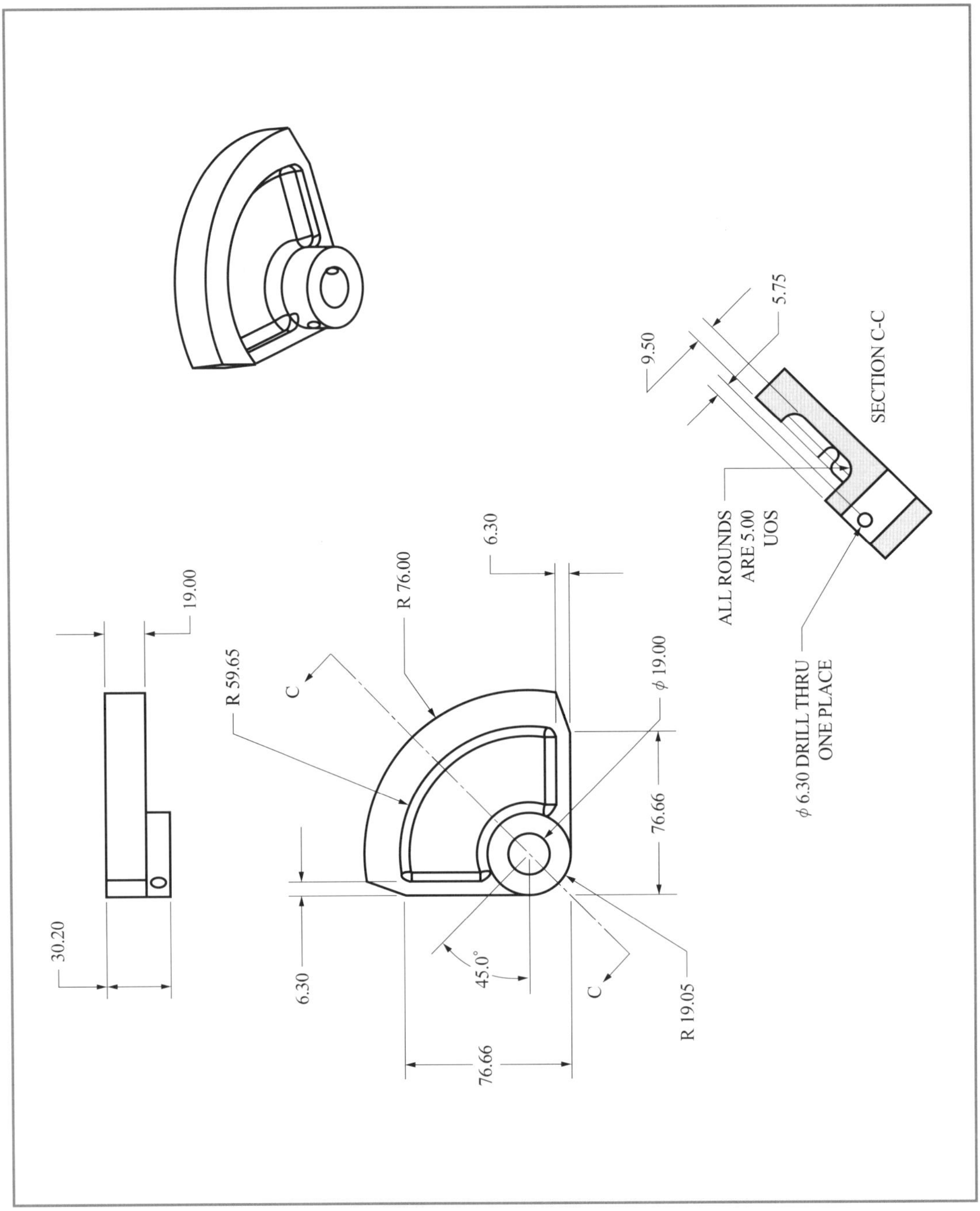

연습 8 밀어내기 도구(Extrude), 컷(Cut)을 이용하여 모델링하라.

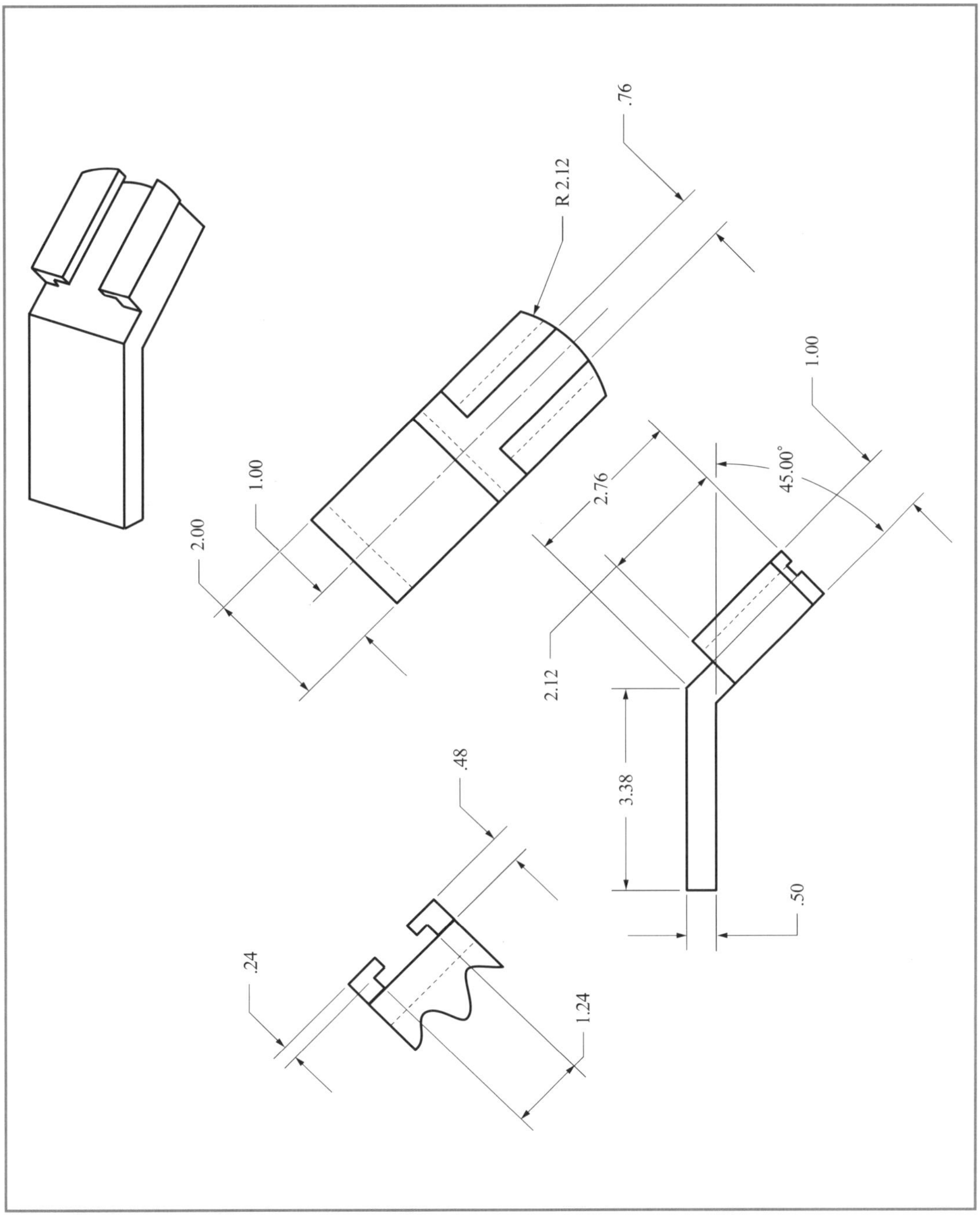

연습 9 데이텀 도구(Datum), 밀어내기 도구(Extrude)의 깊이 옵션, 구멍(Hole)을 이용하여 모델링하라.

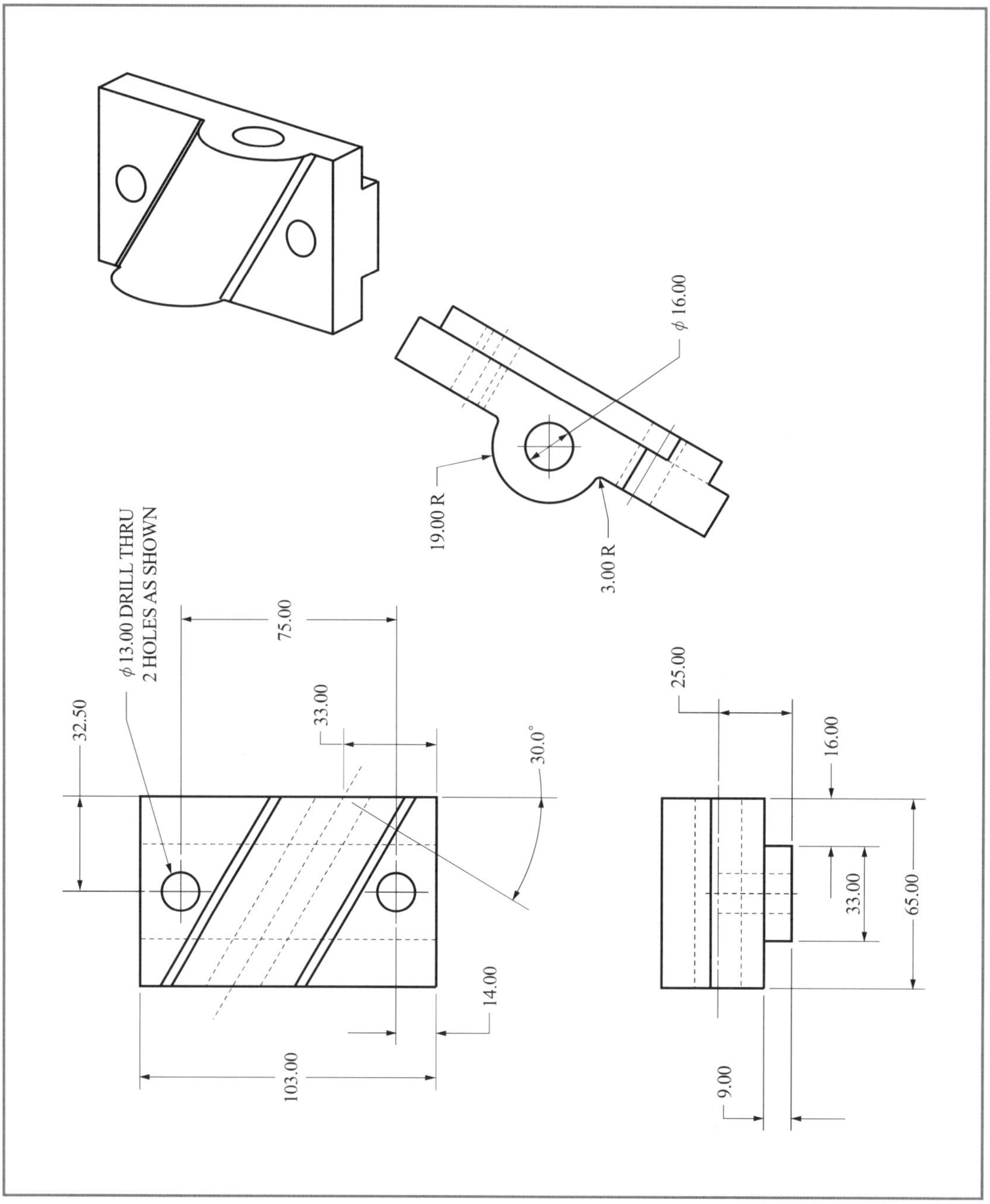

연습 10 회전 도구(Revolve), 구멍 도구(Hole), 컷(Cut), 모따기 도구(Chamfer)를 이용하여 모델링하라.

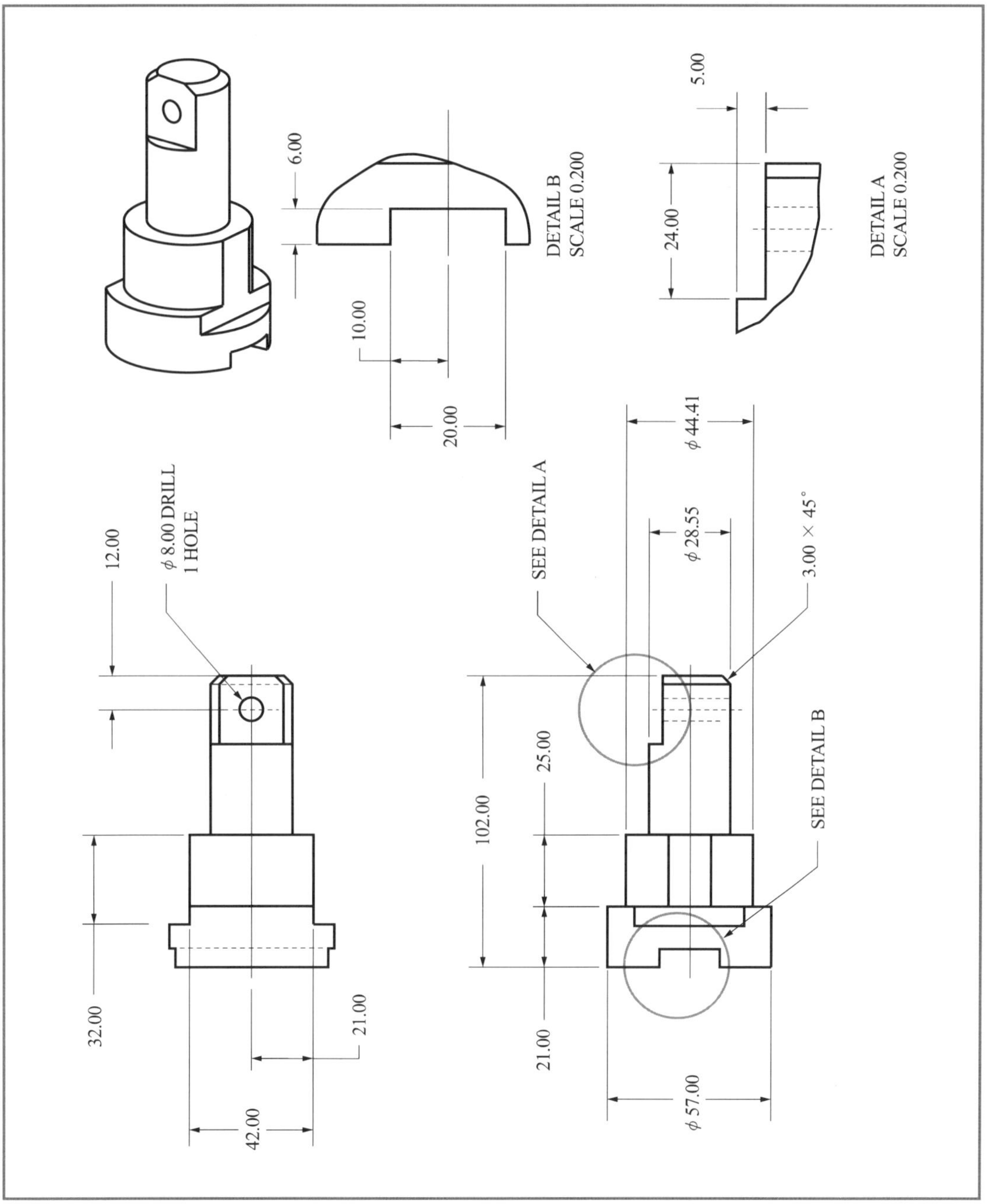

연습 11 대칭(Mirror), 밀어내기 도구(Extrude), 회전 도구(Revolve), 컷(Cut), 구멍 도구(Hole), 라운드 도구(Round), 패턴 도구(Pattern)를 이용하여 모델링하라.

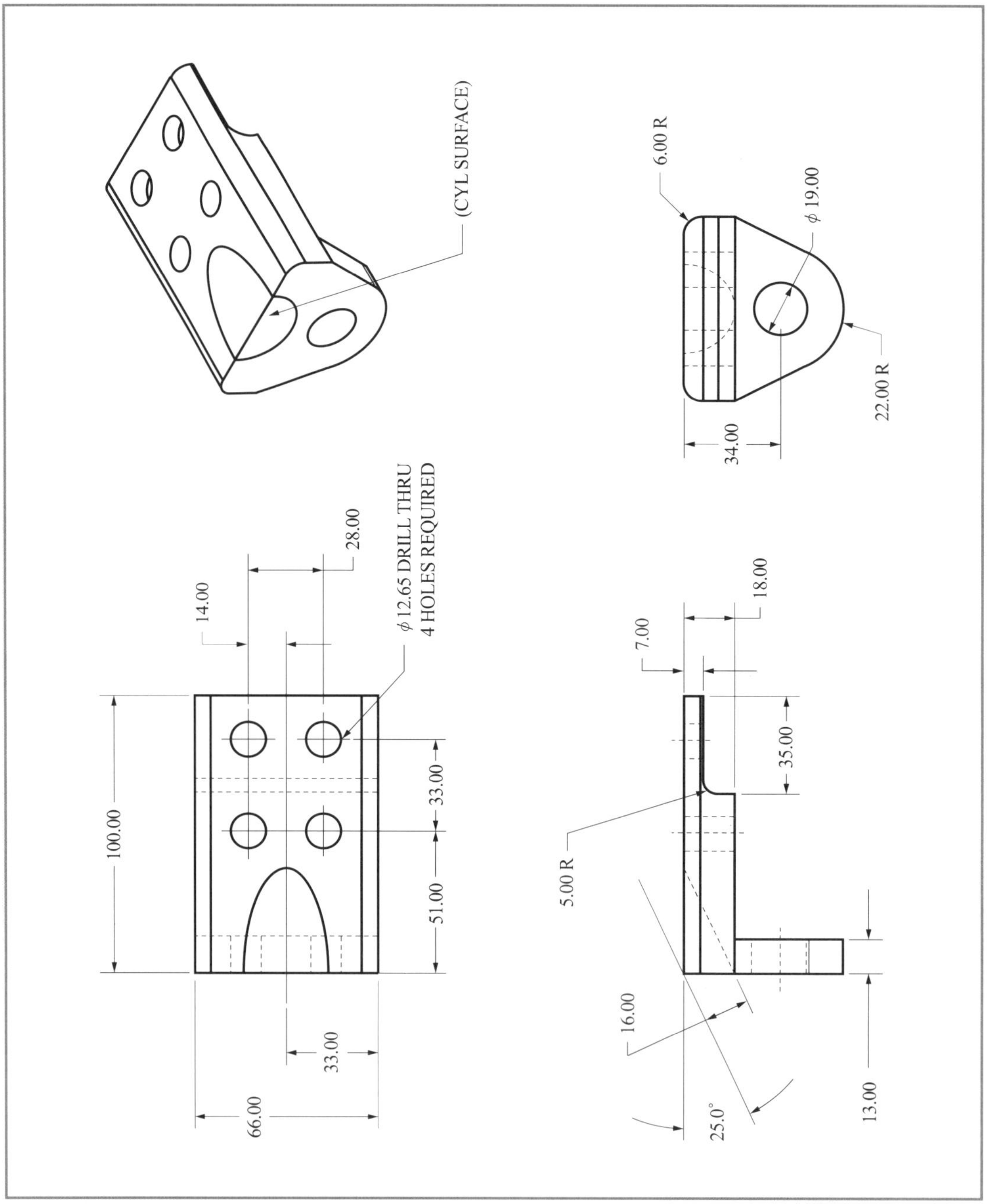

연습 12 패턴 도구(Pattern), 대칭(Mirror), 밀어내기 도구(Extrude), 회전 도구(Revolve)를 이용하여 모델링하라.

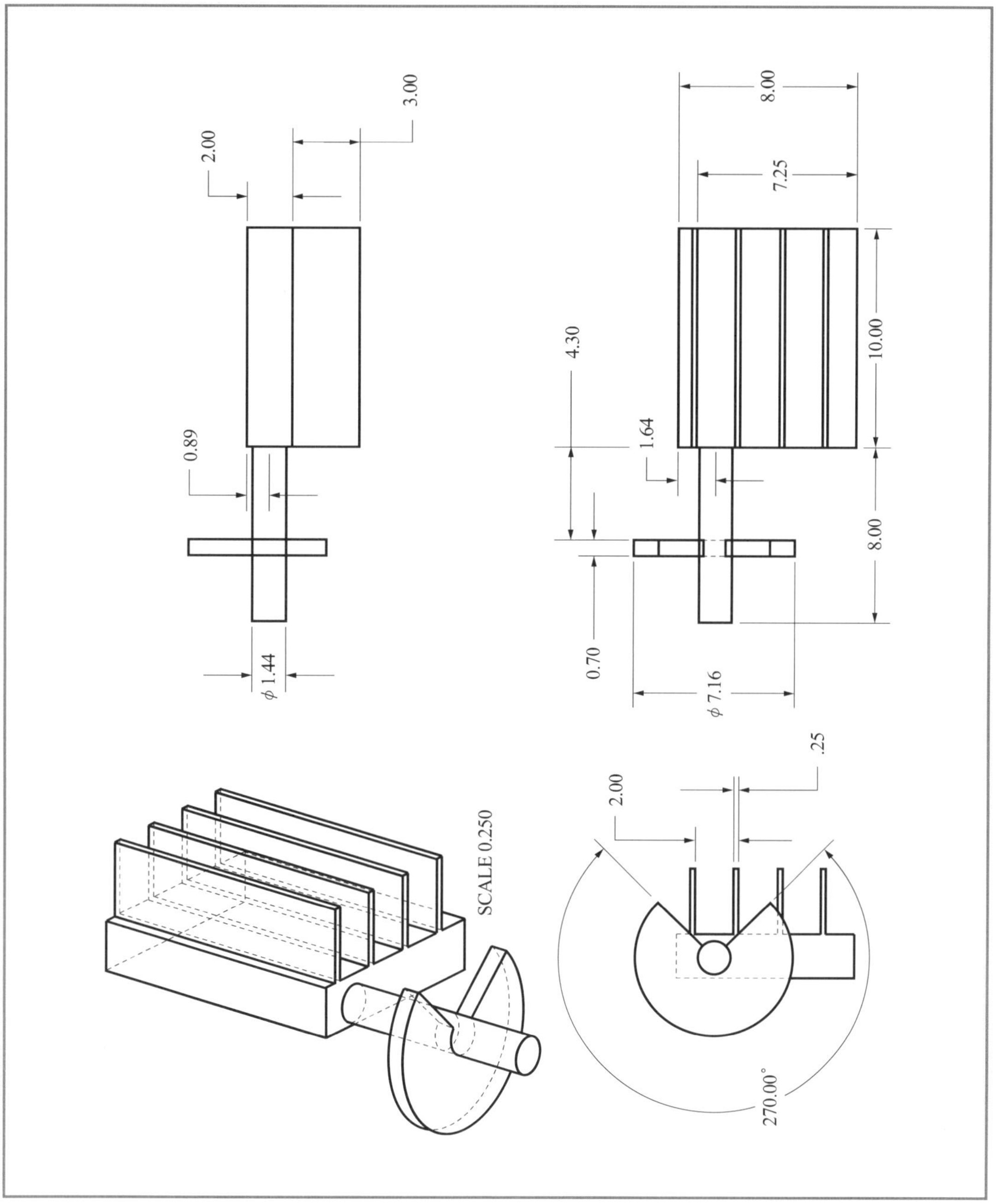

연습 13 블렌드 도구(Blend)를 이용하여 모델링하라.

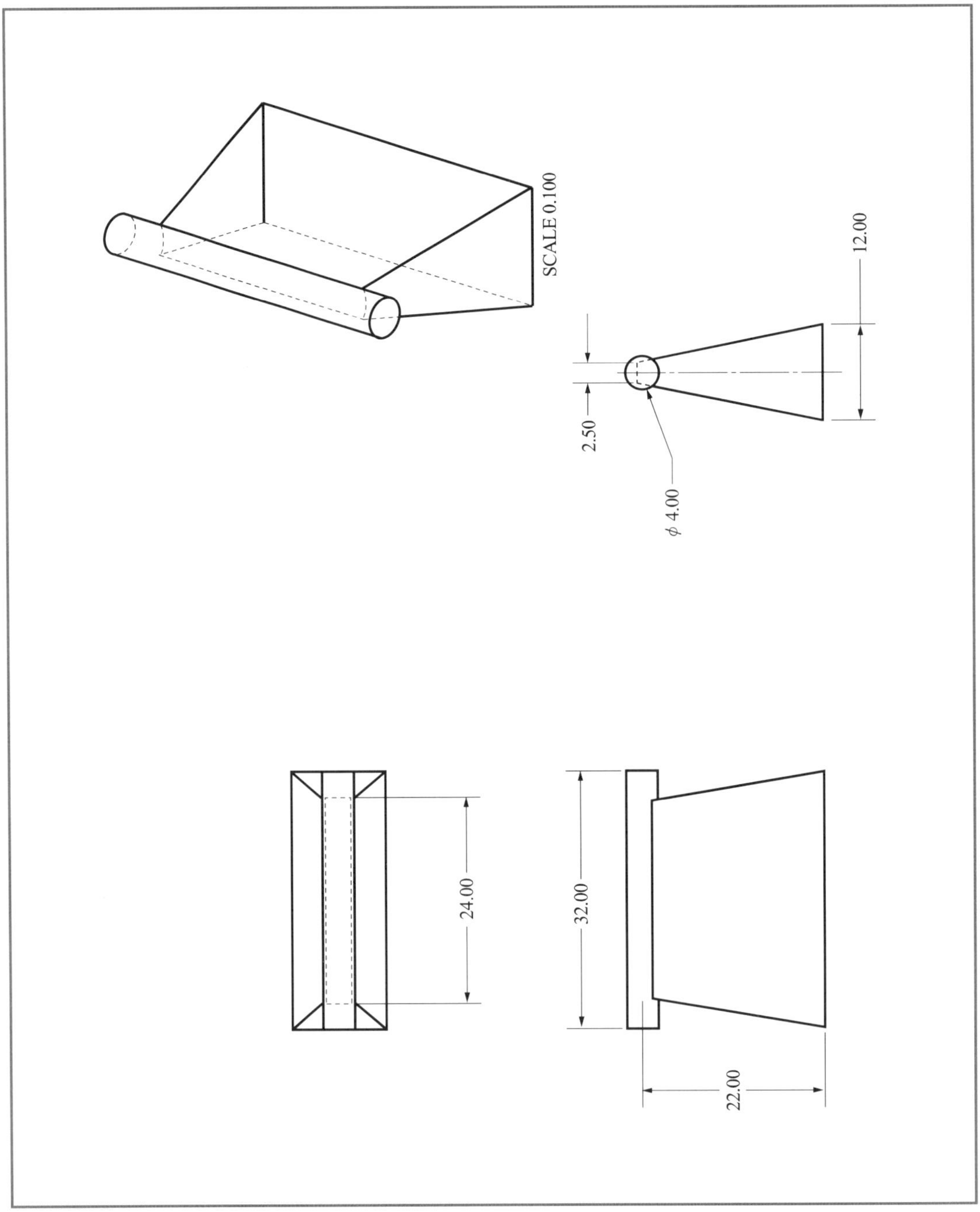

연습 14 블렌드 도구(Blend), 드래프트 도구(Draft)를 이용하여 모델링하라.

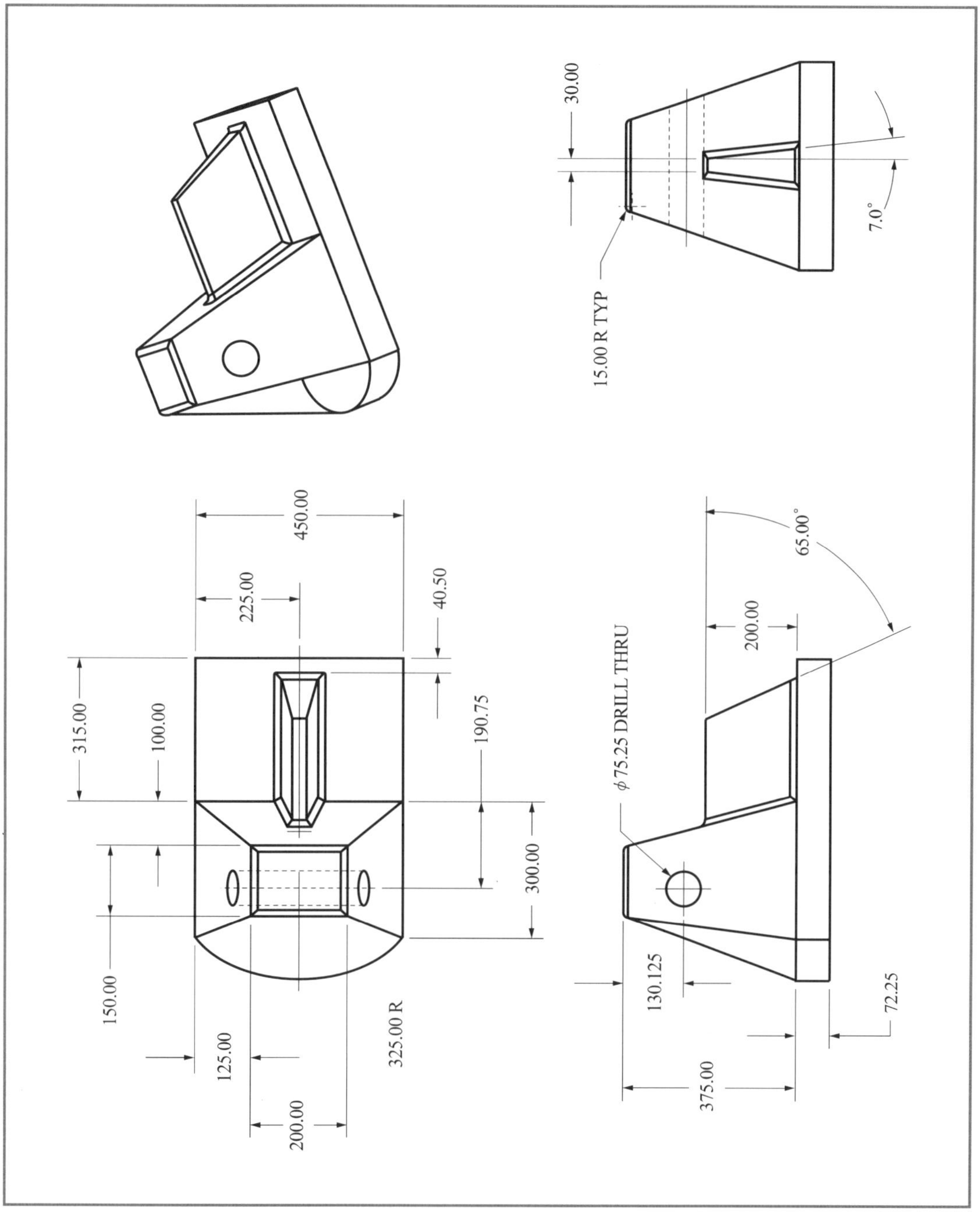

연습 15 스윕 도구(Sweep)를 이용하여 모델링하라.

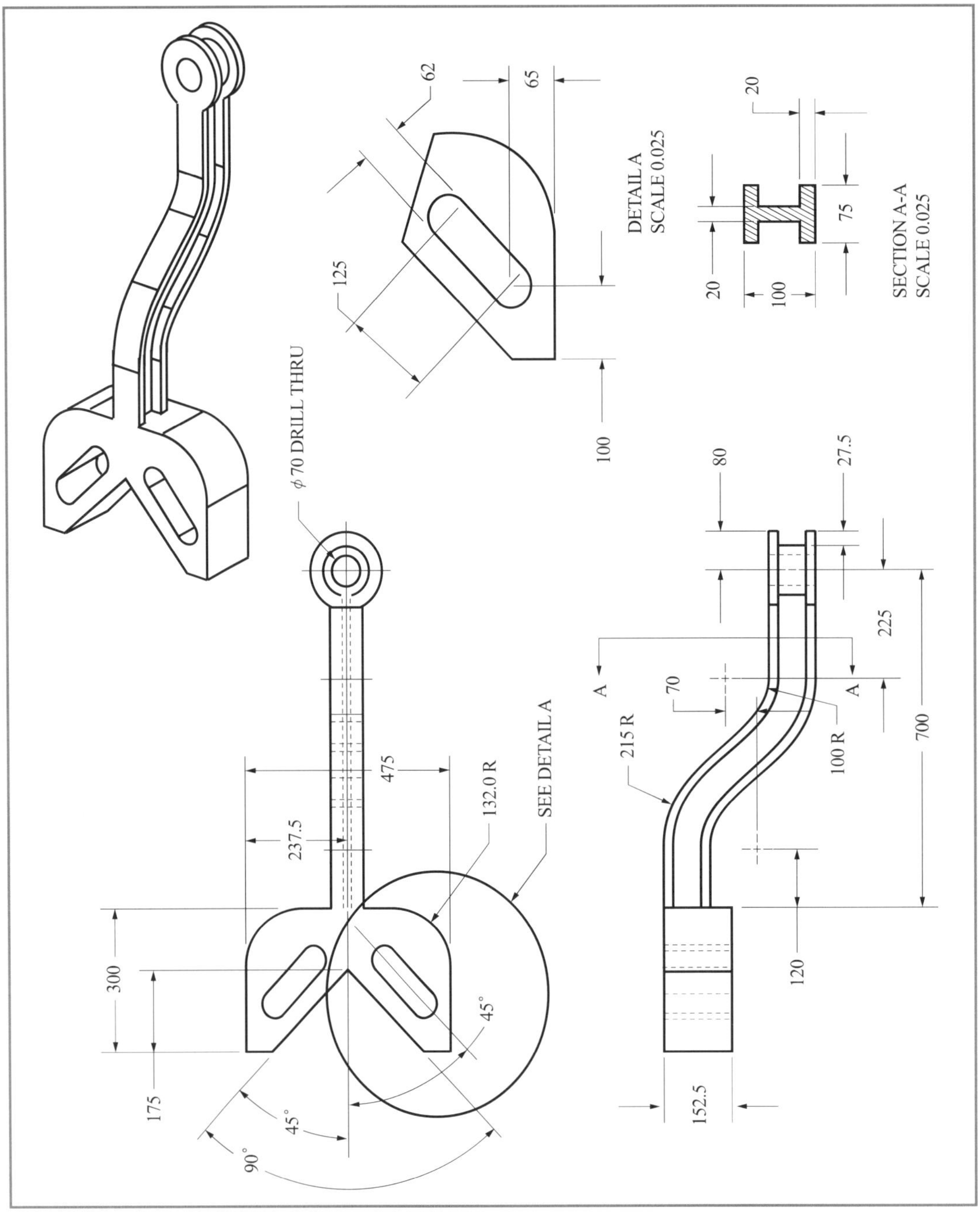

연습 16 스윕 도구(Sweep)를 이용하여 모델링하라.

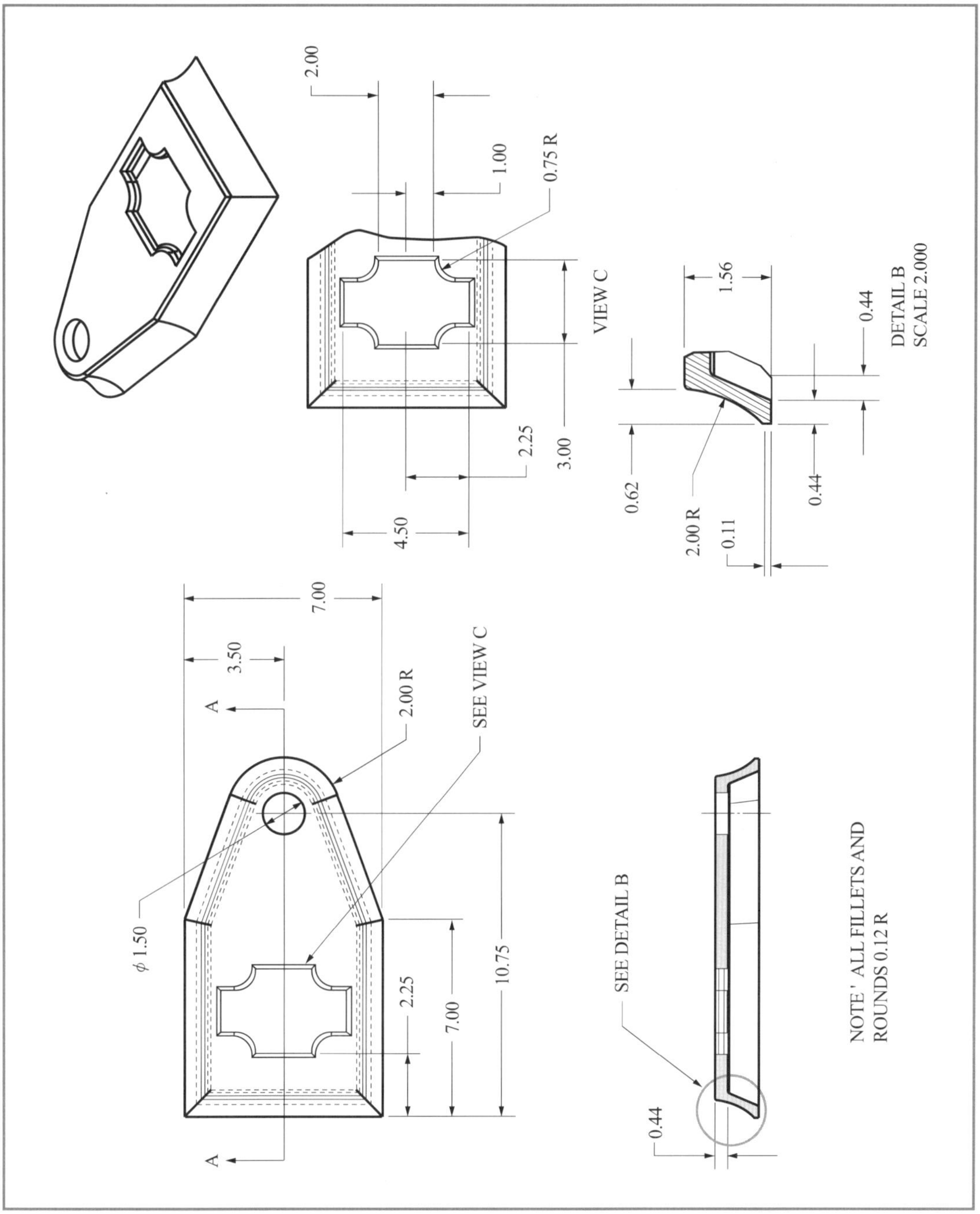

연습 17 블렌드 도구(Blend), 스윕 도구(Sweep)를 이용하여 모델링하라.

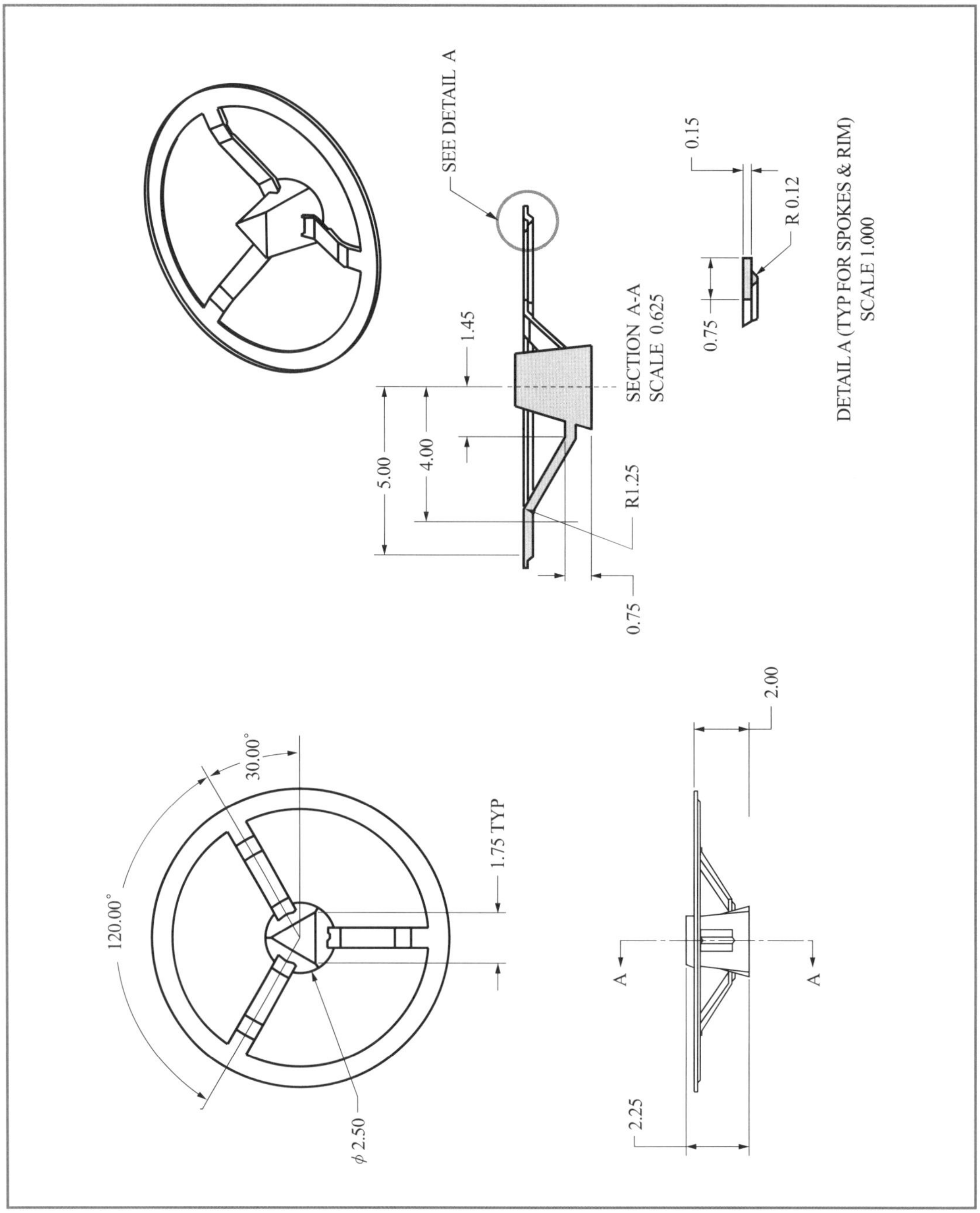

연습 18 드래프트 도구(Draft), 구멍 도구(Hole)를 이용하여 모델링하라.

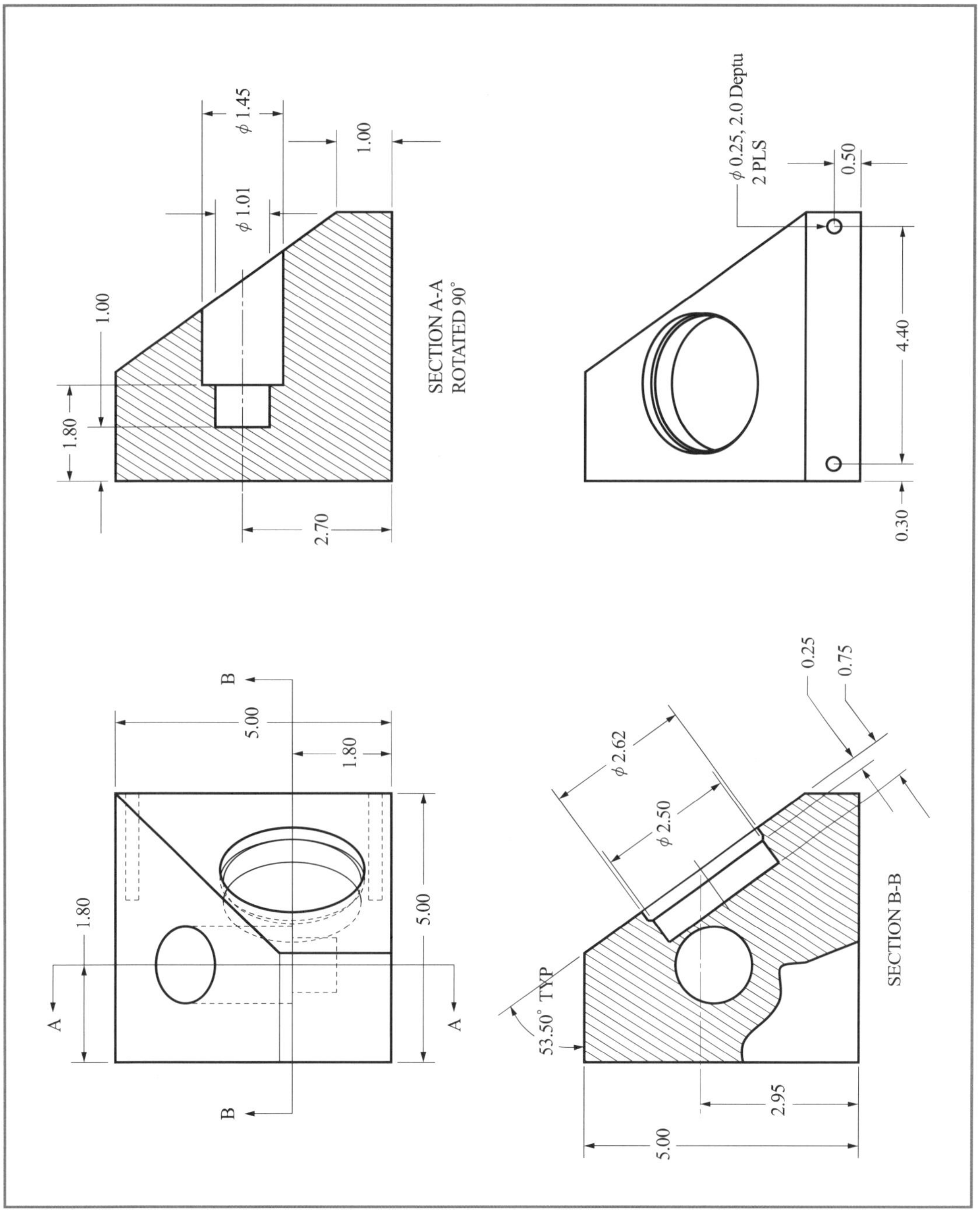

연습 19 리브 도구(Rib)를 이용하여 모델링하라.

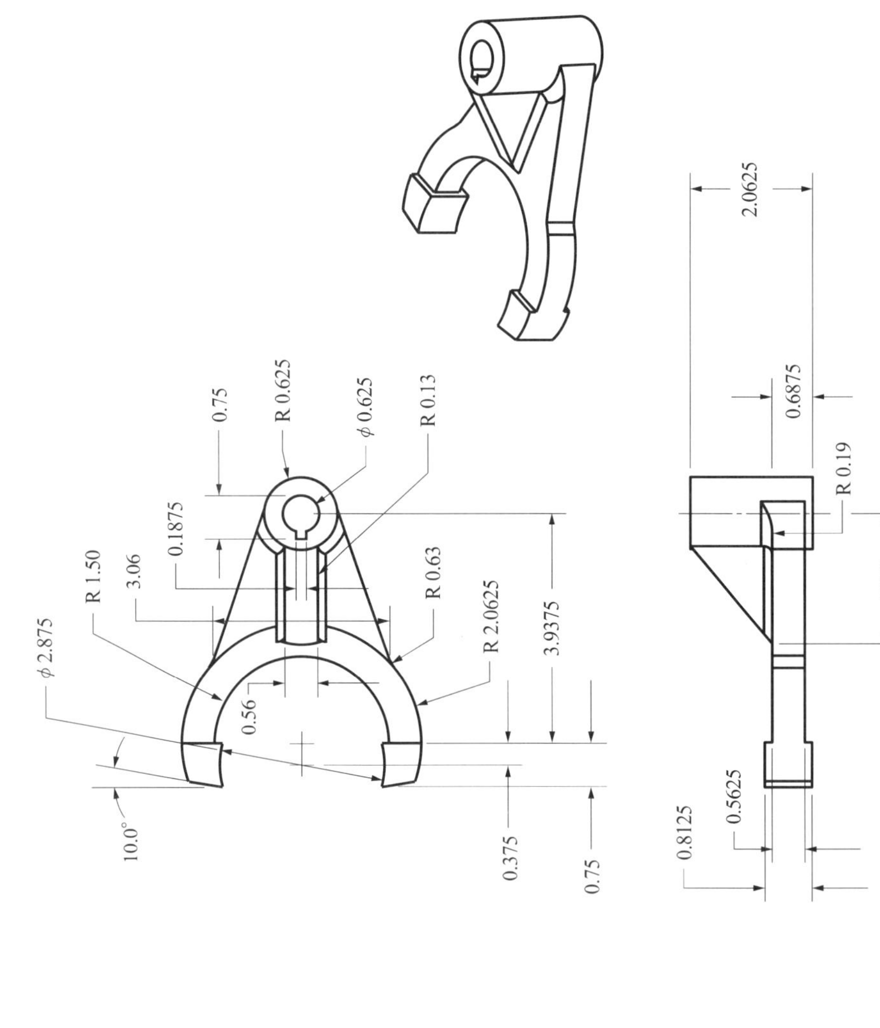

연습 20 어셈블리를 위한 각 부품을 모델링하라.

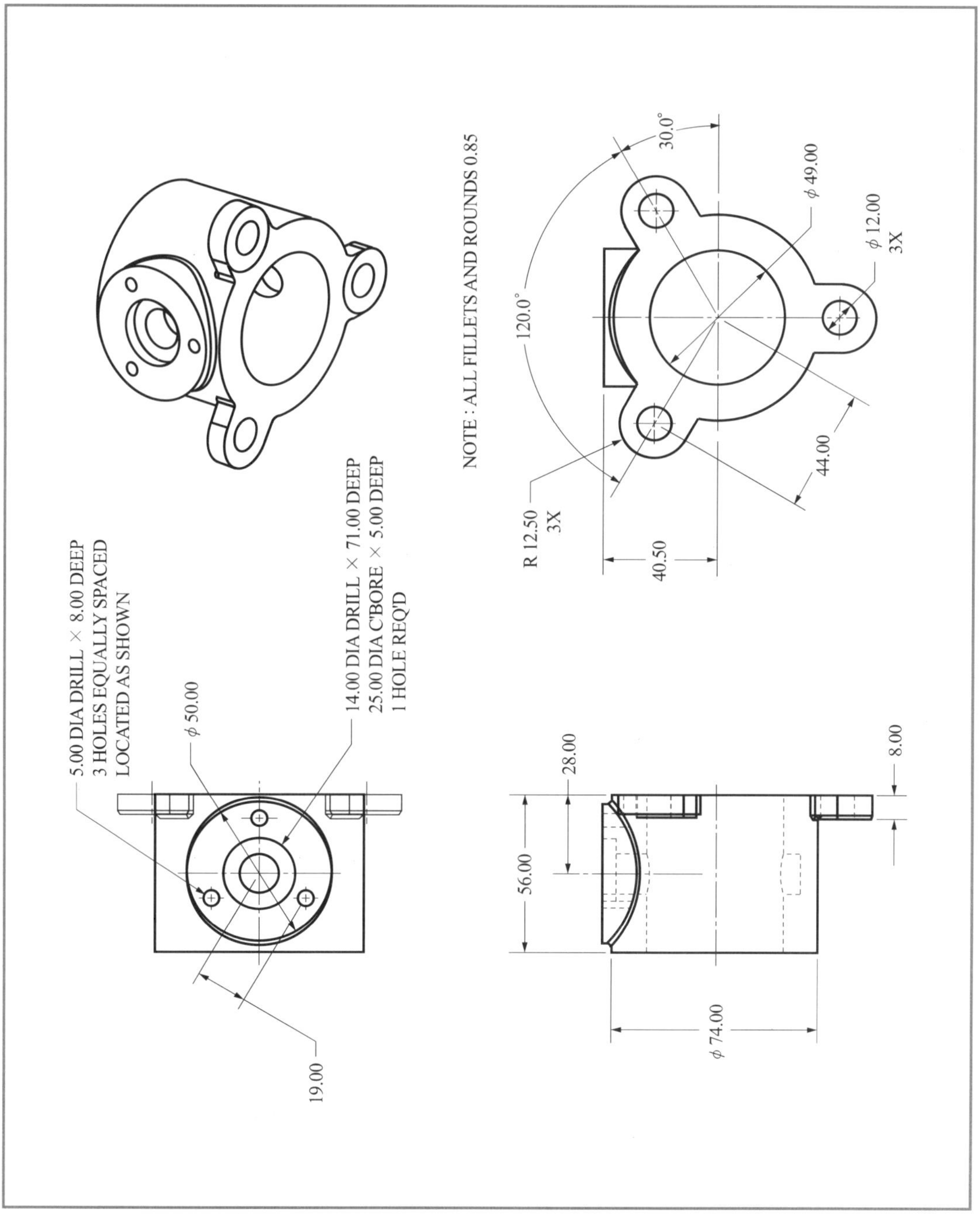

연습 21 어셈블리를 위한 각 부품을 모델링하라.

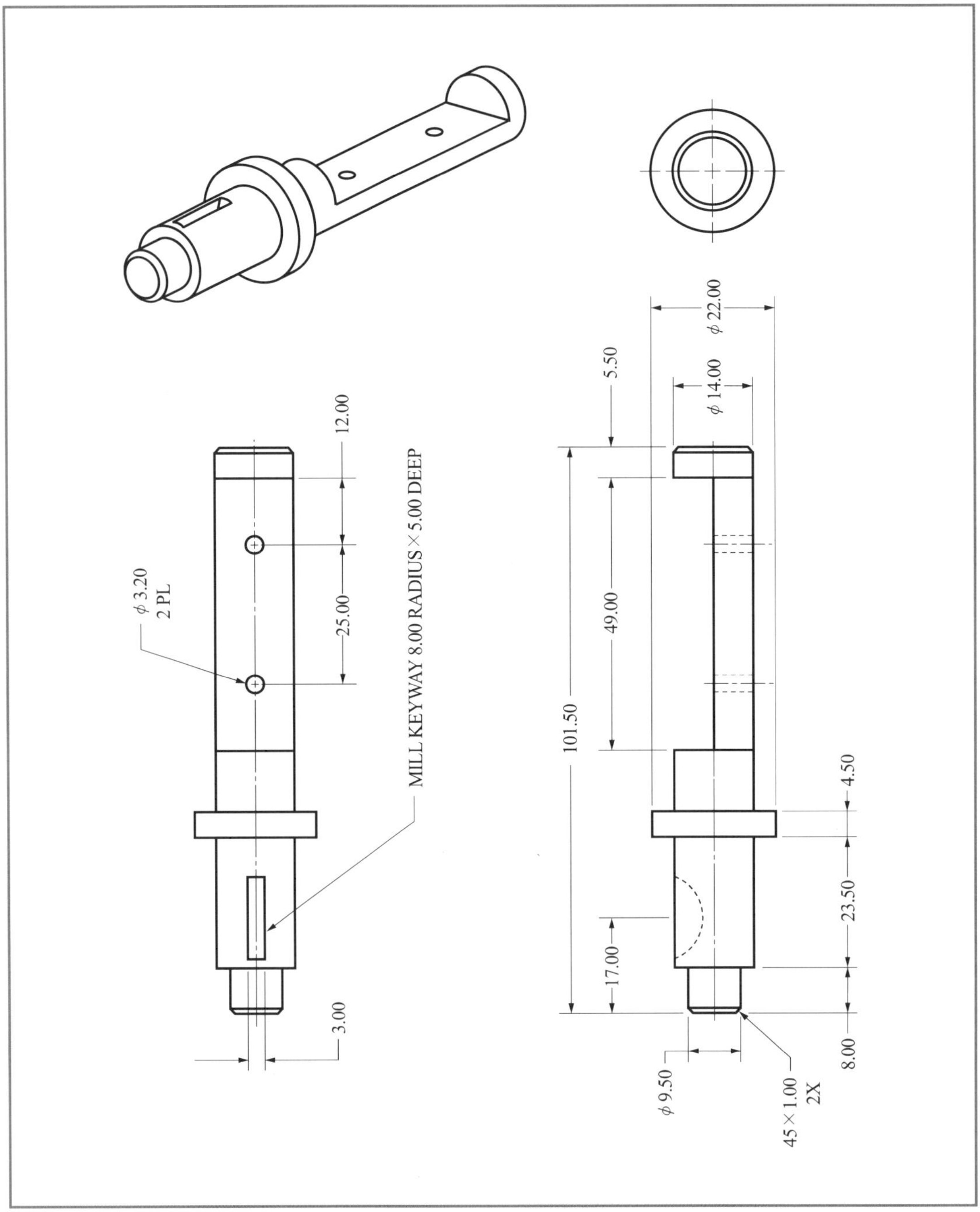

연습 22 어셈블리를 위한 각 부품을 모델링하라.

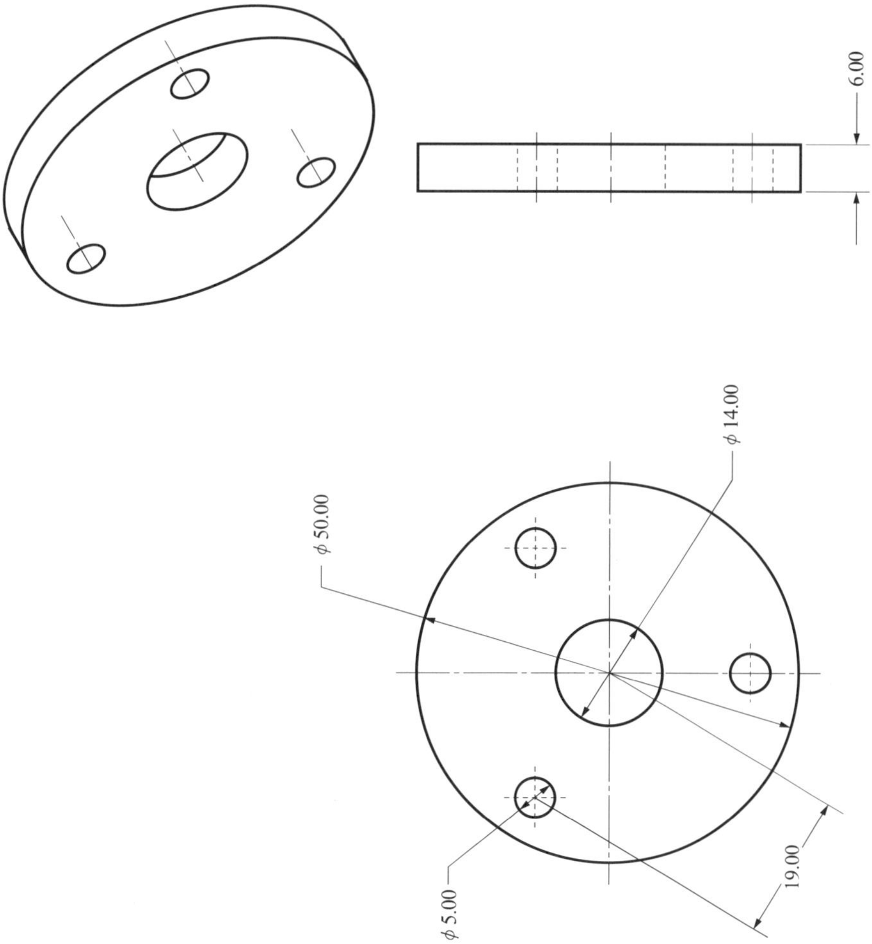

연습 23 어셈블리를 위한 각 부품을 모델링하라.

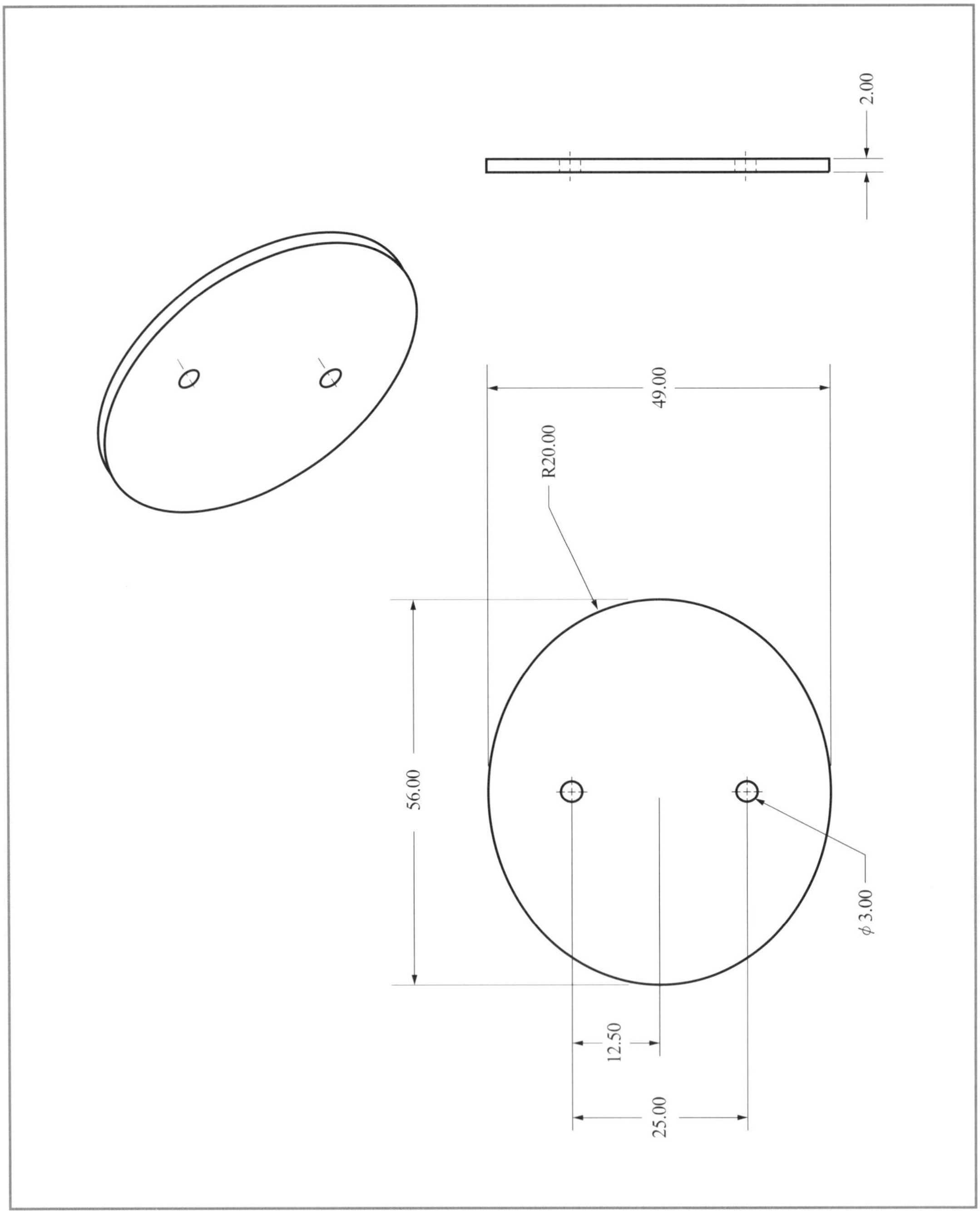

연습 24 어셈블리를 위한 각 부품을 모델링하라.

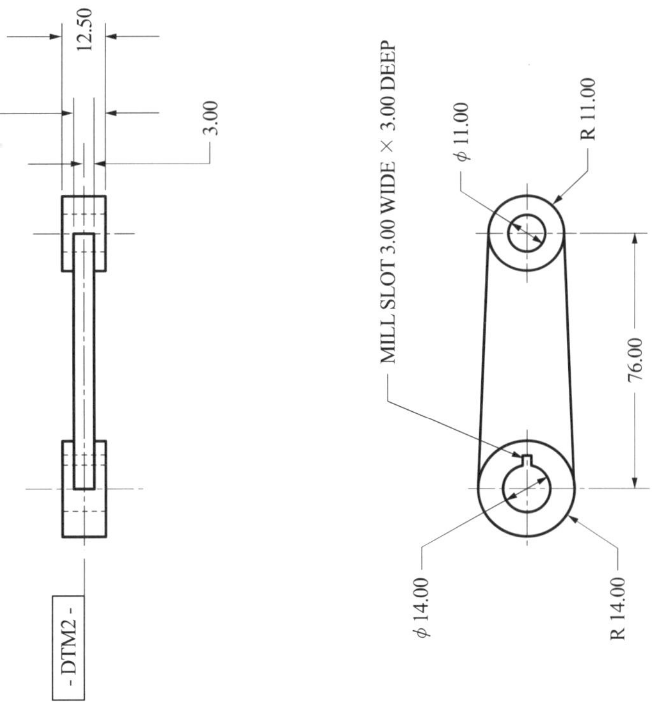

연습 25

연습 20~연습 24의 부품들을 다음 페이지의 분해도를 참고하여 아래와 같이 어셈블리를 완성하라.

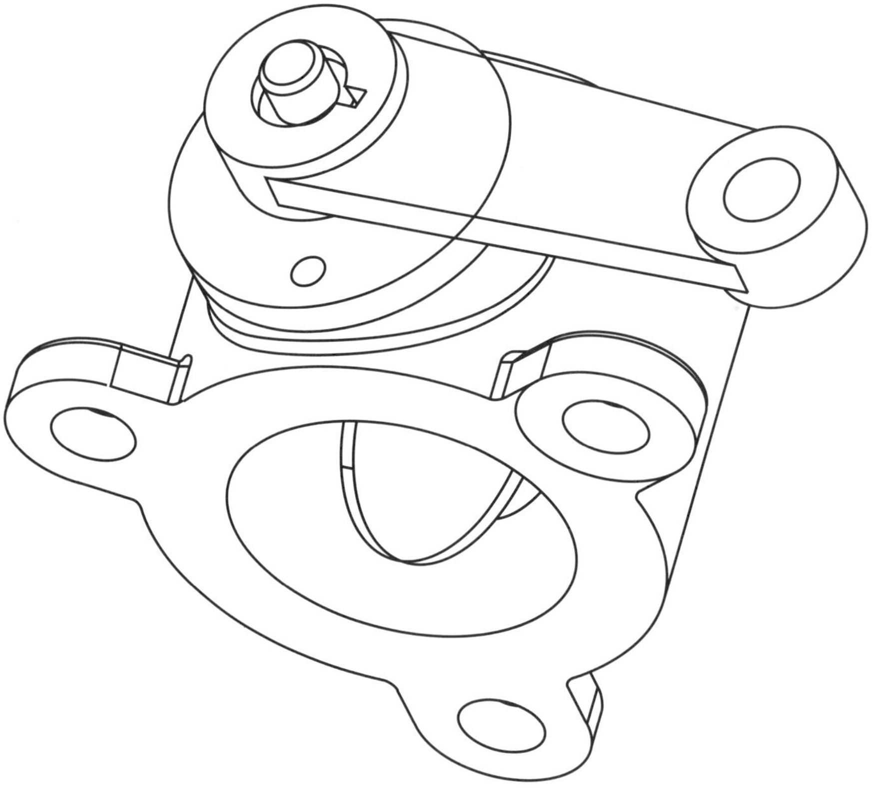

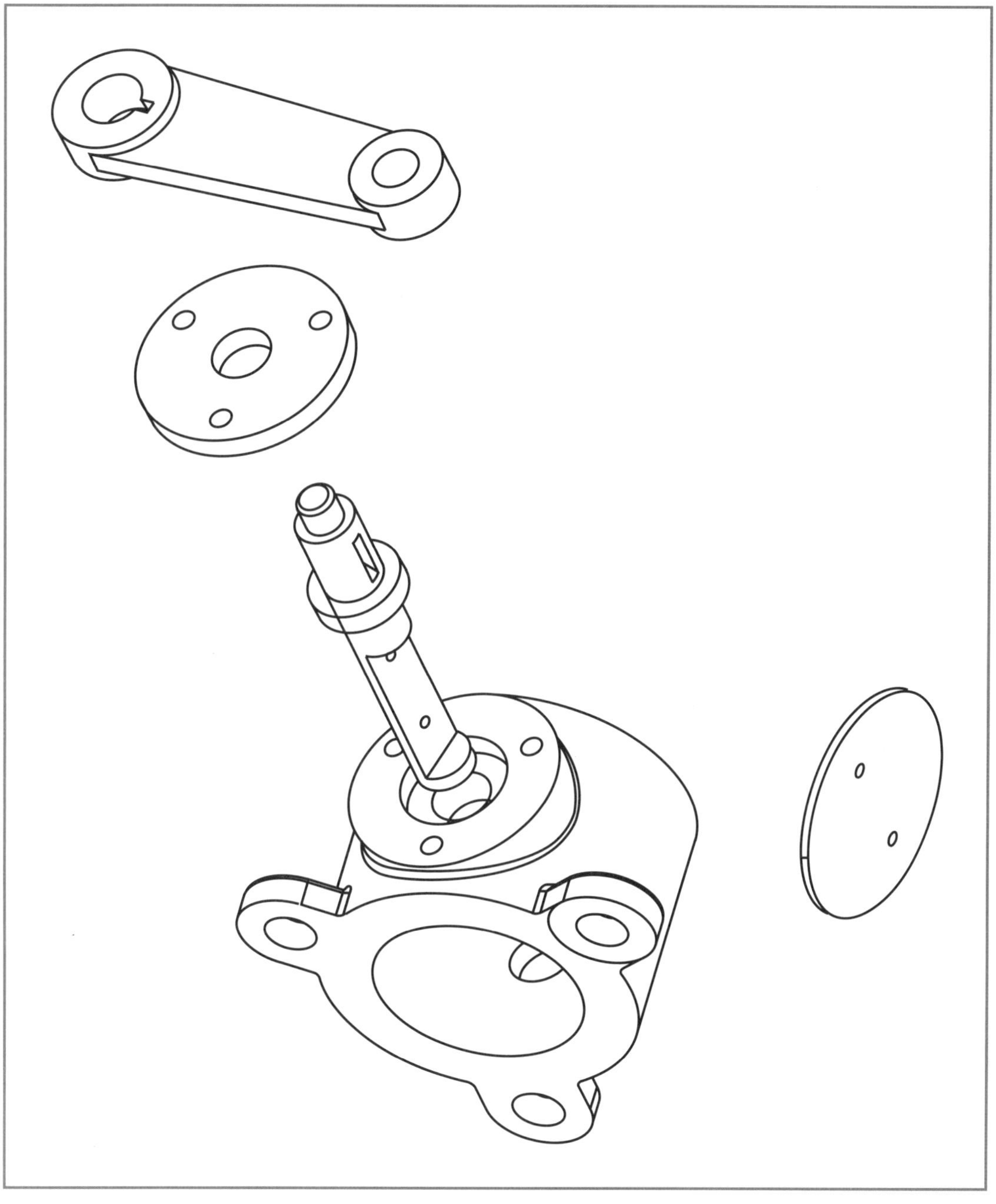

찾아보기

■ **저자 약력**

배 원 병

한국과학기술원 기계공학과 공학박사
현재 부산대학교 공대 기계공학부 교수

정 융 호

서울대학교 기계설계학과 공학박사
현재 부산대학교 공대 기계공학부 교수

김 신 혜

부산대학교 공대 항공우주공학과 공학사
현재 부산대학교 공대컴퓨터설계제도실 교육담당자

Book's-hill 책이있는언덕

Pro/E를 이용한 3차원 설계

2010년 8월 25일 1판 1쇄 인쇄
2010년 9월 1일 1판 1쇄 발행

저 자 ◎ **배원병 · 정융호 · 김신혜**

발행자 ◎ **조 승 식**

발행처 ◎ (주) 도서출판 **북스힐**
서울시 강북구 수유2동 258-20

등 록 ◎ 제 22-457 호

TEL (02) 994-0071(代)

FAX (02) 994-0073

E-MAIL bookswin@unitel.co.kr
www.bookshill.com

값 15,000원

잘못된 책은 교환해 드립니다.

ISBN 978-89-5526-693-1